海外우리語文學硏究叢書 94

고대일본 기나이지방의
조선계통 문벌들에 관한 연구

김은택 저

한국문화사

차 례

머리말 ………………………………………………(4)

제 1 편

《신찬성씨록》에 반영된 조선계통 문벌들

제1장. 《신찬성씨록》의 편찬경위와 기본내용…………(7)

  제1절. 《신찬성씨록》의 편찬경위………………………(7)

  제2절. 《신찬성씨록》의 기본내용………………………(1 4)

제2장. 《신찬성씨록》에 반영된 고대일본왕정에서
     패권을 쥔 조선계통 문벌들………………………(2 8)

  제1절. 《신찬성씨록》 제번조, 미정잡성조에 반영된
     조선계통 문벌들…………………………………(2 8)

  제2절. 《신찬성씨록》 신별조, 미정잡성조에 반영된
     조선계통 문벌들…………………………………(3 9)

  제3절. 《신찬성씨록》 황별조, 미정잡성조에 반영된
     조선계통 문벌들…………………………………(5 5)

  제4절. 고대일본왕정에서 패권을 쥔
     조선계통 문벌들…………………………………(6 7)

제 2 편

고대일본 기나이지방의 조선계통 문벌들의 분포

제1장. 기나이 5국 조선계통 문벌들의 분포 ……………(80)

제1절. 이즈미국안의 조선계통 문벌들 ……………(80)

제2절. 가와찌국안의 조선계통 문벌들 ……………(95)

제3절. 셋쯔국안의 조선계통 문벌들 ……………(108)

제4절. 야마또국안의 조선계통 문벌들 ……………(118)

제5절. 야마시로국안의 조선계통 문벌들 ……………(130)

제2장. 수도 헤이앙경의 조선계통 문벌들의 분포 ……………………………(139)

제1절. 수도 좌경안의 조선계통 문벌들 ……………(140)

제2절. 수도 우경안의 조선계통 문벌들 ……………(153)

제 3 편

6세기~7세기중엽 야마또왕정의 국토통합에서 주동적역할을 한 기나이지방의 조선계통 문벌들

제1장. 국토통합의 첫 시기 주동적역할을 논 가야, 백제 세력 ……………………(167)

제1절. 《신무동정》 ……………………………(167)

제2절. 《4도평정》 ……………………………………(179)

제3절. 《구마소, 에미시 정벌》……………………(184)

제2장. 국토통합이 본격화되던 시기에 주동적
역할을 한 조선계통 문벌들……………………(196)

제1절. 미야께의 설치………………………………(196)

제2절. 《신라정벌》…………………………………(205)

제3절. 587년 무장정변………………………………(215)

제3장. 7세기중엽 3대사변에서 우세를 차지한
조선계통 문벌들……………………………(221)

제1절. 645년 《대화정변》…………………………(221)

제2절. 663년 《백제지원출병》……………………(230)

제3절. 672년 《임신의 란》………………………(235)

머 리 말

친애하는 지도자 **김정일동지**께서는 다음과 같이 지적하시였다.
《《미마나 미야께》설은 일본의 야마또왕국이 세나라시기에 가야 지방을 강점한 다음 저들의 통치기관을 설치하고 수백년간 조선의 남부지방을 지배하였다는 얼토당토않은 망설입니다. 력사적사실은 이와 반대였습니다. 우리의 선조들은 일찍부터 일본렬도에 적극 진출하여 일본의 정치, 경제, 문화 발전에 큰 영향을 주었습니다.》

력사학부문 특히 초기조일관계사분야에는 력사적사실들을 바로 평가하여야 할 문제들이 많다. 그것은 이 시기의 력사기록자체가 적지 않게 루락, 의곡되여있어 원래의 력사적면모가 가리워져있거나 잘못 서술되여있기때문이다. 더우기 지난 시기 일본군국주의 어용사가들은 《광개토왕릉비》와 《일본서기》 등에 나오는 초기조일관계 기사들을 아전인수격으로 해석하여 고대일본의 야마또왕정이 남부조선을 4세기중엽부터 200년이상이나 지배하였다는 이른바《미마나 미야께설》(임나관가설, 임나일본부설)을 조작하여 일본민족의 《우월성》과 민족배타주의를 설교하였으며 저들의 조선에 대한 침략책동과 식민지통치를 합리화하는데 리용하였다.

지금도 일본학계에서 종전의 《미마나 미야께설》이 그 표현에서는 일부 달라진것이 있으나 기본내용은 의연히 되풀이되고있으며 오히려 어떤 면에서는 그들의 《연구》가 더욱더 외곡된 방향에서 《심화》되고있다고 볼수 있다.

원래 초기조일관계의 1,000여년간의 력사는 고대 및 중세초기 조선사람들이 일본렬도에 끊임없이 대량적으로 진출하여 야요이문화, 고분문화, 아스까문화를 창조하고 고대일본의 국가 형성과 발전에서 커다란 역할을 한 투쟁과 창조의 력사로 특징지어진다. 그러므로 이른바 《미마나 미야께설》은 허황한것이고 리치상 통하지 않는다.

지난 시기 우리 학계에서는 여러번 《미마나 미야께설》의 허황성을 신랄히 비판하였으며 일본렬도에 진출한 조선사람들이 정치, 경제, 문화적으로 커다란 영향을 준데 대하여 밝히였다.

이 책에서는 지난 시기 학계가 거둔 성과에 토대하면서 고대일본의 중심지였던 기나이지방에서 우세를 차지하고 주동적역할을 한 것이 조선계통 문벌들이라는것을 론증함으로써 고대일본의 사회발전에 미친 조선사람들의 커다란 영향에 대하여 밝히였다. 이와 함께 이러한 조선사람들의 영향을 통하여 《미마나 미야께설》이 허황한데 대해서도 찾아보았다.

론문에서는 다음과 같은 문제를 푸는데 중점을 두었다.

첫째로 《신찬성씨록》을 통해 고대일본의 국가 형성과 발전에서 패권을 쥔 문벌들의 형편과 거기서 조선계통 문벌들이 우세를 차지한데 대하여, 둘째로 이른 시기부터 기나이지방의 각 지역에 조선계통 문벌들이 진출, 정착하여 일정한 마을과 고을을 이루고 나아가서 큰 세력을 이루고있은 정형과 그 분포상 특징에 대하여, 셋째로 6~7세기중엽의 중요한 사건과 사변을 통하여 일본 야마또통일국가 형성에서 주동적역할을 논 문벌들이 조선계통이라는데 대하여 밝히였다.

제 1 편

《신찬성씨록》에 반영된 조선계통 문벌들

위대한 수령 **김일성**동지께서는 다음과 같이 교시하시였다.

《원래 우리 나라는 일본보다 훨씬 먼저 발전하였으며 일본의 문화도 우리 나라에서 넘어간것입니다.》(《김일성저작집》 22권, 212폐지)

고대일본이 보다 훨씬 먼저 발전한 우리 나라의 정치, 경제, 문화적 영향밑에 발전하였다는것은 여러가지 사실을 통하여 알수 있다. 일본의 옛 책의 하나인 《신찬성씨록》은 이러한 사실을 보여주는 력사적증거물의 하나이다.

9세기초 고대일본의 헤이앙왕정초시기에 편찬된 《신찬성씨록》은 내용상 외곡된 점들도 적지 않지만 거기에는 초기조일관계사연구에 필요한 귀중한 내용들을 담고있다.

이 책은 고대일본의 중심지 기나이지방(현재 교또부, 오사까부, 나라현)에 살고있던 주민전체가 아니라 당시 통일국가왕조의 지배층을 포함한 유력한 문벌 1,180성씨들을 소개하고있다. 그런데 이 책에 반영된 성씨들의 출신계통을 잘 따져보면 조선계통 성씨가 많은 비중을 차지하고있으며 또 그들이 그 이전 6세기~7세기중엽 야마또왕정과 5세기이전 각 지역들에서 패권을 쥐고있던 기본문벌들이라는것을 추론할수 있다.

※ 9세기 고대일본국가를 수도인 헤이앙경(평안경)의 이름을 따서 헤이앙왕정이라고 부른다.

지금까지 《신찬성씨록》에 대한 연구는 일본학자들속에서 적지 않게 진행되였으나* 매 성씨들의 출신계통에 관한 전면적연구는 매우 불충분하게 진행되였다.

※ 《신찬성씨록의 연구》 연구편, 요시까와 고붕깡, 1963년, 《일본고대 씨족과 천황》 하나와쇼보, 1974년, 《귀화인》 시분또, 1970년

이 편에서는 《신찬성씨록》의 편찬경위와 그 내용을 고찰한데 기초하여 거기에 반영된 1,180성씨들의 출신계통을 전면적으로 분석하고 그것들의 대부분이 6세기~7세기중엽 야마또왕정과 5세기이전 각 지역에서 패권을 쥔 조선계통 성씨였다는것을 론증하였다.

제1장. 《신찬성씨록》의 편찬경위와 기본내용

제1절. 《신찬성씨록》의 편찬경위

《신찬성씨록》은 9세기초 고대일본 헤이앙왕정에서 편찬한 문벌들의 등록대장이다.

※ 《신찬성씨록》은 현재 원본은 전하지 않고 초략본만 전해지는데 초략본에도 여러 갈래가 있다.
여기에서는 《군서류종》(도꾜속군서류종완성회 1939년판) 권448에 들어있는 《신찬성씨록》(초략본)을 기본으로 리용하였다. 《군서류종》본 《신찬성씨록》에는 성씨수가 상표문과 서문에 1,182성씨로 기록되여있지만 뒤에서 볼바와 같이 매 권수에서 성씨를 일일이 세여보고 종합해보면 1,180성씨로 되여있다. 론문에서는 성씨수를 많이 론하므로 여기서는 일단 실지 반영된 성씨수인 1,180성씨로 한다.

《신찬성씨록》은 고대일본 기나이지방에 살고있던 문벌들의 출

신계통을 따져 진가를 바로잡으며 매 성씨들의 높고낮음을 정리하여 고정화하려는 목적밑에 편찬되였다.

고대일본에서 국가권력의 정치적구조를 이룬 씨(氏)와 성(姓)은 서로 밀접한 련관속에 있으면서도 다른 면을 이루고있었다.

씨는 원래 조상이 같은 혈통으로 무어진 집단—문벌을 말한다. 고대일본에서는 이것이 지배계급의 기본단위로 되였는데 그것은 씨의 우두머리인 우지노가미(氏上)와 씨의 일반성원들인 우지히또(氏人)로 이루어져있었다.

씨에는 그 경제적기초를 이루는 가끼베(部曲)라는 베노다미(部民—부곡민)와 다도꼬로(田莊)라는 그 사유지가 속해있었다.

이러한 씨—문벌은 5세기이전 소국시기부터 전국에 존재하였다.

북규슈의 《신무동정》집단 문벌들과 그와 결탁한 기나이지방의 문벌들은 6세기이후 국토통합을 시작한 야마또왕정의 구성성원, 중앙호족으로 되였으며 여기에 속하지 못한 지방의 문벌들은 지방호족으로서 점차 이에 복속되면서 흡수되였다.

6세기~7세기중엽 야마또왕정의 국토통합이 완성되여가고 중앙집권적통치체제의 편성이 다그쳐짐에 따라 중앙 및 지방 호족들은 점차 자기의 정치적지위와 직업을 고정화하고 세습하는데 이르렀다. 매 씨들의 정치적지위와 직업이 점차로 고정화되여가자 문벌들 사이에는 지위와 역할에 따라 자연히 높고낮음이 생기게 되였다. 이 문벌들의 등급이 바로 가바네—성(姓)이다.

가바네—성은 매 씨들의 정치적지위와 직업이 세습화되면서 발생하였지만 이것이 야마또왕정의 정치구조, 신분질서를 이루었으므로 발생한 다음에는 씨의 지위와 역할을 규제하게 되였다. 다시말하여 야마또왕정은 매 문벌들의 직업과 정치적지위가 고정화됨에 따라 직접 그들에게 가바네를 주어 자기의 정치적구조, 신분질서를 정리하게 하였다.

※ 가바네란 이름은 원래 우지히또가 우지가미에 대하여 사용한 존칭 이였다고 한다.

야마또왕정의 정치적구조를 이룬 가바네—성은 지배계급, 문벌들의 씨와 이름에 붙여진 칭호로서 6세기에 점차 성립되여 국토통합이 완성되는데 따라 확립되였다.

야마또왕정이 이 시기 문벌들에 준 가바네로서는 오미, 무라지, 기미, 아따히, 미야쯔꼬, 오비또, 후비또, 아가따누시, 수구리, 오사, 가찌, 모리, 간무리, 간누시, 하후리, 아비꼬, 야꼬시, 에시 등 수십종이나 되였는데 오미와 무라지가 최고위였고 그가운데서도 오오미와 오무라지가 국가권력을 좌지우지하였다.

야마또왕정의 신분질서, 정치구조를 이룬 씨성(성씨)제도는 7세기중엽 《대화개신》때 법적으로 폐지되여 제도상 없어졌으며 점차 흐려지게 되였다.

그러나 얼마 안가서 684년(천무 14년)에 종전의 오미, 무라지를 최고위로 하는 가바네제도를 개조하여 《천황》계통을 최고위로 하는 가바네제도인 8색(8가지) 가바네—성제도를 내왔다.

이때 제정된 가바네는 마히또(마우또라고도 함), 아소미, 수꾸네, 이미끼, 미쩌노시, 오미, 무라지, 이나기이다.

새로운 8색가바네제도는 종전의 개별적문벌들을 우두머리로 하는 씨성제도의 재정리였고 《천황》을 우두머리로 하는 씨성제도, 신분제도의 재편성이였다.

《천황》을 중심으로 하는 새로운 씨성제도는 그후 오래동안 일본왕정의 정치적배경을 이루고있었다.

7세기말이후 가바네—성은 종전처럼 큰 역할을 하지는 못하였지만 대씨(큰씨)로서의 역할을 하면서 여전히 당시 신분제도에 크게 작용하였다.

씨자체의 사회적기능도 보존되게 되였는데 이 시기 높은 가바네를 가진 유력한 씨들은 국가의 주요관직을 차지하게 되였다.

고대일본에서 씨성제도의 발생, 확립, 변화, 쇠퇴 과정은 높은 가바네를 차지하기 위한 문벌들사이의 경쟁과 싸움을 동반하였다.

원래 고대일본의 사회발전에서 큰 역할을 하고있던 백제계통을 위주로 하는 조선계통 문벌들은 6세기~7세기중엽 야마또왕정의 주요 가바네를 독차지하고 왜왕정을 좌지우지하였다. 더우기 이 시기 원주민들속에서는 조선계통 문벌들에게 의존하거나 조선계통 성씨로 가탁하여 큰 자리를 차지하는 현상이 적지 않았다.

그러나 645년 6월 《대화정변》에 의해 오래동안 패권을 잡고 전횡을 부리던 소가씨가 멸망할 때 많은 국가문서들이 소각되여 매 문벌들의 족보가 반영된 문서도 적지 않게 없어지게 되였다. 이 기회를 리용하여 많은 문벌들의 족보위조행위와 가탁행위가 적지 않게 나타났다. 게다가 660년대 배신적인 라당련합에 의한 백제, 고구려의 멸망은 밀접한 조일관계를 파탄시키고 고대일본 지배계급문벌들의 계통을 크게 변화시키는 결과를 가져왔다.

당시 야마또왕정에서 패권을 쥔 백제를 위주로 하는 조선계통 문벌들은 백제, 고구려의 멸망으로 고국과의 인연이 끊기우고 그후 일본렬도에서 벌어진 반신라, 반조선적인 소동에 점차 휘말려들어가 조선계통의 족보를 숨기거나 다른 계통으로 가탁하면서 토착화, 일본화되게 되였다.

이것은 8세기이후 《고사기》, 《일본서기》를 비롯한 력사기록 편찬시 적지 않게 반영되게 되였고 편찬자들이 내세운 배타주의적, 국수주의적 립장과 결부되여 조선계통 문벌들의 족보는 많이 가리워지고 지어 외곡된 《천황》이나 고대일본 《신》의 자손으로 둔갑하게 되였다.

따라서 7세기말이후 일본렬도의 문벌들은 7세기중엽 이전처럼 조선계통으로의 가탁이나 위조가 아니라 반대로 고대일본 지배계급의 조상이라는 이른바 《천황》이나 고대일본 《신》의 자손으로 조작되게 되였다.

8세기초 《대보률령》과 《양로률령》을 제정할 때 호적등록사업이 진행되여 문벌들의 족보도 어느 정도 정리되게 되였다. 그러나 8세기중엽이후 장원이 발생하면서 통치체제에 금이 가고 통치제도가 점차로 무너지면서 문벌들의 족보위조행위와 가탁은 또다시 심해졌다.
　《속일본기》, 《일본후기》, 《신찬성씨록》의 상표문과 서문에 의하면 8세기이후 많은 문벌들의 조상이 엇갈리우고 위조, 가탁 행위가 많았다고 전하고있다. 이리하여 많은 문벌들의 성씨가 헛갈리고 위조되게 되여 국가적인 사업으로 정리해두지 않으면 안될 형편에 놓이게 되였다.
　이런 사회적요구로부터 8세기중엽 당시 일본왕정에서는 매 문벌들의 성씨를 정리해두는 사업을 국가적인 사업으로 진행하고 여기에 큰 힘을 넣게 되였던것이다.
　당시 사회적으로 지배계급을 이룬 문벌들의 성씨를 조사장악하고 정리하는 사업은 매 문벌들이 바치는 본계장(자기 조상과 갈래를 적은 족보책)에 기초하여 그것을 옛 기록과 대조검열하고 국가적으로 종합하여 편찬하는 방법으로 진행되게 되였다.
　《나까도미씨계도》에 인용된 《연희본계》에 의하면 천평보자 5년(761년)에 《씨족지》를 편찬할데 대한 《천황》의 명령에 의해 매 문벌들이 바치는 본계장을 검열하고 편찬하기 위한 사업이 진행되게 되였다고 전하고있다.
　한편 성씨록 서문에는 《보자(757~766년) 말년에 문벌들의 조상계통에 대한 다툼이 매우 심하여 이름있는 유생들을 모아 〈씨족지〉를 편찬하였다. 그런데 초안이 절반도 되지 못하여 란리가 일어나 여러 유생들이 해체되여 편찬사업을 그만두고 다시 하지 못하였다.》라고 기록되여있다.
　우의 기록을 통하여 알수 있는것처럼 당시 헤이앙왕정에서는 761년 《씨족지》를 편찬할데 대한 《천황》의 명령에 따라 그후 매 문벌들이 바치는 본계장에 기초하여 유생들을 모아 《씨족지》를 편찬하는 사업을 진행하였다. 그런데 이 사업은 중도에서 란리를 만나 절반도 완성하지 못한채 그만두게 되였는데 그때 얼마나 편찬되였는지 잘 알수 없다.
　《씨족지》의 편찬사업이 중단된후에도 국가의 통치체제가 점차 문란해짐에 따라 문벌들의 족보위조행위와 다른 문벌에로의 가탁행위는 우심하여졌다. 그리하여 794년 수도를 헤이죠(평성)경으로부터 헤이앙(평안)경으로 옮긴 일본왕정은 문란된 통치체제를 바로잡으려고 노력하면서 그 일환으로 매 문벌들의 족보장을 국가적으로 정리해두는 사업을 크게 단행하게 되였다.

《일본후기》에 의하면 799년 12월에 당시 매 문벌들의 족보와 갈래가 똑똑치 못하기때문에 《환무천황》이 이를 바로잡기 위해 다음해 8월 30일까지 본계장을 바치고 곧 편찬하며 만일 그것이 옛 기록과 어긋나거나 기준에 지나친자들은 리유를 따져 죄를 주고 영원히 등록하지 말데 대하여 명령하였다고 한다.*

* 《일본후기》 권8 연력 18년 12월 무술

《삼대실록》(정관 14년 8월 13일조)을 비롯한 여러 책에는 799년 12월부터 800년 8월 30일사이에 여러 문벌들이 본계장을 헤이앙왕정에 바쳤다는 기록들이 있다.

이러한 자료들은 당시 헤이앙왕정이 799년 12월부터 다음해 8월 30일까지를 매 문벌들이 본계장을 바치는 기간으로 정하고 이 사업을 진행하였고 그후 본계장에 기초하여 옛 기록과 대조하여 따지고 새롭게 국가문서에 등록하는 편찬사업을 진행하였음을 보여준다.

이 시기 족보장의 편찬은 매 문벌들이 바치는 본계장과 아울러 옛 기록이 중요하게 리용되였고 자기의 족보를 위조한자들에게는 죄를 주는것과 같은 엄한 분위기속에서 진행하였다고 한다.

그러나 아무리 엄한 분위기속에서 하였다고 하더라도 족보장 편찬에서는 족보 위조와 가탁이 적지 않았고 특히 조선계통이라는 것을 숨기는 행위가 크게 감행되였다. 《환무천황》(781∼806년)의 통치기간에 황실의 조상이 백제사람으로 되여있는것[*1]과 그리고 여러 《아마》계통 자손들(《아마》계통 자손들이란 조선이주민들을 가리킴)이 천황으로 되였다는것[*2] 등이 반영된 조선관계사료들을 많이 불살라버렸다는것은 이를 잘 말해준다. 이것은 족보장 편찬사업에서 조선계통 문벌에 대한 기록이 많이 루락되고 조선계통 문벌이라는것이 많이 숨겨지거나 다른 계통으로 가탁되여 오르게 되였다는것을 알수 있게 한다.

*¹ 《초기조일관계연구》, 사회과학원출판사, 1966년판, 21페지

*² 《신찬성씨록연구》, 연구편, 18페지

따라서 성씨록 편찬때 원래 조선계통 문벌들이란것이 다른 계통으로 많이 바뀌여졌음을 알수 있다.

그런데 성씨록 서문에 의하면 《환무천황》이 본계장 편찬사업을 완성하지 못하고 세상을 떠났다고 한다.

이러한 족보장의 편찬사업은 그후에도 계속되였다.

성씨록의 서문에 의하면 《차아천황》(809~823년)이 앞선 시대의 위업을 계승하여 만다친왕외 5명에게 족보장 편찬사업을 계속하게 하였다고 한다.

이리하여 만다친왕을 비롯한 편찬자들은 국가문서고의 비밀문서들과 옛 기록들, 여러 문벌들의 본계장에 기초하여 편찬사업을 계속 진행하여 815년 7월 20일에 《신찬성씨록》이란 이름으로 완성하게 되였다.

※ 《신찬성씨록》의 완성시기에 대해 현재 초략본인 《신찬성씨록》의 상표문에는 815년 7월 20일로 되여있으나 《일본기략》에는 814년 6월 1일로 되여있다. 일본학계에서는 이와 관련하여 《신찬성씨록》 편찬자 6명의 관위변동과 미나모또 아소미 등이 성을 받아 좌경에 등록한 날자 등을 구체적으로 추산한데 기초하여 《신찬성씨록》이 처음에는 《일본기략》에서처럼 814년 6월 1일에 일단 나왔다가 그후 얼마간의 수정보충을 가하여 《신찬성씨록》의 상표문대로 815년 7월 20일에 완성되였다고 보는것이 정설로 되고있다.(《신찬성씨록연구》, 연구편, 310페지)

결국 《신찬성씨록》은 799년 12월부터 다음해 8월말까지 매 성씨들의 본계장을 바치는 준비사업과 그후 조상갈래를 분류하고 옛 기록과 대조검열하여 편찬하는 기본사업을 통하여 815년 7월 20일에 완성되였다고 볼수 있다.

《신찬성씨록》편찬사업이 이렇게 17년간이라는 오랜 시일을 끌게 된것은 이 책의 서문과 기타 기록에서 보는바와 같이 매 문벌들이 바친 본계장이 위조되였거나 옛 기록과 틀린것이 많아서 그것을 엄격히 따지고 대조하며 부류별로 모으는 사업이 매우 어려웠던 사정과 관련된다.

※《신찬성씨록》 서문에는 이 책이 10년만에 완성되였다고 하는데 그것은 실지 편찬사업이 진행된 기간만을 념두에 둔것 같다.

이처럼 기나이지방에 살고있던 고대일본왕정의 지배계급을 포함한 문벌들의 족보를 정리하는 사업은 8세기 60년대에 《씨족지》의 편찬으로부터 시작되였으나 중도에 그치고 8세기말 9세기초에 《신찬성씨록》이 편찬됨으로써 완성을 보게 되였던것이다. 《신찬성씨록》의 편찬완성은 당시 심하게 나타나고있던 지배계급문벌들의 족보 위조행위와 가탁행위를 막고 매 문벌들의 높고낮음을 정리함으로써 문란된 통치체제의 일면을 바로잡을수 있게 하였다.

※《신찬성씨록》이란 이름은 글자그대로 새롭게 편찬된 성씨록이라는 의미로서 이것은 그 이전에 편찬되였던 그 어떤 성씨록을 전제로 한 이름이다. 이와 관련하여 일본학자들속에서는 두가지 견해가 있는데 하나는 761년부터 편찬하다가 도중에 그만둔 《씨족지》에 대한 새로운 편찬이라는 견해이고 다른 하나는 앞에서 본것처럼 814년에 기본적으로 편찬되여 나왔던 성씨록에 얼마간의 수정보충을 가하여 다시 편찬되였다고 보는 견해이다. 필자는 815년에 편찬된 성씨록이 716년에 시작하여 도중에 그만둔 《씨족지》에 대한 새로운 편찬으로 보기에는 어려운 점이 많다고 생각된다. 《신찬성씨록》은 뒤에 계속 나오므로 간략화하여 성씨록이라고 표기하려고 한다.

제2절. 《신찬성씨록》의 기본내용

성씨록은 크게 《천황》에 올리는 상표문과 성씨록의 편찬경위를 적은 서문, 기나이지방의 1,180성씨들의 조상계통을 기록한 본문부분으로 구성되여있는데 본문부분이 기본내용을 이룬다.

　　성씨들의 조상계통을 밝힌 본문부분은 **출신계통**에 따라 크게 세 부분 즉 황별조, 신별조, 제번조로 나누어볼수 있는데(서문에서는 이를 3체라고 하였다.) 황별조(1～10권)는 《천황》의 자손계통이라고 하는 성씨들을 모은 부분이고 신별조(11～20권)는 고대일본의 이른바 《신》들의 자손이라고 하는 성씨들을, 제번조(21～29권)는 한(중국), 백제, 고구려, 신라, 임나 등 외국인출신이라는 성씨들을 적은 부분이다.

　　마지막 30권은 미정잡성조로서 계통이 분명치 않아 우의 세 체계에 넣을수 없는 성씨들을 기록한것이다.

　　성씨록에 반영된 1,180성씨들은 크게 황별, 신별, 제번, 미정잡성조들에 나뉘여 자기가 거주한 기나이지방의 좌경, 우경(수도 헤이앙경의 동부와 서부), 야마시로국(교또부 남부), 야마또국(나라현 북부), 셋쯔국(효고현 동남부와 오사까부 북부), 가와찌국(오사까부 동부, 중부), 이즈미국(오사까부 서남부) 등 여러 지방에 따라 권수별로 기입되여있다.

　　매 성씨들은 **출신계통** 즉 어느 조상의 자손이라는것을 밝히였는데 주로 시조와 먼 조상들을 기입하였으나 일부는 먼 조상과 가까운 조상 또는 그 어느 하나만을 기입하기도 하였다.

　　성씨록에서는 성씨들의 조상기입을 대체로 3부류(서문에는 이를 3례라고 하였다.) 즉 《00〈성씨〉는 00에서 나왔다.》, 《00〈성씨〉는 00〈성씨〉와 조상이 같은 후예이다.》, 《00〈성씨〉는 00의 후예다.》라는 내용으로 나누어 표기하였다. 이것은 대체로 시조는 같지만 먼 조상이나 가까운 조상이 서로 다른것으로 하여 생기는 가지계통의 멀고가까움을 나타내기 위해 나눈 표기법이라고 한다.

　　이러한 조상기입법은 매 성씨들의 시조, **출신계통**을 밝히는데서는 큰 문제로 되지 않는다.

　　일부 성씨들에 대하여서는 야마또왕정이 성씨를 주게 된 경위를 기입하고있다.

　　※ 황별조의 100여개 성씨들은 그 조상계통기록이 《일본기》, 《속일본

기〉의 기록과 《맞는다.》 또는 《루락되였다.》라고 간단히 기록되여 있다.

그러면 성씨록의 본문내용에서 1,180성씨들이 조별과 권수에 따라 어떻게 되여있는가를 구체적으로 살펴보기로 한다.

우선 황별조에 반영된 성씨들과 그 조상들에 대하여 보자.

황별조는 고대일본의 《천황》이라는것의 자손문벌들을 모았다는 부분으로서 여기에는 모두 334성씨가 기록되여있다.

황별조의 1권부터 10권중에서 2권부터 5권에는 수도 헤이앙경의 좌경과 우경에 사는 성씨들이, 6권부터 10권에는 야마시로국, 야마또국, 셋쯔국, 가와찌국, 이즈미국에 사는 문벌들이 순서별로 각각 기록되여있다.

1권만은 서두에 《좌경황별》이라고 하여 좌경에 사는 문벌들을 싣는다고 하였지만 실지는 당시 1류급의 가바네인 마히또를 가진 씨들을 다 기입하다나니 좌경뿐아니라 그밖의 지방에 있는 약간의 씨들도 기입되여있다.

매 권에 실린 성씨들을 그 시조인 《천황》별에 따라 그 수만 묶어보면 표 1과 같다.

표 1 《신찬성씨록》 황별조에 반영된 각 《천황》계통 성씨수

시기	번호	《천황》이름	권 수										
			1	2	3	4	5	6	7	8	9	10	계
5세기이전	1	《신무》(1대)		2			6	1	1	2	7	3	22
	2	《안녕》(3대)		1		1							2
	3	《효소》(5대)			10		6	8	3	6	3	5	41
	4	《효령》(7대)		2			6						8
	5	《효원》(8대)		23	1	26		7	11	11	20	10	109
	6	《개화》(9대)		1	3		2	4	1	4	6	2	23
	7	《숭신》(10대)			13	6			2	2	3	7	33
	8	《수인》(11대)			2		4			2		1	9
	9	《경행》(12대)		2	2		7	1			3	5	20
	10	《중애》(14대)		1				2			2		5
	11	《응신》(15대)	6	1			2	1		1	1		12

시기	번호	《천황》이름	권 수										
			1	2	3	4	5	6	7	8	9	10	계
5세기 이전		종5위 하 미가다오노			1								1
		정5위 하 다까마도 아소미 히로세					1						1
6∼7세기	12	《계체》 (26대)	5										5
	13	《선화》 (28대)	3							1			4
	14	《민달》 (30대)	18	1									19
	15	《용명》 (31대)	3										3
	16	《서명》 (34대)	1										1
	17	《천지》 (38대)	1	2									3
	18	《천무》 (40대)	7	2									9
8∼9세기	19	《광인》 (49대)		1									1
	20	《환무》 (50대)		2									2
	21	《차아》 (52대)		1									1
		계	44	42	32	33	34	24	18	29	45	33	334

※ 성씨록 4권의 다나까 등 일부 씨들은 다께우찌노 수꾸네의 자손으로 되여있는데 다께우찌노 수꾸네는 《일본서기》 권4 효원기 7년 2월조를 비롯한 여러 기록에 《효원천황》의 자손으로 되여있다.

그리고 3권의 가쯔라기씨는 가쯔라기 소쯔히꼬노 미꼬도의 후예로 되여있는데 가쯔라기 소쯔히꼬노 미꼬도는 4권의 다마떼씨조와 8권 아끼나씨조에 다께우찌 수꾸네의 아들로 되여있다. 따라서 성씨록에 다께우찌노 수꾸네와 가쯔라기 소쯔히꼬노 미꼬도의 자손으로 되여있는 성씨들을 《효원천황》의 자손으로 보고 이 문벌수에 포함시켰다.

표에서 보는것처럼 황별조의 334성씨들은 모두 21명의 《천황》 및 《천황》과 인척관계에 있다고 보이는 두 인물의 자손문벌로 되여있다. 21명의 《천황》들은 제1대 《신무》로부터 제25대 《차아》까지로 되여있다.

※ 원래 성씨수에 대해 성씨록의 1권 서두에서는 43씨, 4권에서는 32씨, 9권 서두에서는 46씨라고 기록되여있는데 성씨들을 하나하나 세여

보니 1권은 44, 4권은 33, 9권은 45씨였다.

따라서 우의 권들의 서두에 쓴 성씨수는 잘못 기입되였다고 보면서 필자가 인용한 ≪군서류종≫본 초략본의 실지 수자를 성씨수로 한다.

5세기이전 11명의 ≪천황≫(≪신무≫로부터 ≪응신≫까지)의 자손이라는 문벌들은 모두 286성씨로서 전체 황별조성씨수의 86%를 차지한다. 그중에서 ≪효원≫의 자손이라는 문벌들은 109성씨로서 32.6%이다.

※ 3권의 가후노씨의 가까운 조상 종5위 하 미가다.오노와 5권의 다까마도씨의 가까운 조상 정5위 하 다까마도 아소미 히로세는 구체적으로 먼 조상 즉 어느 ≪천황≫의 인척인지 잘 알수 없지만 3권과 5권에 기록된 ≪천황≫들이 모두 5세기이전의 ≪천황≫이므로 이 ≪천황≫들의 친척이라고 보면서 이 천황들의 문벌수에 포함시켰다.

6～7세기 일곱 ≪천황≫(≪계체≫로부터 ≪천무≫까지)의 자손이라는 문벌들은 모두 44성씨이고 8세기말～9세기초의 세 ≪천황≫(≪광인≫로부터 ≪차아≫까지)의 자손이라는 문벌들은 4성씨인데 이것은 각각 전체 황별조성씨수의 1.2%, 0.1%를 차지한다.

결국 황별조성씨들은 대부분 5세기이전 ≪천황≫의 자손이라는 문벌들로 구성되여있다.

다음으로 이른바 고대일본 ≪신≫의 자손이라고 하는 문벌들을 기록한 신별조를 보면 여기에는 모두 404성씨가 반영되여있다. 신별조는 11권부터 20권까지로 되여있다. 11권부터 15권까지에는 좌경과 우경에 사는 성씨들이, 16권부터 20권까지에는 야마시로국, 야마또국, 셋쯔국, 가와찌국, 이즈미국에 사는 성씨들이 각각 순서별로 기록되여있다.

※ 성씨록의 13권 서두에는 성씨수를 20개라고 하고 15권 서두에는 성씨수를 28개라고 하였다. 그러나 실지 계산하여보니 각각 1개씩 더 많은 21개, 29개였다. 따라서 실지 성씨수대로 13권은 21개로, 15권은 29개로 하였다.

신별조에 반영된 성씨들을 그 조상인 고대일본 《신》에 따라 권별로 묶어 그 수를 보면 표 2와 같다.

표 2   《신찬성씨록》 신별조에 반영된 각 《신》계통 성씨수

신별	번호	조상 《신》 이름	11	12	13	14	15	16	17	18	19	20	계
천신	1	쯔하야무스비노 미꼬도*1	10			1			2	8	9	12	42
〃	2	가미 니기하야히노 미꼬도	27			14		18	7	7	16	14	103
〃	3	오베소노미 미꼬도	1			1							2
〃	4	다까미무스미노 미꼬도*2		9	1	7	1		5	1	8	2	34
〃	5	가미 무스비노 미꼬도*3		7	1	9	4	11	5	7	7	13	64
〃	6	후르무스비노 미꼬도		1					1		4	1	7
〃	7	이스쿠스비노 미꼬도		1							1		2
〃	8	아메노 가배다쩨노 미꼬도		1									1
〃	9	아메노 소쯔다게노 미꼬도			1								1
〃	10	아메노 모노시리노 미꼬도				1							1
〃	11	아메노 이까즈찌노 미꼬도				1							1
〃	12	호노 스새리노 미꼬도					2	1	2	1		1	7
〃	13	아메노 아이노 미꼬도						1					1
〃	14	아메히라쭈노 미꼬도						1					1
〃	15	아메노 구시마히도쯔노 미꼬도						1					1
〃	16	아메노 미나까누시노 미꼬도*4							2		1		3
〃	17	아메노 구시다마노 미꼬도							1				1
〃	18	아메노 에다노 미꼬도							1				1
〃	19	아메노 미호노 미꼬도							1				1
〃	20	히노 하야히노 미꼬도								1	1		2
〃	21	아메 가께오노 미꼬도										1	1
〃	22	이끼시니끼호노 미꼬도									1		1
천손	23	아메노 호히노 미꼬도		3		2	4	3	2	2	1	5	22
〃	24	기네노 미꼬도		1									1
〃	25	아메노 호아까리노 미꼬도			12		9	6	5	6	8	7	53
〃	26	아마쯔히꼬네노 미꼬도			4		2	1	3	2	4	2	18
〃	27	아메노 미가게노 미꼬도								1			1
〃	28	아메노 사기리노 미꼬도								1			1
〃	29	아메노 호끼노 미꼬도									1		1

신별	번호	조상《신》이름	11	12	13	14	15	16	17	18	19	20	계
지기	30	스사노 오노 미꼬도※5			1		1	2	3	4	1	1	13
〃	31	아메노 오시호네노 미꼬도	1										1
〃	32	시히네쯔히꼬노 (미꼬도)※6				2		1	2	1			6
〃	33	와다노 가미 와다쯔미도요다 마히꼬노 미꼬도※7				4			2	1			7
〃	34	아메노 야헤고또시로누시노 미꼬도							1				1
〃	35	미히가게							1				1
〃	36	이와호고시와께노 미꼬도							1				1
		계	38	23	21	36	29	45	44	45	63	60	404

※¹ 성씨록 14권의 유끼씨와 20권의 미야도꼬로씨 등을 비롯한 일부 성씨들은 조상이 아메노 고야네노 미꼬도라고 하였는데 아메노 고야네노 미꼬도는 11권에 쯔하야 무스비노 미꼬도의 3세손으로 되여있다. 따라서 아메노 고야네노 미꼬도의 자손성씨들을 쯔하야 무스비노 미꼬도의 자손문벌수에 포함시켰다.

※² 성씨록 2권의 우네오씨와 17권의 아스까베씨들의 조상 아메노 고또시로누시노 미꼬도와 17권의 나까찌노 마로꼬씨의 조상 히도 오미노 미꼬도, 고시씨의 조상 아메노 오시히노 미꼬도들은 15권의 이오베씨조, 14권의 고시씨조와 오또모 오다씨조들에 각각 다까미무스비노 미꼬도의 3세손, 9세손, 6세손으로 되여있다. 그러므로 이 씨들은 시조 다까미무스비노 미꼬도의 자손성씨로 보고 처리하였다.

※³ 성씨록 12권의 오끼씨를 비롯한 일부 씨들은(아메노) 쯔누고리무스비노 미꼬도의 자손으로 되여있다. 그리고 누가다베씨들은 14권과 16권에 아스나또노 미꼬도의 자손으로 되여있는데 18권에는 먼 조상이 쯔누고리무스비노 미꼬도로, 가까운 조상이 아스나또노 미꼬도로 기록되였다. 그런데 쯔누고리무스비노 미꼬도는 16권에 가미무스비노 미꼬도(시조)의 아들로 되여있으므로 우의 성씨들은 모두 가미무스비노 미꼬도의 자손문벌로 보았다.

※⁴ 성씨록의 19권의 미와비또씨는 아이라노 미꼬도의 자손이면서 미떼

시로씨와 같은 조상이라고 하였는데 미떼시로씨는 17권에 시조로 볼수 있는 아메노 미나까누시노 미꼬도의 자손으로 되여있으므로 이 《신》계통문벌수에 넣는다.

※⁵ 성씨록의 15권의 무나가따씨의 가까운 조상 오다가다스노 미꼬도는 19권에 오구니누시노 미꼬도의 6세손으로 되여있고 오구니누시노 미꼬도(가미)는 《일본서기》 권1 신대상 제8단 일서(6)에 다른 이름은 오모노누시노 가미(미꼬도) 또는 오아나무찌노 미꼬도이면서 스사노오노 미꼬도의 6세손으로 되여있다. 따라서 오다가다스노 미꼬도와 오구니누시노 미꼬도, 18권의 오아나무찌노 미꼬도의 자손문벌된 성씨들은 모두 시조 스사노오노 미꼬도의 자손문벌로 본다.

※⁶ 성씨록의 17권의 야마또 수꾸네조에 의하면 이 씨의 조상 가미시리쯔히꼬는 다른 이름이 시히네쯔히꼬(다른 기록에 시히네쯔히꼬노 미꼬도로도 됨)라고 하였으므로 결국 같은 《신》이다. 그러므로 15, 17, 18권의 가미시리쯔히꼬의 자손문벌들은 시히네쯔히꼬의 자손문벌수에 포함시켰다.

※⁷ 성씨록 15권의 아즈미씨의 먼 조상 와다노 가미 와다쯔미도요다마히꼬노 미꼬도의 아들 호다까미노 미꼬도와 오후시 아마씨의 먼 조상 와다노 가미 와다쯔미노 미꼬도의 아들 호다까미노 미꼬도는 서로 같은 《신》으로 볼수 있으므로 먼 조상도 이름은 약간 다르지만 같다고 볼수 있다. 한편 같은 권의 야모또씨의 조상 와다쯔미도요다마히꼬노 미꼬도와 18권의 오후시아마씨의 먼 조상 와다쯔미노 미꼬도, 아즈미노 이누가히씨의 먼 조상 와다노 가미 오와다쯔미노 미꼬도, 19권의 아즈미씨의 조상 와다쯔미노 가미노 미꼬도 등도 조상이름이 비슷하고 그 자손 씨이름들도 서로 같은것들이 있다. 따라서 우의 씨들은 조상이 같은 문벌이라고 인정하면서 모두 와다노 가미 와다쯔미도요다마히꼬노 미꼬도의 자손으로 보았다.

표에서 보는바와 같이 신별조에 기록된 404성씨들의 조상들은 35《신》으로 되여있는데 크게 세 부류 즉 《천신(天神)》, 《천손(天孫)》, 《지기(地祇)》로 나뉘여져있다.

《천신》은 하늘신 즉 아메—아마신으로서 《아마》계통 《신》들을 가리키고 《천손》은 하늘손자 즉 아메—아마손자로서 역시 《아마》계통 《신》들을 말하는데 《천신》보다는 뒤늦은 시기의 《신》에 해당한다고 볼수 있다.

《지기》는 땅신으로서 토착《신》들을 의미한다.

이 《신》들은 대부분이 《일본서기》와 《고사기》의 《신대》에 반영된 일본의 고대《신》들이거나 그와 밀접한 관계에 있는 《신》들이다.

주지하는바와 같이 《일본서기》와 《고사기》의 《신대》라면 대체로 야요이시대(기원전 3세기~기원 3세기)에 해당하며 여기에 나오는 《신》들은 실제 인물로 볼수는 없지만 이 시기에 활동한 혈연적집단의 우두머리, 정치적세력의 대표자의 상징이라고 볼수 있다.

결국 신별조에 반영된 조상《신》들은 대체로 야요이시기에 활동한 아마계통 우두머리들과 토착계통 우두머리로 이루어져있다고 볼수 있다.

조상《신》의 계통에 따르는 성씨수를 보면 《천신》계통 문벌이 277성씨로서 제일 많고 《천손》계통 성씨는 97문벌로서 그다음을 차지한다.

《천신》, 《천손》의 아마계통 문벌은 모두 374성씨로서 신별조에 반영된 성씨수의 약 93%를 이룬다. 그중에서 제일 많은 성씨를 차지하는것은 《천신》인 가미 니기하야히노 미꼬도의 자손문벌인데 그것은 103성씨로서 전체 성씨수의 4분의 1을 차지한다.

《지기》계통—토착신계통 문벌은 30성씨로서 전체 성씨수의 약 7%이다.

따라서 신별조는 아메—아마계통 신들과 그 자손문벌들이 대부분을 이룬다고 볼수 있다.

다음으로 외국인이라는 한(중국), 백제, 고구려, 신라, 임나(가야) 출신의 자손이라고 칭하는 문벌들을 기록한 제번조를 보기로 한다.

제번조는 성씨록 21권부터 29권까지 구성되여 324성씨를 싣고 있다.

※ 성씨수에 대하여 24권의 서두에는 63씨, 28권의 서두에는 56씨, 29권의 서두에는 20씨라고 기록되여있는데 실지 성씨를 세여본데 의하면 각각 하나씩 모자라는 62씨, 55씨, 19씨였다. 따라서 제번조에 반영된 총 성씨수도 실지 기록보다 3성씨가 적은 324씨로 된다.

성씨록 21~24권에는 좌경과 우경에 사는 성씨들이, 25~28권에는 야마시로국, 야마또국, 셋쯔국, 가와찌국, 이즈미국에 사는 성씨들이 각각 순서대로 기록되여있다.

그리고 21권과 23권에는 한(중국)계통이라는 성씨들만 기록되여있고 나머지 권들에는 여러 외국인이라는 성씨들이 함께 수록되였다.

제번조의 324성씨중 한(중국)출신이라는 자손문벌이 먼저 기록되여있는데 그것은 모두 163성씨로서 그 절반을 차지한다. 이 163성씨들은 전체적으로는 한(중국)이라는 조목아래 구체적으로는 진, 한 나라 등 중국의 옛 나라들의 출신이라고 하였는데 그것들을 나라별로 그 성씨수를 보면 다음과 같다.

주: 4개(23권)
로: 4개(21권-1, 23권-1, 28권-1, 29권-1)
진(秦): 30개(21권-5, 23권-5, 25권-4, 26권-6, 27권-2, 28권-6, 29권-2)
한(漢): 57개(21권-10, 22권-1, 23권-13, 25권-1, 26권-3, 27권-7, 28권-13, 29권-4)
위: 27개(21권-5, 23권-4, 24권-3, 27권-2, 28권-12, 29권-1)
오: 13개(22권-2, 23권-2, 24권-1, 25권-3, 26권-1, 28권-2, 29권-2)
진(陳): 1개(21권)
북제: 1개(27권)
수: 2개(21권)
당: 13개(21권-10, 23권-3)

한(韓—가라)*¹ : 3개(23권—1, 25권—1, 26권—1)
백제*² : 4(22권—1, 24권—1, 28권—1, 29권—1)
기타: 4(21권—1, 23권—1, 27권—1, 28권—1)

*¹,*² 여기서 한(가라)과 백제국 출신이라고 하는 성씨들은 중국계통 성씨로 잘못 기록한것이다.

우에서 보는것처럼 제번조의 한(중국)이라는 외국인계통 문벌들은 거의 모두가 중국의 옛 나라들인 주, 로, 진, 한, 위, 오, 진, 북제, 수, 당의 출신이라고 하였는데 그중에서 한, 진, 위, 오, 당의 계통이라는 성씨들이 과반수를 차지한다.

제번조에는 한(중국)출신외에 백제, 고구려, 신라, 임나(가야) 출신 자손이라고 칭하는 성씨들이 161성씨나 된다.

이 성씨들을 권별로 묶어보면 표 3과 같다.

표 3

권수\나라별	백 제	고(구)려	신 라	임나(가야)	계
22	14	15	1	3	33
24	45	9	3		57
25	6	5	1	1	13
26	6	6	1	2	15
27	9	3	1	3	16
28	15	3	1		19
29	7		1		8
계	102	41	9	9	161

기록상 조선계통 출신은 모두 161성씨로서 제번조 외국인성씨 수의 거의 절반을 차지한다.

그중에서 백제출신은 조선계통 출신의 절반이상을 차지하고 외국인성씨수의 근 3분의 1이나 된다.

결국 제번조에 반영된 324성씨들을 보면 절반은 《한》이라는 고대중국인계통, 나머지 거의 절반은 조선계통을 칭하고있다고 볼수 있다.

　마지막으로 미정잡성조를 보면 이는 30권에 기록되여있다.

　미정잡성조는 말그대로 아직 그 조상이 정해지지 못한 성씨들의 조상이라는것인데 그것은 여기에 오른 성씨들의 조상(**출신계통**)이 명백치 않아 세 조항 황별조, 신별조, 제번조에 넣을수 없는 성씨들을 기록한것이다.

　그러나 미정잡성조의 성씨들에 출신계통의 조작과 기입상 오기 등으로 하여 확실치 않은것들이 있다고 하더라도 그들이 자기 조상이라고 한것들은 어느 정도 믿을수 있으며 따라서 그것을 통해 그 출신계통을 대략 짐작할수 있다.

　미정잡성조에는 118성씨가 지역별로 그리고 그안에서는 《천황》의 자손문벌, 고대일본《신》의 자손문벌, 외국인의 자손문벌 차례로 기입되여있다.

　매 성씨들에 대하여서는 앞에서 본 성씨들과 마찬가지로 어느 조상의 자손이라는것을 밝히고있다.

　《신찬성씨록》의 미정잡성조에 실린 성씨들을 《천황》, 고대일본 《신》, 외국인계통의 순서로 조상별에 따라 그 성씨수만 보면 표 4와 같다.

표 4　　《신찬성씨록》 미정잡성조에 반영된 각 계층 문벌수

구분	번호	조　　　　상	성씨수	계
《천황》	1	《효소》(5대)	2	20
	2	《효령》(7대)	1	
	3	《효원》(8대)	4	
	4	《숭신》(10대)	6	
	5	《안강》(20대)	1	
	6	《계체》(26대)	1	
	7	《민달》(30대)	4	
	8	《환무》[*1] (50대)	1	

구분	번호	조　　　상	성씨수	계
고대일본《신》	1	가미 니기하야히노 미꼬도	9	51
	2	호아까리노 미꼬도	5	
	3	쯔하야 무스비노 미꼬도	5	
	4	아마쯔히꼬네노 미꼬도	3	
	5	스사노오노 미꼬도	2	
	6	아메노 가미다쩨노 미꼬도	2	
	7	아메노 호히노 미꼬도	2	
	8	아메노 히꼬노 미꼬도※²	2	
	9	쯔르기	1	
	10	아메노 마이도쯔노 미꼬도	1	
	11	다까미무스비노 미꼬도	1	
	12	아메노 히와끼노 미꼬도	1	
	13	마사까아가쯔가찌하야히노 아베노 호시호미미노 미꼬도	1	
	14	야마쯔 다께루히메노 미꼬도	1	
	15	이자나기노 미꼬도	1	
	16	우다시마니노 미꼬도	1	
	17	후쯔누시노 미꼬도	1	
	18	쯔간고노 미꼬도	1	
	19	나까도미노 이가쯔노 오오미노 미꼬도	1	
	20	다께미까즈찌노 미꼬도	1	
	21	가무시하야노 미꼬도	1	
	22	사야마노 미꼬도	1	
	23	우찌시나가노 미꼬도	1	
	24	기비쯔히꼬 이사세리노 미꼬도	1	
	25	이끼시니끼호노 미꼬도	1	
	26	가미무스비노 미꼬도	1	
	27	가미히또 아메노 호히노 미꼬도	1	
	28	아메노 구시다마노 미꼬도	1	
	29	가무유꾸노 수꾸네노 미꼬도	1	
외국	한(아야)	연	13	47
		진	6	
		한	3	15
		오	2	
		기타		
		백제	16	
		고(구)려	7	32
		신라	8	
		임나	1	

— 26 —

※¹ 《환무천황》의 자손문벌 다이라씨는 원래 미정잡성조에 속하지 않고 그 뒤끝에 기록되였는데 《천황》자손문벌이므로 여기에 포함시킨다.

※² 오또모씨의 조상《신》은 아메노 히꼬노 미꼬도로 되여있는데 그 주석에 아메노 히꼬마스노 미꼬도인지 알수 없다는 식으로 기록되여 있다.

표 4에서 보는것처럼 미정잡성조에 실린 118성씨가운데서 20성씨들은 여덟 《천황》의 자손으로, 51성씨들은 30《신》의 자손으로, 47성씨들은 외국인의 자손으로 되여있다.

외국인의 자손성씨중에서 15성씨들은 한(중국)계통으로, 32성씨들은 백제, 고구려, 신라, 임나 계통으로 되여있다.

※ 성씨록 30권의 서두에 미정잡성조의 성씨수가 119씨로 되여있는데 실지 세여보면 117씨이다. 30권밖의 뒤끝에 기입된 다이라씨(《환무천황》의 자손)까지 합하면 118씨로 된다.

미정잡성조에 실린 118성씨들은 외곡과 오기가 있더라도 일단 《천황》계통, 고대일본《신》계통, 외국인계통으로 칭한 이상 앞에서 본 황별조의 《천황》계통, 신별조의 고대일본《신》계통, 제번조에 외국인계통과 함께 고찰할수 있다.

이외 성씨록의 맨 뒤끝에는 《성씨록에 싣지 못한 성》이란 이름 밑에 아이하라, 오꾸라 등 31씨를 싣고있는데 이 씨들은 자기 조상과 계통, 가바네를 밝히지 않고있고 성씨록에 기록된것이 아니므로 따로 취급하지 않는다.

※ 31씨중에도 소가베, 미마나 등 그 이름으로 보아도 백제, 가야 계통이 명백한것이 있다.

이상 성씨록의 황별조, 신별조, 제번조, 미정잡성조에 실린 성씨들을 모두 종합하여보면 《천황》의 자손이라는 문벌이 355성씨(황별조의 334성씨와 미정잡성조의 21성씨), 고대일본《신》의 자손이라는 문벌이 454성씨(신별조의 404성씨와 미정잡성조의 50성씨), 외국인의 자손이라는 문벌이 371성씨(제번조의 324성씨와 미정잡성조의 47성씨)로서 총 1,180성씨다.

그가운데서 고대일본 《신》의 자손이라는 문벌들은 다른 계통의 문벌들보다 근 100여성씨나 많고 백제, 고구려, 신라, 임나(가야)국 출신이라고 공식적으로 칭하는 조선계통(제번조의 161성씨와 미정잡성조의 32성씨 계 193성씨)은 전체 성씨수의 6분의 1을 차지한다.

우에서 보는 성씨록에 반영된 각 계통의 성씨수는 9세기초 기나이지방 문벌들의 형편을 보여준다.

성씨록 서문에 강조되여있는것처럼 성씨록이 비록 당시 기나이지방에 사는 문벌들의 과반수를 싣지 못하였다고 하더라도 대략 그 절반은 실었다고 볼수 있으므로 기나이지방전체 문벌들의 형편도 우와 비슷하였을것이라고 볼수 있다.

한걸음 더 나아가 기나이지방 문벌들의 형편으로 미루어보아 외국인계통 문벌들이 많이 진출, 정착하였다고 보아지는 서부일본지역 문벌들의 형편도 짐작할수 있다.

제2장. 《신찬성씨록》에 반영된 고대일본 왕정에서 패권을 쥔 조선계통 문벌들

제1절. 《신찬성씨록》 제번조, 미정잡성조에 반영된 조선계통 문벌들

앞에서 본것처럼 《신찬성씨록》 제번조(21~29권)와 미정잡성조(30권)에 반영된 외국인계통 문벌들은 모두 371성씨이다.

그중에서 조선계통으로 밝혀진 문벌들은 193성씨로서 그 절반 이상을 차지한다.

성씨록이 편찬된 9세기초로 말하면 신라의 외세의존과 배신행위로 백제, 고구려가 멸망한후 종전의 밀접하였던 조일관계가 끊어지고 일본땅에 진출하여 사회생활의 모든 령역에서 주역을 놀던 조선사람들이 점차 토착화된 때이다. 이러한 형편에서 공개적으로 조선계통 출신의 문벌이라고 자칭하여나선 이 193성씨들의 조상은 조선계통이 틀림없다고 볼수 있다.

성씨록에 반영된 1,180성씨중에서 근 6분의 1을 차지하는 193성씨의 조상이 조선계통이라고 명백히 기록된것은 매우 의미심장하다. 이것은 9세기초이전에 기나이지방의 지배계급문벌가운데서 반신라, 반조선 소동이 경과하였음에도 불구하고 공개적으로 조선계통을 칭하고있었다는것을 의미한다.

하나의 성씨는 한사람만을 가리키는것이 아니라 우지노 가미를 가부장으로 하는 하나의 혈연적집단을 의미하는것만큼 조선계통 문벌 193성씨가 기나이지방에 있었다는것은 결국 193개의 혈연적집단이 살고있었다는것을 말해주는것으로 된다.

또한 193이라는 수자는 성씨록에 기록된 문벌수이고 그밖에 기록에 빠진 조선계통 성씨들도 많았을것이라고 볼수 있다.

이러한 사실을 통하여 당시 기나이지방에 살고있던 지배계급문벌들속에서 조선계통 문벌들이 큰 비중을 이루고있었다는것을 알수 있다.

구체적으로 보면 조선계통 문벌 193성씨중 백제계통 문벌은 118성씨, 고구려계통 문벌은 48성씨, 신라계통 문벌은 17성씨, 임나(가야)계통 문벌은 10성씨이다.

백제계통 문벌은 118성씨로서 조선계통 문벌수의 절반이상을, 전체 기나이지방문벌수의 10분의 1을 차지한다. 이것은 백제계통 문벌들이 조선계통 문벌중에서도 다수를 차지하고 기나이지방전체 문벌들중에서도 큰 비중을 차지하고있었다는것을 말해준다.

특히 이 시기 고구려가 커다란 영향력을 가지고있었던 사실이 주목된다.

그것은 우선 고구려계통 문벌들이 신라, 임나(가야) 계통 문벌들보다 몇배나 많았다는 사실에서 뚜렷이 볼수 있다. 고구려사람들은 가야, 백제, 신라 이주민들보다 거리상 관계로 일본렬도에 뒤늦게 진출하였지만 일단 진출이 본격화된 이후부터는 일본렬도에 많이 진출하고 정착하여 큰 세력을 이루었던것이다.

고구려의 영향력은 또한 백제의 일부 문벌들이 고구려시조 동명왕을 자기의 조상으로 삼고있은데서도 볼수 있다. 뒤의 편에서 자세히 보겠지만 성씨록 20권의 야마또씨를 비롯한 백제의 14성씨들은 고구려시조 도모—동명왕의 후예라고 자랑하고있다.

이 시기 가야(임나), 신라 계통 문벌들이 백제, 고구려 계통 문벌들보다 상대적으로 훨씬 적은데는 여러가지 요인이 있었다고 보인다. 6세기중엽 신라에 의해 조선반도의 가야(임나)가 멸망하자 일본렬도에 진출한 임나(가야)사람들은 많은 경우 백제계통으로 가탁하였고 7세기말 이후에는 족보를 바꾸거나 토착화되였다.

또한 7세기중엽에 신라는 외세를 끌어들여 백제, 고구려를 멸망시키였는데 그것은 당시 야마또왕정에서 패권을 쥔 백제를 위주로 한 조선계통 문벌들의 반감을 일으켰고 그 영향으로 기나이지방과 당시 일본왕정에서 신라계통 문벌들이 많이 밀리우거나 배척을 받게 되였다.

이러한 사정으로 기나이지방에서 신라, 임나(가야) 계통 문벌들은 상대적으로 적어지게 되였다고 인정된다.

제번조에 반영된 공개적으로 조선계통을 칭하던 문벌들은 대체로 5세기이전에 일본렬도에 진출한것이 많았다고 보인다. 그것은 제번조에 반영된 백제계통성씨의 조상가운데 5세기이전 백제본국왕들이 적지 않고 일부 문벌들은 5세기이전에 일본렬도에 진출하였다고 밝혀져있기때문이다.

성씨록에 반영된 외국인계통 문벌 371성씨중 공개적으로 조선계통을 칭하던 193성씨를 제외한 178성씨를 고대중국이라고 하는 한(漢)조에 실려있다.

이 178성씨들은 구체적으로 중국의 주, 연, 로, 진, 한, 위, 북제, 수, 당 등의 나라 출신계통이라고 한다.

그러면 이 178성씨들에 《한》이라는 이름과 구체적인 중국의 나라이름들이 붙어있다고 하여 그것들을 모두 중국인출신으로 볼수 있겠는가 하는 문제가 제기된다.

결론부터 먼저 말한다면 이 178성씨의 대부분도 조선계통 성씨였다.

원래 고대와 중세초기 중국과 일본은 두 나라사이에 넓은 바다가 놓여있고 배무이기술과 항해술의 제약으로 사람들의 직접적인 왕래가 드물었다. 《한서》, 《삼국지》, 《송서》를 비롯한 6세기이전 기록들에는 두 나라의 사신왕래만이 전하는데 이러한 사신왕래도 직행길이 아니라 대체로 조선반도를 경유해야 하였다.

이러한 사정은 고대중국사람들의 일본렬도에로의 진출을 크게 저애하였고 중국문화의 일본렬도에로의 전파에도 큰 난관을 조성하였다.

※ 일본땅에 전달된 중국의 유교문화는 《고사기》, 《일본서기》에 의하면 중국사람이 아니라 왕인 등 백제사람을 비롯한 조선사람들에 의해 전해졌다고 한다. 중국을 거쳐 전파된 인도의 불교문화도 백제이주민인 소가씨를 비롯한 조선이주민들이 일본에 보급하였다는것은 다 아는바이다.

이처럼 고대와 중세초기 중국과 일본사이에 사신왕래마저 불편했던 실정에서 당시 일본렬도내에 중국인출신계통 성씨가 존재했다고 보기는 매우 어려우며 따라서 그것은 다른 계통출신 사람들이 《한》으로 가탁한것이라고 인정된다.

원래 고대시기(6세기이전) 일본렬도 특히 기나이지방에 많은 성씨를 이룰만큼 대대적으로 끊임없이 진출하고 정착한 사람들은 자연지리적조건으로 보나, 력사기록으로 보나 조선사람들밖에 없었다.

성씨록의 편찬자들은 《한》(漢)을 《간》음으로 표기하고 두가지 의미 즉 넓은 범위에서는 전체 중국을, 좁은 범위에서는 기원전후한 시기에 존재한 한나라를 가리키는 의미로 썼다. 그러나 어떤 경우를 막론하고 《한》은 대체로 8세기초이전까지 《아야》라고 불리웠는 데 이 《아야》는 바로 아야(가야)를 비롯한 조선이주민을 가리키는 말이였다.

《일본서기》 권10 응신기 20년 9월조에 의하면 《야마또노 아야(東漢)노 아따히의 조상 아찌노 오미와 그 아들 쯔까노 오미가 17현의 무리를 거느리고 와서 귀화하였다.》라고 하였다.

※ 야마또지방에 진출한 아야씨를 야마또아야씨라고 하고 그 서쪽인 가와찌지방에 진출한 아야씨를 가와찌아야씨라고 한다.

이 기사는 분명히 《한》을 《아야》라고 불렀고 후에 야마또지방에 산 아야씨계통의 문벌들이 5세기이전에 외부로부터 일본렬도에로 상당히 많이 진출, 정착하였음을 보여준다.

그외의 기록들에도 대체로 8세기초이전까지 《한》의 일본식이름 표기는 《아야》로 되여있는데 그 이름표기에서 알수 있는것처럼 《아야》는 《아라》, 《아나》, 《가라》, 《가야》와 통하는 음으로서 조선반도 락동강류역에 존재하였던 6가야중의 하나인 아라가야(경상남도 함안) 또는 6가야전체를 가리킨것이였다.

당시 일본의 씨이름이 적지 않은 경우 출신지를 가리키였다는것을 고려한다면 아야씨는 조선반도의 가야국계통을 가리키는 성씨라고 볼수 있다.

외곡된 《일본서기》에도 아야(한)씨는 조선반도에서 오는 가야를 비롯한 조선사람들로 기록되여 있다.

《일본서기》 권14 웅략기 7년(463년)시세조에 의하면 463년 야마또국에 진출, 정착한 질그릇을 만드는 기술자(스에쯔꾸리), 말안장을 만드는 기술자(구라쯔꾸리), 비단짜는 기술자(니시고리), 화가집단(에가끼), 통역(오사) 등은 가야, 백제국에서 왔는데 그들은 모두 이마끼아야(新漢—새로운 아야씨)라고 하였다. 이것은 야마또지방에 온 야마또아야씨들이 가야, 백제 출신으로서 질그릇, 말안장, 천짜기, 회화 등의 기술을 전하였다는것을 말해준다.

※ 이 기사에는 가라, 백제의 기술자들을 신라를 치러 갔던 야마또왕정의 장수가 데리고 간것으로 되여있는데 이것은 외곡된 서술이다. 이 기사는 대체로 6세기이후 야마또왕정이 기비지방의 신라소국을 정벌하던 《신라정벌》이야기를 5세기 가라, 백제 기술자들의 가와찌, 야마또 지방에 진출한 이야기와 뒤섞어놓은것이다.(《초기조일관계사》하, 136～137페지 참고) 그리고 당시 기술자들이 가라국에서 온다고 하고 후에 백제국에서 왔다고 혼탕을 쳐놓았는데 이러한 혼탕은 《일본서기》에 적지 않다.

한편 《일본서기》권9 신공기 섭정 5년(205년) 3월조에 의하면 구와하라, 사미, 다까미야, 오시누미 등 4읍(나라현)의 아야(한)사람들의 조상은 5세기이전에 이 지방에 정착한 신라사람으로 되여있다.

※ 이 기사에도 일본렬도에 온 신라사람들을 야마또왕정이 신라정벌시에 데리고 온 포로라고 기록하고있는데 이 《신라정벌》내용은 6세기이후 일본렬도내에서 벌어졌던 사실을 5세기이전 야마또지방에 신라사람들이 진출한 내용과 뒤섞어 외곡한것이다.(《초기조일관계사》하, 176～177페지 참고)

이처럼 《일본서기》의 단편적인 기록들은 아야(한)씨가 대체로 가야(가라), 백제, 신라 사람들을 가리키며 그들은 5세기이전에 일본렬도에 진출하였다는것을 보여준다.

일본학자들속에서도 고대일본의 아야(한)는 조선사람이라고 보는 학자들이 적지 않고 《세계대백과사전》, 《일본사사전》* 등에도 그렇게 씌여있다.

* 《일본사사전》(가도가와서점, 1983년) 아야씨항목에는 아야씨가 조선반도에서 와서 말안장제조, 비단짜기, 금속세공 등 새 기술을 전하였다고 씌여져있다.

원래 고대일본에서 《가라》라는 말은 조선반도의 가야국뿐아니라 넓은 의미에서 조선의 여러 나라를 가리키였고 7세기중엽이후부터는 외국인전체를 가리키는 대명사로 쓰이였다. 《아야》(한)도 마찬가지였을것이다. 여러 기록에 아야씨안에 가야이주민들뿐아니라 백제, 고구려, 신라 이주민들이 적지 않게 포함되여있고 후의 기록에 《아야》라는 이름에 《한》이라는 글자가 쓰이게 된것도 이와 같은 사정에서였다고 볼수 있다.

고대일본에서 처음에 가야계통 이주민들을 가리키는 말로 쓰인 《가라》, 《아야》가 조선사람 또는 외국인을 가리키는 대명사로 불리운것은 세나라시기 가야지방이 위치상 일본렬도와 제일 가까왔기때문에 이곳 사람들이 제일 먼저 진출하여 그곳의 문명개척에서 선구자적역할을 논것과 관련된다.

《한》계통의 개별적성씨를 따져보면 실태는 더욱 명백해진다.

《한》의 178성씨중 33성씨를 차지하는 진(秦)나라계통의 하다씨들은 외곡된 고대일본기록에서조차 백제국출신이라는것을 숨기지 못하고있다.

《일본서기》 권10 응신기 14년(283년) 시세조와 16년 8월조에 의하면 하다씨의 조상인 궁월군(유즈끼노 기마)이 백제로부터 자기 나라 120현의 백성을 이끌고 일본렬도의 기나이지방으로 갔다고 한다. 이 기사에서 120현의 범위를 당장 확증할수 없지만 상당히 많은 수의 하다씨조상들이 5세기이전에 조선반도로부터 일본렬도에 진출하였다는것 그리고 그들이 백제계통 출신이라는것을 잘 알수 있다. 또한 성씨록 26권에 야마또국에 사는 하다(波多)씨는 백제국사람 사후리쩨노 오미의 후손으로 되여있는데 이것은 글자표기로 보아 《진》으로 외곡되기전의 표기로서 그들이 원래 백제계통임을 명백히 보여주고있다.

※ 《일본서기》에는 궁월군이 하다씨의 조상이라고 씌여있지 않지만 그후의 기록인 《고어습유》(807년 편찬), 《신찬성씨록》에 그 조상으로 명백히 기록되여있다. 또한 이 책들을 비롯한 여러 기록에는 하다씨가 왜인들에게 금, 은, 구슬과 양잠, 방직, 관개공사 등 선진문명을 보급한것으로 되여있는데 당시 방직을 비롯한 선진문명을 보급한 사람들이 백제

사람을 비롯한 조선사람들이였다는것은 주지하는바이다. 이것 역시 하다씨가 백제계통이였음을 시사한다.

백제를 비롯한 조선사람들이 일본에 전달한 방직을 《하다》(機)라고 하게 된것은 여기에 기인된다. 지금도 일본에서는 방직기, 직물을 《하다》라고도 한다.

《고어습유》에도 《하다(하다씨의 조상 궁월군의 120현 주민)와 아야(아야씨의 조상 아찌노 오미의 17현 주민)가 백제로부터 (일본에) 와서 사는 백성이 각각 수만명을 헤아리니 표창할만하다.》*라고 기록되여있다. 계속하여 이 기록에 하다씨와 아야씨가 관청창고의 出납을 맡아보았다고 한다. 이것은 아야씨, 하다씨들이란 백제, 가야 이주민들이며 그들이 5세기이전에 벌써 수만명이나 일본렬도에 진출, 정착하여 재정, 기록 사업을 맡아보았다는것을 보여준다.

✽ 《고어습유》(《군서류종》 권446), 9페지

하다씨에는 백제계통 이주민이 위주이면서 아야씨와 마찬가지로 가야, 신라, 고구려 사람들도 적지 않게 포함되여있었다고 보인다.

《하다》라는 말자체가 원래 《바다》라는 조선말이기도 하였다는것을 념두에 두면 그것은 일반적으로 고대일본에서 바다를 건너온 조선이주민들을 가리키는 대명사로 씌였다고 짐작된다. 말하자면 아야씨처럼 조선이주민전체를 가리키기도 하였다. 그러나 하다씨에는 당시 기록으로 보아 백제계통 이주민이 위주였다.

옛 기록들에 하다씨의 래력이 명백히 기록되여있는 조건에서 그것을 위주로 보아야 할것이다.

그리고 《신찬성씨록》 21, 23권에 반영된 후미(文)씨들은 한나라 고황제의 후예로 되여있지만 그 이전 기록인 《일본서기》 권10 응신기 16년조(여기에는 후미〈書〉라고 표시되여있는데 〈文〉과 〈書〉는 같은것으로 본다.)에는 백제에서 온 왕인(와니)박사의 후손으로 되여있다.

※ 후미씨는 글자 그대로 문자를 보급하고 서사활동에 복무한 문벌이였다. 후미씨의 조상 왕인(와니)은 《고사기》에 5세기이전 기나이지방에 《천자문》과 《론어》를 가지고 와서 문자와 유교를 전한것으로 되여있다. 한편 《고어습유》(9페지)에는 백제 왕인박사가 관청창고의 출남을 맡아보았다고 기록되여있다. 이것은 왕인과 그 후예들이 5세기이전에 일본에 글자와 유교를 보급하고 서사활동과 기록사업을 벌려 고대일본의 서사와 기록의 발생, 발전에 큰 기여를 하였다는것을 보여준다.

성씨록의 21권의 다계후씨, 28권과 29권의 고시씨들은 한 고조의 자손 왕인의 후예라고 기록되여있는데 이것은 《한 고조》라는것이 외곡된것임을 스스로 보여준다.

한편 성씨록 21권의 고즈씨와 27권의 이시우라씨 등 3성씨, 28권의 히나즈씨, 29권의 이께노베씨 등 성씨들의 조상은 후한 령제의 자손 아지왕(아찌노 오미)으로 되여있는데 아찌노 오미는 앞에서 본것처럼 5세기이전에 일본렬도에 진출한 아야씨의 조상으로서 가야, 백제를 위주로 하는 조선계통이다. 따라서 고즈씨 등이 후한 령제의 자손의 후예로 칭한것은 《한 고조》의 경우와 마찬가지로 조작된것임을 말해준다.

또한 성씨록 22권의 오이시씨, 24권의 오야마씨, 28권의 다까오까씨, 29권의 야꼬씨들은 그 조상이 백제출신으로, 23권과 25권의 니시고리씨, 26권의 아사쯔마씨, 30권의 나가구라씨들은 그 조상이 가라출신으로 명백히 기록되여있음에도 불구하고 그것을 버젓이 《한》(중국)계통에 넣은것도 성씨록의 《한》계통 기록들이 심히 외곡되였음을 말해준다.

※ 성씨록 29권의 야꼬씨의 조상은 달솔 양공아로의 자손으로 되여있는데 달솔은 백제에 고유한 관등(2등)이므로 이 씨도 백제계통으로 볼수 있다.

따라서 성씨록에 반영된 중국인출신이라는 《한》계통도 대채로 가야, 백제 계통을 비롯한 조선계통 문벌로 보아야 한다는 결론을 지을수 있다.

원래 성씨록에 반영된 6세기이전 《한》계통 문벌들이 중국에서 일본렬도에 가서 정착해 살았다는 기록은 《일본서기》 등에도 찾아볼수 없다.

이 모든것은 성씨록의 《한》계통에 속한 중국인계통출신 문벌들과 그 조상들이 외곡되였음을 보여준다.

대체로 아야씨와 하다씨들은 각각 가야, 백제를 위주로 하는 조선계통 문벌들이였는데 신라가 외세를 끌어들여 고구려, 백제를 멸망시켰기때문에 7세기말이후 고대일본의 조선멸시풍조, 당나라숭배풍조에 따라 대부분 중국식으로 외곡, 가탁되였다고 보아진다. 즉 7세기중엽이전까지 가야, 백제를 위주로 하는 조선계통 문벌들이였던 아야, 하다씨들은 7세기말~8세기초이후 조선멸시풍조, 당나라숭배풍조에 따라 처음 《일본서기》 편찬시에는 글자표기로서 《漢》, 《秦》으로 외곡되기 시작하였고 아야씨처럼 나중에는 조선에서 왔다는것을 숨기게 되였으며 그 풍조가 농후해진 9세기초 《신찬성씨록》 편찬당시에는 《한》, 《진》외에 주, 연, 로, 위, 오, 북제, 수 등 여러 중국왕조의 황제 또는 왕의 후손으로 가탁, 외곡되였다고 인정된다.

※ 고대일본말의 아야를 《漢》자, 하다를 《秦》자로 쓰게 된것은 바로 이러한 조선멸시풍조, 당나라숭배풍조에 의해서 7세기말이후 점차 생겨났다고 볼수 있다.

이러한 견해는 일본학계도 인정하고있다.

우에서 인용한 《일본사사전》에서는 아야씨의 계통과 족보변화에 대하여 아야씨는 고대조선반도에서 바다를 건너온 계통의 씨족으로서 헤이앙시기(8세기말~12세기—인용자)에는 《한(漢)민족(중국계통—인용자)의 자손으로 칭하게 된다.》고 쓰고있다. 이것은 아야씨가 원래 조선계통출신인데 그후 중국계통으로 가탁, 외곡되게 된 사실을 인정한것으로서 당시 형편을 진실하게 반영하였다고 볼수 있다.

　이렇듯 《한》의 후손이라고 한 178성씨들중에서 조상이 당나라출신이라는 13성씨들을 제외한 165성씨들은 대체로 조선이주민성씨이며 아야씨, 하다씨에 대한 분석에서 본것처럼 그중에서 가야, 백제 이주민들이 제일 큰 비중을 차지하였다. 그들은 비록 당시 변천된 환경속에서 자기 조상을 《한》 즉 중국출신으로 가탁하였지만 그 이전에는 명백히 조선계통 문벌이였다고 생각된다.

　※ 성씨록 21권의 야꼬씨들은 수양제의 후예인 달솔 양후 아자왕의 자손이라고 쓰고있는데 백제계통으로 짐작된다. 야꼬씨의 조상이 달솔이라는 벼슬등급을 가지고있었다고 하는데 달솔이 백제의 관등이라는것은 널리 알려진 사실이다. 더우기 그 조상이 아자왕이라고 했는데 이름으로 보나 시기로 보아 그것은 597년 백제에서 온 아좌왕으로 짐작된다. 반면에 야꼬씨의 조상이 수나라에서 왔다는 다른 기록은 어디에서도 찾아볼수 없다. 제반 사실은 야꼬씨도 달솔 양후 아자왕의 후예로서 아야씨, 하다씨처럼 원래 조선계통이였던것이 수양제의 후예로 서툴게 외곡되였다는것을 말해준다.

　우에서 본 아야―조선계통 문벌들의 일본렬도에로의 진출은 대체로 5세기이전에 진행된것이 많았다고 보아진다. 그것은 앞에서 본것처럼 《일본서기》 등에 아야계통 문벌들의 일본렬도에로의 진출, 정착과 관련된 기사가 5세기이전에 많고 아야씨중의 적지 않은 성씨들이 자기 조상을 5세기 인물인 왕인과 궁월군의 후예라고 한것을 통해서 알수 있다.

　《한》계통 178성씨중 조상이 당나라출신이라고 하는 13성씨들만은 중국계통이였다고 보인다.

　7세기중엽이후부터 일본(670년부터 종전의 《왜》라는 이름을 일본으로 고침)왕정과 당나라사이에는 사신왕래가 비교적 잦아지게 되였는데 이때 여러가지 요인으로 두 나라 사신들가운데 해당 나라에 머물러사는 경우가 더러 있었다. 특히 8세기이후 당나라사신들이 일본렬도에 갔다가 돌아오지 못하고 머물러 자식을 낳고 얼마간의 성씨를 이룬 경우가 있다. 《속일본기》(권23 천평보자 5년 8월 갑자조)에 의하면 761년 일본의 고원도일행이 귀국할 때 그를 바래우기 위하여 당나라에서 39명(관원 9명, 배사공 30명)을 보냈는데 그들은 일본에 건너갔다가 내부분쟁 등으로 귀국하지 못하고 전부 머물러살았다고 한다. 이때 일본왕정이 자기 나라에 머무른 당나라 관리들에게 관위와 성씨를 주었는데 성씨를 준 정형만 보면 심유악에게는 기요우미 수꾸네를, 안자흠, 서공경에게는 사까야마 이미끼를, 맹혜지, 장도광에게는 스세이 이미끼를, 오세아에게는 나가구니 이미끼를, 로여진에게는 기요가와 이미끼를 주었다고 한다. 나머지 관리들에게도 성씨를 주었다고 인정된다.

이 기록으로 미루어 8세기이후 당나라사람들이 일본렬도에 머물러 성씨를 이루는 경우가 간혹 있었다고 볼수 있다. 따라서 《한》계통출신이라고 하는 문벌중에 자기 조상이 당나라출신이라고 한것은 사실을 반영하였다고 볼수 있다.

이처럼 외국인계통의 절반을 차지하는 《한》계통 문벌 178성씨중 당나라계통 13성씨를 제외한 165성씨들은 대부분이 5세기이전에 일본렬도에 진출한 백제, 가야를 위주로 하는 조선계통이라고 말할수 있다.

제번조와 미정잡성조의 외국인계통 성씨들을 종합하여보면 371개의 외국인성씨가운데서 그 절반이상은 명백히 백제, 고구려, 신라, 임나(가야) 출신의 성씨들이고 나머지 절반도 거의 대부분이 중국계통으로 가탁된 조선계통 성씨들이라고 인정된다.

제2절. 《신찬성씨록》 신별조, 미정잡성조에 반영된 조선계통 문벌들

성씨록의 신별조와 미정잡성조에는 고대일본 《신》의 자손이라는 문벌 454성씨가 기록되여있다.

신별조와 미정잡성조에 기록된 문벌들의 조상인 고대일본 《신》들은 자체 기록이나 《일본서기》, 《고사기》를 통해 보면 대부분이 아마―아메(天)에서 일본렬도에 온 아마계통 우두머리들이다.
　신별조에 반영된 404성씨들 가운데 277성씨는 천신(아마신)계통, 97성씨는 천손(아마손자)계통, 30성씨는 토착신계통으로 기록되여 있다.
　구체적으로 보면 신별조에 반영된 277성씨의 조상이라고 하는 고대일본 22《신》들이 《천신》이라고 하는것은 그것이 아마계통의 《신》이라는것을 의미한다.
　표 2에서 본것처럼 103성씨의 조상 ② 가미 니기하야히노 미꼬도는 《일본서기》 권3 신무기 즉위전기 무오년 12월조에 나가스네히꼬가 북규슈의 《신무동정》집단에 정복당한후 사람을 보내여 북규슈에서 온 《신무》에게 말하기를 《일찌기 아마쯔가미(천신)의 아들이 있어 아마노 이와후네(아마의 바위배―인용자)를 타고 《아마》에서 내려왔는데 이름이 구시다마 니기하야히노 미꼬도이다.》라고 한데서 보는것처럼 《아마》에서 배를 타고 온 아마계통우두머리이다.
　계속하여 신무가 나가스네히꼬를 친후 《아마신》의 아들인 니기하야히노 미꼬도와 서로 《아마》계통의 화살과 보병용전통을 가지고 같은 《아마》출신임을 확인하였다고 하는데 이것은 니기하야히노 미꼬도가 북규슈아마계통 우두머리였음을 말해준다.
　표 2의 ④ 다까미무스비노 미꼬도 ⑤ 가미무스비노 미꼬도 ⑯ 아메노 미나까누시노 미꼬도는 일본의 첫 고대《신》들이 생겨날 때 다까마가하라에서 나온 세 기본《신》들이다.*

＊《일본서기》 권1 신대 상 제1단 일서(4), 《고사기》 상권 별천신　5주

　《다까마가하라》는 《높은 하늘의 벌판》이라는 뜻으로서 여기서 핵을 이루는 부분은 《마가》―《아마》 즉 《하늘》이다. 그러므로 이 세 조상《신》들은 제일 오랜 《아마》계통의 조상《신》들이다.
　① 쯔하야무스비노　미꼬도는 성씨록에서 구체적으로 보면 그

자손문벌 42성씨에서 4분의 3이상을 차지하는 33성씨의 가까운 조상이 아메노 고야네노 미꼬도로 되여있는데 이 《신》은 《일본서기》 권2 신대 하 제9단 일서(1)에 니니기노 미꼬도를 받들고 《아마》에서 북규슈로 온 우두머리《신》들가운데 하나로 되여있다. 따라서 그 먼 조상인 쯔하야무스비노 미꼬도는 북규슈지방의 아마계통으로 볼수 있다.

② 호노 스세리노 미꼬도는 《일본서기》 권2 제9단 본문에 아마에서 히무까노 소노 다까지호봉우리에 《천강》한(내려온) 니니기노 미꼬도의 아들로 되여있는 북규슈지방의 아마계통《신》이다.

표 2의 ⑧ 아메노 가베다찌노 미꼬도를 비롯한 ⑨, ⑩, ⑪, ⑬～⑲, ㉑은 그 이름표기에서 명백히 보는것처럼 아메—아마계통의 《신》들이다. 나머지 《천신》계통의 《신》들도 아메—아마《신》으로서 같은 계통으로 볼수 있다.

따라서 신별조의 《천신》계통 22《신》과 그 자손문벌 277성씨는 아메—아마계통으로 인정된다.

신별조의 97성씨들은 《천손》계통이라고 하는데 이것 역시 아마손자 즉 아메—아마계통을 의미한다.

표 2에서 보는것처럼 97성씨들의 조상 일곱 《신》도 그 이름표기에서 알수 있는바와 같이 아메—아마계통이다. 그중 대표적인 《신》들을 구체적으로 보면 ㉓ 아메노 호히노 미꼬도는 《일본서기》 권2 신대 하 제9단 본문에 《아마》에서 오아나무찌노 가미가 우두머리를 하고있는 이즈모로 온 이즈모《아마》계통 출신으로 되여있다.

㉕ 아메노 호아까리노 미꼬도는 앞에서 본 ⑫ 호노 스세리노 미꼬도와 같이 《일본서기》 권2 신대 하 9단 본문에 아마에서 히무까노 소노 다까지호봉우리에 《천강》한 니니기노 미꼬도의 아들로 되여있다.

이것은 신별조의 《천손》계통 일곱 《신》들파 그 자손문벌 97성씨도 아메—아마계통이였음을 보여준다.

신별조중에 30성씨의 조상은 《지기》 즉 토착신이라고 하였는데 다 그렇게 볼수 없다고 인정된다.

우선 ㉛아메노 오시호네노 미꼬도와 ㉞아메노 야헤고또시로누시노 미꼬도는 그 이름표기에서 보는것처럼 아메—아마 계통 《신》으로 볼수 있다.

※ 이 《신》들은 우에서 본 《아마》신들과는 달리 이름표기만으로 《아마》계통 《신》으로 보는데 물론 그가운데는 《아마》계통 《신》들이 아닌것도 있을수 있다. 여기서는 이 《신》들이 《아마》라고 칭한 이상 일단 《아마》계통의 《신》으로 보며 뒤에서 《아마》이름만을 칭한 《신》 등도 마찬가지로 본다.

㉚ 스사노 오노 미꼬도는 《일본서기》 권1 신대 상 제8단 본문 일서 (1), (2), (4)에 《아메》에서 네노구니—이즈모에 온 이즈모아마계통 출신의 우두머리로 되여있다.

㉜ 시히네쯔히꼬는 기록에 국신(토착신)으로 되여있지만 아마계통으로도 불수 있다. 《일본서기》 권3 신무기 즉위전기 갑인년조에 의하면 시히네쯔히꼬—우즈히꼬는 북규슈의 《신무동정》세력이 동쪽을 치기 위하여 하야스히나또에 이르렀을 때 그곳에서 물고기잡이를 하면서 우두머리노릇을 하던 국신이였다고 한다. 그는 이고장의 우두머리였는데 그 조상은 아마계통 출신이였다. 그것은 시히네쯔히꼬가 《구사기》 국조본기에 《아마》에서 히무까로 내려온 니니기노 미꼬도의 아들인 히꼬호호데미노 미꼬도의 자손으로 되여있기때문이다.

한편 시히네쯔히꼬는 해당 기사에 야마또씨의 조상이라고 되여있고 야마또씨는 성씨록 22권, 26권에 백제계통으로 되여있는데 (후에 론하겠지만) 백제도 아마를 가리킨다.

시히네쯔히꼬는 《신무동정》의 공로로 동정후 야마또국의 미꼬도모찌(우두머리)로 임명되였다.

결국 시히네쯔히꼬는 《신무동정》세력의 동정당시 그고장 국신이였지만 그 조상은 오래전에 《아마》에서 온 《아마》출신이였고 그 후예도 아마계통이였으므로 그도 역시 계통을 따지면 《아마》계통으로 보아야 한다.

㉝ 와다노 가미 와다쯔미도요다마히꼬노 미꼬도는 자손문벌중에 아마노 이누가히, 오후시아마 등 《아마》이름을 가진 문벌들이 있으므로(15권) 《아마》계통으로 볼수 있다.

원래 ㉝ 와다노 가미 와다쯔미도요다마히꼬노 미꼬도의 앞글자 와다(海)는 《아마》라고도 읽는다. 그러므로 신별조의 지기, 토착신이라고 하는 일곱 《신》들가운데 다섯 《신》들은 아마계통으로 볼수 있다.

나머지 ㉟ 미히가게, ㊱ 이와호고시와께노 미꼬도들은 토착신으로 보인다.

결국 신별조는 두 토착신과 그 자손이라고 하는 두 성씨를 내놓고 나머지 34개 《신》들과 그 자손이라고 하는 402성씨는 아마계통으로 볼수 있다.

미정잡성조에 반영된 29개의 고대일본 《신》들도 대부분이 아마계통이다.

표 4에서 본것처럼 ① 가미 니기하야히노 미꼬도를 비롯하여 ②, ③, ④, ⑤, ⑦, ⑪, ㉔, ㉕들은 우의 신별조에 대한 분석에서 아마계통 《신》으로 보았다.

그밖에 ⑥ 아메노 가미다찌노 미꼬도를 비롯하여 ⑧, ⑩, ⑫, ⑬, ㉖, ㉗은 그 이름표기 《아마》에서 보는것처럼 아메―아마계통의 《신》으로 볼수 있다.

⑮ 이자나기노 미꼬도는 《일본서기》 권1 신대 상 제4단 본문과 일서(1)―(9)에 이자나미노 미꼬도와 《아마》에서 살다가 일본렬도에 와서 일본의 8개 섬들과 나라를 만든 《신》으로 된 아마계통의 《신》이다.

⑨ 쯔르기의 후예 기(木)씨는 성씨록 20권에 아마쯔히꼬네노 미꼬도의 자손으로 되여있으므로 조상 쯔르기도 아마계통으로 볼수 있다. 기씨는 원래 백제의 《목》씨를 가리키는데 백제도 《아마》인것이다.

⑭ 야마쯔 다께루히메노 미꼬도의 후예 아또베씨는 성씨록 11, 16, 18권에 가미 니기하야히노 미꼬도의 후예로 되여있으므로 야마

쯔 다께루히메노 미꼬도는 아마계통으로 보인다.

⑱ 쯔간고노 미꼬도의 자손문벌 아시다씨는 성씨록 30권에 ⑩ 아메노 마이도쯔노 미꼬도의 자손문벌로도 되여있으므로 그 조상도 아마계통으로 인정된다.

⑲ 나까도미노 이까쯔노 오오미노 미꼬도의 자손문벌 미마나씨는 조선의 임나(미마나―가야)라는 이름을 단 가야계통 성씨이다. (뒤에 보게 될) 임나―가야도 아마이므로 미마나씨와 그 조상도 아마계통으로 볼수 있다.

그리고 ⑲ 나까도미노 이까쯔노 오오미노 미꼬도의 앞글자 《나까도미》는 나까도미씨와 관련된 말인데 나까도미씨는 성씨록 11권 등에 북규슈 아마계통 《신》인 쯔하야무스비노 미꼬도의 자손문벌로 되여있다.

⑳ 다께미까즈쩌노 미꼬도의 자손문벌 야마또노 가와라씨는 복씨로서 원씨는 야마또씨이다. 야마또씨는 성씨록 22권, 26권에는 백제국출신, 아마계통으로 되여있는것만큼 야마또씨의 조상은 아마계통으로 인정된다.

㉓ 우쩌시나가노 미꼬도는 그 자손문벌 아즈미씨가 앞에서 아마계통으로 본 와다노 가미 와다쯔미도요다마히꼬노 미꼬도의 자손문벌로 되여있으므로 아마계통으로 볼수 있다.

㉙ 가무유꾸노 수꾸네노 미꼬도는 그 자손문벌 오호시히또씨가 성씨록 29권에 아야계통―가야, 백제 계통으로 되여있다. 그러므로 ㉙ 가무유꾸노 수꾸네노 미꼬도는 아마계통《신》인것이다.

⑯ 우마시마니노 미꼬도를 비롯한 ⑰, ㉑, ㉒ 의 《신》들은 대체로 토착신으로 인정된다.

따라서 미정잡성조에 반영된 네 토착신과 그 자손문벌 4성씨를 제외한 고대일본 26《신》들과 그 자손문벌 46성씨들은 아마계통으로 인정된다.

신별조와 미정잡성조를 종합하여볼 때 대체로 50개(원래 총 59개이나 신별조와 미정잡성조에 각각 반영된 같은 《신》을 제외하면 50개임)의 고대일본 《신》과 그 자손문벌 454성씨들중에서 토착

― 44 ―

신이라고 인정되는 6개의 토착신과 그 자손문벌 6성씨를 제외한 나머지 44개(실지 53개)의 고대일본 《신》과 그 자손문벌 448성씨는 아마계통으로 볼수 있다.

이것은 성씨록의 고대일본 《신》들가운데 거의 모든 《신》들과 그 자손문벌들이 아마계통의 씨라는것을 보여준다.

그러면 고대일본 《신》들가운데서 중요한 자리를 차지하고 기본을 이루는 《신》들앞에 표시된 《아마》란 무엇을 가리키는가?

결론부터 말하면 아마란 야요이시대이래 조선을 가리키는 하나의 특별한 대명사였다.

일본고대사를 체계화하였다는 《일본서기》의 신대편에 반영된 천강신화들인 《쯔꾸시신화》, 《이즈모신화》가 이것을 웅변적으로 보여주고있다.

※ 우리 학계는 《일본서기》 신대편에 반영된 아마계통 《신》들이 《아마》에서 아시하라(일본렬도)인 쯔꾸시에로 진출한 《천강》이야기를 《천강신화》로, 이즈모에로 진출한 《천강》이야기를 《이즈모신화》라고 규정한바 있다.(《초기조일관계연구》, 95～122페지) 이것은 전자는 진출한 형식을, 후자는 진출한 장소를 가지고 내린 규정으로서 일정한 제한성을 가지고있고 따라서 여기서는 두 신화가 다 《천강》한 이야기이므로 아마계통 《신》들이 도착한 장소들을 기준하여 쯔꾸시에 진출한 《천강》내용을 반영한 기사 《천강신화》를 《쯔꾸시신화》로 고쳐부르며 이즈모신화는 그대로 부르려고 한다.

친애하는 지도자 **김정일동지**께서는 다음과 같이 지적하시였다.
《신화와 전설은 력사를 연구하는데서 중요한 사료로 됩니다.
신화와 전설에는 그 시기 사람들의 요구와 념원, 생활이 담겨져있습니다. 고대사람들은 자기의 요구와 념원에 맞게 신화와 전설을 만들어냈으며 신도 다 사람모양으로 만들어놓았습니다.》

천강신화들인 《쯔꾸시신화》와 《이즈모신화》들은 대체로 아마계통의 《신》들 즉 일정한 정치적집단의 우두머리들이 《아마(아메)》에서 갈대무성한 벌판인 아시하라 즉 일본렬도의 북큐슈인 쯔꾸시와

시마네현의 동북부인 이즈모지방으로 끊임없이 진출하여 활동한것을 기본내용으로 하고있다.
《일본서기》 권1 신대 상, 권2 신대 하에서 그 정형을 찾아보면 표 5와 같다.

표 5   《아마신》들이 일본렬도에 도착한 장소

번호	출처		아마신들의 이름	일본렬도에 도착한 장소
1	5단	본문	스사노오노 미꼬도	네노구니
		일서(6)	이자나미노 미꼬도	쯔꾸시노 히무까노 오도노 다쩨바나노 아하끼벌판
		일서(10)	이자나기노 미꼬도	〃
2	6단	일서(1)	오끼쯔시마히메, 다끼쯔히메, 다꼬리히메	쯔꾸시
		일서(3)	〃	아시하라노 나까쯔구니의 우사섬
3	7단	일서(3)	스사노오노 미꼬도	아시하라노 나까쯔구니(네노구니)
4	8단	본문	〃	이즈모구니의 히강가(네노구니)
		일서(1)	〃	
		일서(2)	〃	이즈모구니의 히강가
		일서(4)	스사노오노 미꼬도와 그 아들 이다께르노 가미	시라기노구니(신라국) 소시모리, 이즈모노구니의 히강가
		일서(5)	스사노오노 미꼬도	네노구니
5	9단	본문	아마노 호히노 미꼬도와 그 아들 오호소비노 미구마노우시	아시하라노 나까쯔구니
			아마쯔구니다마와 그 아들 아메와까히꼬	〃
			나나시끼기시	〃
			후쯔누시노 가미, 다께미가즈찌노 가미	아시하라노 나까쯔구니 (이즈모노구니 아다사노 오하마)
			아마쯔히꼬히꼬호노 니니기노 미꼬도	아시하라노 나까쯔구니 (히무까노 소노 다까찌호봉우리)
		일서(1)	아메와까히꼬, 기기시	도요아시하라노 나까쯔구니
				〃
			다께미가즈찌노 가미, 후쯔누시노 가미	이즈모노구니(아시하라노 나까쯔구니)

— 46 —

번호	출 처		아마신들의 이름	일본렬도에 도착한 장소
5	9단	일서(1)	아마쯔히꼬히꼬호노 니니기노 미꼬도, 아메노 고야녜노 미꼬도, 후또다마노 미꼬도, 아다노 우즈메노 미꼬도, 이시고리도메노 미꼬도, 다마노 야노 미꼬도	도요아시하라노 나까쯔구니 (쯔꾸시노 히무까노 다까찌호노 구시후루봉우리)
			후쯔누시노 가미, 다께미까즈찌노 가미	아시하라노 나까쯔구니 (이즈모노 이다사노 오하마)
			미호쯔히메, 오호모노누시노 가미, 고또시로누시노 가미	아시하라노 나까쯔구니 (이즈모노 이다사노 오하마)
		일서(2)	아마노 고야녜노 미꼬도, 후또다마노 미꼬도, 아마노 오시호미미노 미꼬도 아마히 모로끼, 아마쯔이와사까 아마쯔히꼬호노 니니기노 미꼬도	아시하라노 나까쯔구니 히무까노 구시히노 다까찌호봉우리
		일서(4)	아마쯔히꼬구니 데르히꼬호노, 니니기노 미꼬도, 아마노 오시호노 미꼬도, 아메구시쯔노 오호구메	히무까노 소노 다까찌호노 구시히 노 구따가마봉우리
		일서(6)	아메노 와까히꼬, 나나시오노 기기시, 아마쯔히꼬네호노 니니기노 미꼬도	히무까노 소노 다까찌호노 소호리봉우리

※ 《아마》계통《신》들이 도착한곳의 하나인 쯔꾸시, 구체적으로 쯔꾸시 히무까노 소노 다까찌호의 위치에 대해서는 여러가지 설이 있으나 여기서는 뒤에서 볼바와 같이(3편 1장 1절 참고) 후꾸오까현 북부 이도시 마군부근으로 본다.

또한 8단 일서(4)에는《아마신》들의 진출장소가 이즈모로 오기전에 신라국으로 되여있는데 그것은 잘못된 서술이다. 후에 론하겠지만 신라도 《아마》였으므로《일본서기》편찬자가 아마인 신라에서 이즈모로 간것을 외곡한것이다.

표 5에서 본것처럼《일본서기》신대에 나오는《아마》계통《신》들이 일본렬도에 가서 도착한곳들은 대체로 거의모두가 조선동해 연안인 쯔꾸시(후꾸오까현 북부)와 이즈모(시마네현 동북부) 지방이다.

그러면 후꾸오까현 북부 즉 북규슈와 시마네현 동북부의 두 해안지대부근에로 《아마신》들 즉 일정한 정치적집단의 우두머리들이 배를 타고 계속 갈수 있는 《아마》지역은 어디였겠는가? 그것은 자연지리적으로나 력사적으로 보나 조선반도일수밖에 없는것이다.

조선반도의 동남부는 일본렬도 그가운데서도 후꾸오까현과 시마네현 북부해안지대부근과 지리적으로 제일 가깝고 해류를 리용하여 사람들이 쉽게 오갈수 있는 지대이다.

《일본서기》등 여러 기록들에 고대시기 외부에서 일본렬도에 온 문벌들의 거의모두가 조선계통으로 되여있다는것까지 념두에 둔다면 력사적으로 계속 이 두곳으로 갈수 있는것이란 조선밖에 있을수 없다.

한편 농경문화, 청동기와 철기 문화를 기본으로 하는 야요이문화는 고분문화와 함께 모두가 조선이주민들이 건너가 보급한것이거나 그 영향밑에 발생발전한것이다.

조선과 일본렬도에서 발굴되는 이 시기의 유적, 유물이 거의 같은 사실은 그 뚜렷한 증거로 된다. 이에 대해서는 일본학자들도 인정하고있다.

기록을 통해 보면 《일본서기》 신대편 등에 바로 《아마》계통 《신》들이 야요이, 고분 문화를 전한것으로 되여있다. 실례로 《일본서기》권2 신대편 제9단 일서(1)에 북규슈 《아마》계통의 기본 《신》의 하나인 니니기노 미꼬도가 구슬, 거울, 검 등 이른바 《세가지 보물》을, 같은 책 권6 수인기 3년 3월조에 신라의 왕자 천일창 (아메노 히보꼬)이 구슬, 칼, 창, 거울 등을 일본렬도에 가지고가서 고대일본의 문화발전과 국가형성에 큰 영향을 준것으로 씌여있다. 이밖의 기사들을 보아도 야요이시대이래 고대일본에 선진문명을 보급한 사람들은 거의모두가 조선이주민으로 되여있다.

이것은 야요이시대이래 계통적으로 일본렬도에 선진문화를 보급한 《아마》(아메)계통 사람들이 조선이주민이라는것을 웅변적으로 보여준다.

그리고 성씨록의 신별조와 미정잡성조에는 《아마》계통 우두머리의 자손문벌씨를 수백개나 싣고있는데 그가운데서 제번조와 미정잡성조에 조선이주민계통(그중 대부분이 백제계통)으로 명백히 되여있는것이 적지 않다.

그 정형을 보면 표 6과 같다.

표 6 《아마신》의 자손문벌중 명백히 조선계통으로 되여있는 문벌들

구분	신별조 미정잡성조		제번조 미정잡성조	
권수	《신》의 이름	자손씨이름	권수	출신국
11, 14, 19	(가미) 니기하야히노 미꼬도	요사미	28	백제
20	호아까리노 미꼬도	〃	〃	〃
11, 30	(가미) 니기하야히노 미꼬도	이나베	27	〃
12, 14, 20	다까미무스비노 미꼬도	오또모	26	임나(가야)
30	아메노 히꼬(마스)노 미꼬도	〃	30	백제
13, 15, 18, 30	호아까리노 미꼬도	오사까	24	백제
17	가미무스비노 미꼬도	〃	〃	〃
14	가미무스비노 미꼬도	하다	26	〃
16	니기하야히노 미꼬도	〃	〃	〃
30	다까미무스비노 미꼬도	〃	〃	〃
15, 16	호아까리노 미꼬도	무또베	29	〃
15, 17, 19	시히네쯔히꼬	야마또	22, 26	백제, 고구려
15, 20	가미무스비노 미꼬도	〃	〃	〃
15	호아까리노 미꼬도	〃	〃	〃
16	(가미) 니기하야히노 미꼬도	니시고리베	28, 29	백제
16	아메노 아히노 미꼬도	아스까	32, 24, 28	〃
16	스사노오노 미꼬도	고마	22, 24, 25, 28	고구려
30	가미히또 아메노 호히노 미꼬도	〃	〃	〃
17	다까미무스비노 미꼬도	아스까	22, 24, 28	백제
19	(가미) 니기하야히노 미꼬도	〃	〃	〃
18	스사노오노 미꼬도	미와비또	30	〃
19	다까미무스비노 미꼬도	하야시	22, 24, 27, 28	백제
19	(가미) 니기하야히노 미꼬도	쯔	24	〃
19, 20	가미무스비노 미꼬도	기	25	〃
20	아마쯔히꼬네노 미꼬도	〃	〃	〃
30	쯔르기	〃	〃	〃

구분 권수	신별조 미정잡성조		제번조 미정잡성조	
	《신》의 이름	자손씨이름	권수	출신국
19	쯔누고리노 미꼬도	미노	27	백제
20	가미무스비노 미꼬도	다까누	24	〃
20	쯔하야무스비노 미꼬도	다미	24	〃
20	(가미) 니기하야히노 미꼬도	다까오까	28	〃
30	(가미) 니기하야히노 미꼬도	하라	27	〃
30	아메노 구시다마노 미꼬도	히오끼	22,24,26,27	고구려
30	마사까 이가쯔찌하야히노 아메노 호시호미미노 미꼬도	시마	24	〃
30	호아까리노 미꼬도	가후찌	22 28	고구려 백제

이밖에도 성씨록에 나오는 적지 않은 《아마》계통 《신》들의 자손 문벌들이 아야(漢)계통인 조선계통으로 되여있는데 이것은 《아마》가 조선이였다는 사실을 말해준다.

일본의 옛 기록에도 일본렬도에 진출한 조선이주민들을 《아마》로 기록한것이 적지 않다. 성씨록 28권에 가와쩨국에 사는 백제국사람 누리노 오미(노리사주)의 자손문벌이 아마씨로 되여있고 이즈미국에 사는 문벌들인 도리시씨의 조상은 백제국사람 아마노미의 후예로(29권), 야마다씨는 신라국사람 아메노 사기리노 미꼬도의 후예로(30권) 되여있다. 우에서 본것처럼 《일본서기》에서도 신라국 왕자를 아메노 히보꼬노 미꼬도 즉 아메—아마로 기록하였다. 이것은 일본렬도에 진출한 백제, 신라 사람들이 아마—아매로 불리웠음을 알수 있게 한다.

《이 아마노 히보꼬의 《아마》라는 말은 일반적으로 우리 천손민족(일본민족—인용자)의 고향을 가리킨것이지만 사실은 조선말로 이른바 《가라구니노 시마》(가라국섬) 특히 시라기(신라)를 가리키고있음은 의심할바 없다.》(《고대일한교섭사단편고》, 쇼분샤, 1956년판, 3페지)라고 한것을 비롯하여 적지 않은 일본학자들이 《아마》가 조선이라고 말하고있음은 결코 우연한 일이 아니다.

※ 일본학계에서는 《아마》를 조선으로 보는 외에 최근 쯔시마일대로 보

는 견해가 제기되고있다. (《고대는 빛나고있었다》 1, 아사히신붕샤, 1984년판, 61~64페지)

이 견해는 아마를 조선과 매우 가까운곳으로 본 주목해야 할 주장이다.

조선해협 한가운데 있는 쯔시마에 《아마신사》를 비롯한 《아마》와 관련된것들이 적지 않은것은 당시 쯔시마가 《아마》인 조선반도와 갈대벌판인 일본렬도사이에서 교량자적역할을 하였기때문에 생겨난것으로 보인다. 이것은 《아마》가 조선이였다는 우리의 주장을 보충하여주고있다.

결국 《아마》란 조선이주민들의 출신지를 가리키는 대명사였던 것이다.

《일본서기》를 비롯한 고대일본의 옛 기록들이 조선을 《아마(아메)》로 표기한것은 앞에서 강조된것처럼 일본의 옛 기록 편찬시 반신라, 반조선 풍조에 따라 조선사람들의 일본렬도에로의 진출과 그곳에서의 역할을 숨기자는데 있었다.

대체로 당시 일본의 옛 기록 편찬자들은 야요이시대 이래 고대일본에 선진문명을 가져다준 조선이주민들의 역할을 숨기면서 그것을 세상에서 제일 높고 신령스러운 존재라고 생각하고있던 《하늘(아마)》로 비정하였던것이다.

하늘을 선진문명국으로 보는 이야기는 고대조선에서도 쓰이던 필법이였다고 생각된다. 실례로 신라의 건국전설에서 신라봉건국가 성립의 주류를 이루었던 6부(6촌)의 조상들에 대해 《삼국유사》(권1 기이 신라시조 혁거세왕)에서는 모두가 하늘에서 내려왔다고 하였지만 《삼국사기》(권1 신라본기 시조 혁거세 거서간)에서는 고조선에서 왔다고 기록되여있는데 이것은 신라사람들이 북방의 선진문명국이였던 고조선을 《하늘》로 보았다는것을 말해준다.

자루속의 송곳은 감출수 없는 법이다. 《일본서기》 등은 선진문명을 보급한 아마계통 《신》들의 일본렬도에로의 도착장소들을 끝내 감출수 없었던것이다.

이렇게 놓고보면 성씨록의 신별조, 미정잡성조에 나오는 아마계통 《신》들이란 조선반도에서 건너간 이주민집단의 우두머리를 가리킨다고 볼수 있다. 대체로 야요이시기 선진문명을 보급하기 위하여 끊임없이 일본렬도에 건너간 조선이주민집단의 우두머리들은 8세기초 《일본서기》편찬당시에는 《아마》계통으로 둔갑하였지만 그들이 진출한 장소는 숨기지 못하였고 9세기초 성씨록 편찬당시에는 진출장소도 없이 고대일본 《신》이 살던 하늘, 《아마―아메》로 바뀌여졌다고 볼수 있다.

　고대일본의 아마 계통 《신》들이 조선반도에서 간 이주민집단의 우두머리라는것이 명백해진 조건에서 성씨록의 신별조와 미정잡성조에 반영된 50개의 아마《신》들과 그 자손문벌 444성씨는 조선계통으로 볼수 있다.

　　※　아마계통인 444성씨를 조선계통으로 보는 경우에 앞에서 강조된것처럼 가탁과 오기, 조작이 있었으므로 실지 100% 조선계통으로 볼수 없다는데 대하여 념두에 두고 여유있게 보아야 한다. 뒤에서 《천황》계통 문벌들을 조선계통으로 볼수 있는 성씨수도 마찬가지이다.

　좀 더 구체적으로 말한다면 야요이시기의 력사적환경과 지리, 해류관계로 보아 대체로 후꾸오까현 북부를 비롯한 북규슈에 진출한 《아마》계통세력들은 변한―가야, 마한―백제 계통 이주민들이였고 시마네현 동북부와 그 주변에 진출한 《아마》계통세력은 진한―신라계통 이주민이였다고 볼수 있다.

　우리 학계는 5세기이전 조선이주민들의 끊임없는 진출로 북규슈지방의 동부에는 가라왕국이, 서부에는 고마(백제)왕국이 성립되여있었고 이즈모지방에는 신라계통 소국이 존재하였다는데 대하여 론증한바 있다.* 이것은 《아마》계통 《신》들인 조선계통이주민집단과 그 우두머리들의 대량적진출과 그곳에서의 선구자적역할에 의해서 이루어진것이다.

　　＊《초기조일관계연구》, 사회과학원출판사, 1966년판, 221～235페지,

《초기조일관계사》 상, 사회과학출판사, 1989년판, 447～450페지

물론 북규슈지방에도 진한—신라사람들이 진출하였고 시마네현 부근에도 변한—가야, 마한—백제 이주민들이 진출하여 섞여살았지만 그것은 여러모로 보아 적은 수였던것으로 보인다. 그리고 야요이시기 고조선사람들이 일본렬도 특히 북규슈와 시마네현 동북부 부근에로 진출하였다고 볼수 있는데 시기와 지리적위치, 고조선 서북방의 정세 등으로 말미암아 변한—가야의 이주민들보다 매우 적었다고 볼수 있다. 야요이시기 고구려사람들이 일본렬도에로의 진출은 아직 거의 없었다고 보인다. 때문에 야요이시기 고조선, 고구려 사람들이 일본렬도에로의 진출에 대해서는 크게 문제로 삼지 않았다.

※ 야요이시기 고조선사람들이 일본렬도에 진출, 정착하였다는것은 여러가지로 말할수 있다. 《신찬성씨록》 24권에 의하면 우경에 사는 아사다씨는 조선(고조선)왕 준의 자손이라고 하였는데 이것은 고조선시기 고조선사람들이 일본렬도에 진출하였다는것을 말해준다.

따라서 자기 조상이 《아마》계통이라고 할 때 그것은 대체로 북규슈북부에 진출한 《아마》계통 우두머리라면 그 문벌은 변한—가야, 마한—백제 이주민들이고 시마네현 동북부에 진출한 《아마》계통 우두머리라면 그 문벌은 진한—신라 이주민들이라고 볼수 있다.

성씨록 신별조와 미정잡성조에 반영된 50개의 아마계통 《신》들 가운데서 북규슈에 진출한 아마계통 《신》을 본다면 우선 앞에서 본 표 2의 ① 쯔하야무스비노 미꼬도 ② (가미)니기하야히노 미꼬도 ⑫ 호노 스세리노 미꼬도 ㉕ 아메노 호아까리노 미꼬도 ㉜ 시히네쯔히꼬 등을 들수 있다.

그밖에도 ④ 다까미무스비노 미꼬도는 5세손인 아메노 오시히노 미꼬도가 《일본서기》 권2 신대 하 제9단 일서(3)에 니니기노 미꼬도를 호위하여 쯔꾸시의 히무까노 소노 다까쪄호노 구시히에 간 북규슈 《아마》계통 《신》으로 되여있는만큼 그 시조인 다까미무스비노 미꼬도도 북규슈 《아마》계통으로 보인다.

그러므로 북규슈의 《아마》계통으로 볼수 있는 ① 쯔하야무스비노 미꼬도의 자손문벌 47성씨(미정잡성조성씨 포함) ② 가미 니기하야히노 미꼬도의 자손문벌 112성씨(미정잡성조성씨 포함) ④ 다까미무스비노 미꼬도의 자손문벌 35성씨(미정잡성조성씨 포함) ⑫ 호노 스세리노 미꼬도의 자손문벌 7성씨 ㉕ 아메노 호아까리노 미꼬도의 자손문벌 58성씨(미정잡성조성씨 포함), 시히네쯔히꼬의 자손문벌 6성씨 도합 265성씨는 대체로 변한—가야, 마한—백제 계통으로 볼수 있다.

시마네현 북부지역에 진출한 《아마》계통 《신》을 본다면 앞에서 본것처럼 ㉓ 아메노 호히노 미꼬도와 ㉚ 스사노오노 미꼬도들이다.

따라서 ㉓ 아메노 호히노 미꼬도의 자손문벌 24성씨(미정잡성조성씨 포함) ㉚ 스사노오노 미꼬도의 자손문벌 15성씨(미정잡성조성씨 포함) 도합 39성씨는 대체로 진한—신라계통으로 볼수 있다.

이외 《아마》계통의 조상《신》들과 그 자손성씨들도 대체로 조선계통이였다고 볼수 있는데 이중에도 변한—가야, 마한—백제 계통으로 한정시켜볼수 있는것이 적지 않다.

실례로 ⑤ 가미무스비노 미꼬도의 자손문벌중의 모노노베씨(20권)는 《일본서기》 권13 선무기 즉위전기, 무오년 12월조에 니기하야히노 미꼬도의 후예로 되여있고 구메씨는 같은 책 권2 신대하 제9단 일서(9)에 니기하야히노 미꼬도와 함께 북규슈에 진출한 아메구시쯔노 오구메의 자손으로 되여있다. 따라서 오노노베씨와 구메씨는 마한—백제, 변한—가야 계통으로 볼수 있다.

이처럼 《성씨록》의 신별조와 미정잡성조에 반영된 아마계통 《신》과 그 자손문벌 448성씨중에는 변한—가야, 마한—백제 이주민들이 제일 많았고 진한—신라계통도 있었다.

이 계통의 조선출신 문벌들의 일본렬도에로의 진출시기는 그 조상인 《아마》계통 《신》들의 활등시기로 보아 대체로 야요이시기를 위주로 하는 그 전후한 시기로 볼수 있다. 이것은 야요이시기에 조선이주민들이 일본렬도에 진출하여 야요이문화를 창조하였다는것을 보여주는 고고학적사실과도 맞는 이야기이다.

제3절. 《신찬성씨록》 황별조, 미정잡성조에 반영된 조선계통 문벌들

앞의 표 1과 표 4에서 보는바와 같이 성씨록의 황별조와 미정잡성조에는 모두 22명의 고대일본 《천황》의 자손이라는 문벌 355성씨를 싣고있다.

고대일본 《천황》은 《일본서기》와 《속일본기》, 《일본후기》에 의하면 기원전 660년에 제1대 《신무》로부터 시작하여 성씨록에 반영된 마지막 《천황》인 50대 《차아》까지 계통이 끊어지지 않고 계승된 유일《천황》으로 되여있다.

그러나 이것을 도저히 그대로 인정할수 없다.

유일《천황》설에 대해서는 일본학계도 많이 부정하고있다.

※ 일본학계에서는 제2대 《수정》으로부터 제9대 《개화》까지의 《천황》들은 력사기록이 없는 《흠사(欠史) 8대》라고 하면서 완전히 조작된것으로 보며 그후 얼마간의 《천황》들에 대하여서도 그 존재를 부정하는 등 여러가지 《천황》조작설이 제기되고있다. 특히 7세기말 이전 《천황》들의 시호는 처음부터 있었던것이 아니라 나라시대말(8세기말) 헤이죠왕정의 아후미 미후네 등 한학자들이 중국의 옛 기록들에서 좋은 글자를 골라 만든것이라고 하는데(《천황제》, 동경대학출판사, 1954년, 2페지) 이것은 7세기이전 《천황》이라는것이 조작된것이라는것을 보여준다.

우리 학계는 이미 고대일본의 야요이시대와 고분시대의 유적, 유물의 조선적성격과 이 시기 자료들을 분석한데 기초하여 고대일본에서 고분시대의 3대고분군 즉 북큐슈지방, 이즈모―기비지방, 기나이지방 고분군의 병존은 3개의 큰 정치세력이 대치하고있었다는것을 의미하며 따라서 이것은 5세기이전까지 일본렬도가 아직 통일되지 못하였고 《천황》이라는것도 존재하지 않았다는것을 의미한다고 제기한바 있다. 또한 제1대 《신무》가 진행하였다는 《동정》은 대체로 5세기말~6세기초에 북규슈에서 백제, 가야 계통집단의 기나이지방에로의 진출을 의미하며 이 북규슈집단에 의하여 6~7세기 중엽에 야마또지방을 중심으로 국토통합이 이룩되였을것이라는데 대하여 론증하였다.*

  ※ 《초기조일관계연구》, 사회과학원출판사, 1966년판, 9~20페지, 《초기조일관계사》 하, 사회과학출판사, 1988년판, 270~353페지

우리 학계의 이러한 연구성과에 기초하여 고대일본 《천황》의 존재여부를 론한다면 5세기이전의 《천황》은 날조된것이고 6세기~7세기중엽까지의 《천황》은 《대왕》적존재로 볼수 있고 8세기이후의 《천황》은 실지 존재하였다고 인정된다.

고대일본 《천황》의 존재여부, 그 계통에 대하여 좀 더 구체적으로 따져보기로 한다.

고대일본에서 국토통합이 시작되기전인 5세기이전에 《천황》이 없었다는것은 론의할 여지도 없이 명백하다. 그러나 《천황》이란 이름과 존재는 날조된것이지만 후에 《천황》으로 조작된 인물이 일정한 시기, 일정한 지역에서 우두머리로 활동했다고 볼수 있는 여지는 있다.

일반적으로 옛 기록에 반영된 력사자료들은 시기가 오랠수록 윤색과 가공, 조작이 많지만 거기에는 일정한 력사적사실이 담겨져 있다.

조선의 첫 신화 《단군신화》에서 고조선의 첫 임금 단군이 나라를 1,500년간 다스렸다는 이야기속에는 단군과 그 후계 왕들이 오랜 기간 나라를 다스린 사실이 와전된 형태로나마 반영되여있다고 볼수 있다.

이와 마찬가지로 《일본서기》에 반영된 5세기이전 《천황》들에 대한 기록도 도저히 그대로 믿을수는 없지만 소국시대인 5세기이전 고대일본사회에서 일정한 지역을 다스린 우두머리들과 관련된 사실을 외곡한 상태로 반영한것이라고 볼수도 있다.

그렇다면 5세기이전 《천황》 즉 소국시대 우두머리들이 어느 지역 출신이며 다스린 지역은 어디였겠는가 하는 문제가 제기된다. 여기에서 가장 중요한것은 5세기이전 《천황》들의 출신계통을 밝히는것이다.

《일본서기》에 의하면 5세기이전 《천황》들의 조상은 《신무》로 되여있으며 《신무》는 《일본서기》 등에 니니기노 미꼬도의 후예로 되여있다. 니니기노 미꼬도는 표 5에서 본바와 같이 쯔꾸시에 《천강》한 북규슈 《아마》계통 우두머리였다.

※ 《수서》에 야마또왕의 계통은 《아마》라고 하였는데 이것은 6세기 야마또왕정의 《대왕》을 의미할것이다.

5세기이전 《천황》들의 출신지가 원래 북규슈지방이라는것은 5세기이전 《천황》의 자손이라는 문벌들이 북규슈 《아마》계통 우두머리들의 자손으로 되여있는데서도 찾아볼수 있다.

성씨록의 황별조와 신별조, 미정잡성조를 통해 그 정형을 보면 표 7과 같다.

5세기이전 《천황》의 자손문벌중 명백히 북규슈 아마계통
표 7   **우두머리 자손으로 되여있는 문벌들**

황별, 미정잡성조			제번조, 미정잡성조	
권수	《천황》이름	자손씨이름	권수	북규슈 아마계통 우두머리이름
1	응신)	하다	16	니기하야히노 미꼬도
4	효원		30	다까미무스비노 미꼬도
2, 8	효원	다까하시	14, 16, 19	니기하야히노 미꼬도
3	효원	야마또(2)	15, 17, 18	시히네쯔히꼬
3	효원	가즈라기	17, 19	다까미무스비노 미꼬도
4	효원)	구메	12	다까미무스비노 미꼬도
7	효소			
4	효원	오하리다	11	니기하야히노 미꼬도
4	효원	와까사꾸라베	20	—〃—
5, 7	신무	히	11	—〃—

황별, 미정잡성조			제번조, 미정잡성조	
권수	《천황》이름	자손씨이름	권수	북규슈 아마계통 우두머리이름
6	효령	마가미베	16	니기하야히노 미꼬도
6	효원	이마끼	19	― 〃 ―
6, 9	효소)	오야께	17	쯔하야 무스비노 미꼬도
10	효원			
6, 8, 9, 10	개화)	구사까베	18	호노스세리노 미꼬도
9	효원		19	니기하야히노 미꼬도
7	효원)	야마	30	호아까리노 미꼬도
10	숭신			
8, 9, 10	효소	모노노베	19, 20, 30	니기히야히노 미꼬도
7, 8	효원	사까히베	13	호아까리노 미꼬도
			15, 20	호노스세리노 미꼬도
8	개화	요사미	11, 14, 19	니기하야히노 미꼬도
			20	호아까리노 미꼬도
8	수인	야마모리	16	니기하야히노 미꼬도
9	신무	오하리베	13, 15, 16, 17, 19	호아까리노 미꼬도
9	효소)	미부	14	다까미무스비노 미꼬도
30	숭신		17	호아까리노 미꼬도
9	효원	누가다	16	니기하야히노 미꼬도
10	숭신	다지히	13,15,17,18,19,20	호아까리노 미꼬도
10	숭신	도미	19	니기하야히노 미꼬도
30	효령	구라하시베	30	― 〃 ―
30	효령	고시	14, 17	다까미무스비노 미꼬도
30	효원	가도노	11	니기하야히노 미꼬도

 표 7에서 보는것처럼 5세기이전 《천황》들의 자손문벌이 북규슈 《아마》계통 우두머리의 자손으로도 되여있는데 이것은 5세기이전 《천황》들이 북규슈 《아마》계통 우두머리와 같은 계통이며 같은 북규슈출신이라는것을 말해준다.
 이들의 활동시기는 5세기이전 《천황》들에 대한 기록이 《일본서기》에 5세기이전으로, 구체적으로는 야요이시기를 반영한 신대편과 국토통합을 이룩한 6세기후사이에 해당되므로 대체로 4～5세기로 한정하여볼수 있다.

그리고 그들이 다스린 지역은 대체로 북규슈지방이였으며 기나이지방의 일부 지역이 포함된다.

5세기이전 《천황》이 다스린 기본지역이 북규슈지방이였다는것은 그들의 출신지와 당시 일본의 정치, 문화의 중심지가 북규슈지방이였다는 사실을 놓고 그렇게 말할수 있다. 《중애천황》이 한때 도읍을 정하였던 가시히궁이 후꾸오까현 후꾸오까시부근에 있었다는것과 《일본서기》의 5세기이전 《천황》기사들에 북규슈왕정과 조선반도의 여러 나라들의 관계가 얼마간 반영되여있는 사실을 통하여 그것을 엿볼수 있다.

한편 5세기이전 《천황》들이 다스린곳의 일부가 기나이지방이였다는것은 《일본서기》 등에 많이 반영되여있는 (그들이 기나이지방에서 활동하였다는) 기록을 통하여 알수 있다. 물론 《일본서기》의 기록을 그대로 다 믿을수 없지만 그 일부는 북규슈 《아마》계통 우두머리로서 북규슈지방에서 기나이지방으로 가서 그곳을 다스린 사실을 반영한것이라고 보이기때문이다. 북규슈 《아마》계통 출신인 5세기이전 《천황》이 기나이지방을 일정하게 다스리게 된것은 그들이 《동정》의 흐름을 따라 4~5세기 북규슈에서 기나이지방에 진출, 정착한데 있다. 《신무동정》은 5세기말~6세기초에 단행되였지만 북규슈에서 기나이지방에로의 《동정》의 흐름, 북규슈 《아마》계통 우두머리들과 그 세력들의 진출은 5세기이전에도 계속 진행되였던것이다. 5세기이전 《천황》들이 북규슈 아마계통의 우두머리였다면 그것은 대체로 백제, 가야 계통을 위주로 한 조선계통이다. 그것은 앞에서 본것처럼 북규슈 《아마》계통 우두머리들이 변한—가야, 마한—백제 계통이였고 그들의 활동시기가 4~5세기로 인정되기때문이다.

4~5세기 《천황》의 자손이라는 문벌들이 백제—가야 계통을 위주로 하는 조선계통이라는것은 개별적성씨와 《천황》을 놓고보아도 알수 있다.

5세기이전 《천황》의 자손문벌가운데는 공개적으로 백제를 위주로 하는 조선계통이라고 칭하는 문벌들이 적지 않았는데 그 정형을

《신찬성씨록》을 통해 보면 표 8과 같다.

표 8   5세기이전 《천황》의 자손문벌중 조선계통으로 되여있는 문벌들

5세기이전 《천황》과 그 자손성씨			조선의 여러 나라들	
씨이름	《천황》이름	권수	출신국	권수
하다	응신, 효원	1, 4	백제	26
하야시	효원	2, 9	백제	22, 27, 23
기	효원	2, 4, 9, 10	백제	25
야마또	효소	3	백제, 고구려	22, 26
구와바라	숭신	3	고구려	25, 27
소노베	신무	5	백제	24, 27
마노	효소	5	백제	24
히오끼	응신	5	고구려	22, 24, 26, 27
오사	효원	6, 7	백제	25, 28
미야께	효원	8	신라	24
요사미	개화	8	백제	28
나니와	효원	9	고구려	24

이밖에 성씨록 8권에 《숭신》의 자손문벌중에 가라야따베씨, 9권에 《효원》의 자손문벌 소가씨, 30권에 《효원》의 자손문벌 가라야마베씨 등 가라, 백제 계통이 명백한것들이 있다. 그리고 5세기 이전 《천황》의 자손문벌중에는 《아마》와 《아야》(한)로 둔갑한 조선계통 성씨들이 적지 않다.

개별적인 《천황》들을 놓고보아도 적지 않은 성씨들이 자기의 조상으로 칭한 《효소》의 아들 아메다라시히꼬구니오시히또노 미꼬도는 《일본서기》 권4 효소기 68년 정월조에 와노노 오미 즉 와니씨의 조상이라고 하였다. 와니씨는 왕인박사계통으로서 앞에서 본것처럼 백제에서 간것으로 되여있다.

《숭신》은 원래 일본식이름이 미마나(임나)라는 가야국이름으로부터 시작된다. 《숭신》의 일본식이름은 《미마끼 이리비꼬이니에》라고 하는데 앞글자 《미마끼》는 《미마나》 즉 중세조선의 《임나》(가야)라는 나라이름에서 유래된것이라고 한다. 《일본서기》 권6 수인

— 60 —

기 2년 첫째 본문 주석과 성씨록 30권 우경 미마나조에 의하면 《숭신》의 이름인 《미마끼 이리비꼬이니에》의 《미마끼》를 따서 쯔누가아라시또가 온 가라국을 《미마나》라고 이름지었다고 하는데 이것은 그 반대의 력사적사실을 반영한것이다.

원래 《임나》는 조선말의 《님나》, 《니마나》라고도 하며 《미마나》와 통하는 음으로 볼수 있는데 《임나》란 글자를 먼저 쓴것은 조선사람들이였다. 414년에 세워진 광개토왕릉비의 경자년(400년) 기사에 《임나가야》라는 말이 나오는것으로 보아 우리 나라에서는 이 말이 벌써 5세기초이전에 쓰이였으며 이밖에 《삼국사기》 강수렬전에 강수가 본래 임나기량(가라)사람이라고 한것과 봉림사 진경대사탑비문(924년에 세움)에 《대사의 이름은 심희요, 성은 신(새)김씨인데 그 조상은 임나국사람이다.》라고 한것 등으로 보아 우리 나라에서 당시는 물론 후세에도 가야국을 《임나》라고도 불렀다는것을 알수 있다. 따라서 조선의 이 《임나》라는 이름이 일본에 전해지고 《미마나》로 번져져 8세기초이후 조작된 《천황》의 이름에까지 반영되였다고 보는것이 자연스럽다.

《세계대백과사전》(일본 헤이봉샤, 1967년판, 363페지)의 임나 항목에 의하면 임나(미마나)는 순수한 일본이름이 아니며 그 기원은 락동강 어느 한 부락에서 기원하였다고 하였으며 《일본서기》의 해당 부분(우에서 인용한) 주석자도 미마끼《천황》의 이름을 따서 조선반도의 가야국을 임나로 부른것이 아니라 오히려 그 반대였을것이라고 하였다.

따라서 《숭신》은 북규슈 《아마》계통 우두머리, 그중에서도 가야적색채를 많이 띤 4~5세기 우두머리로 보아도 무방하다.

일본학계에서도 고대일본 《천황》의 조상이 야마또지방의 토착세력이든가 북규슈 또는 조선으로부터 이주한 우두머리였다고 보는 견해가 있는데* 이것은 주로 조작된 5세기이전 《천황》의 조상을 념두에 둔것으로서 5세기이전 《천황》과 그 자손이라는 문벌들이 북규슈 《아마》계통 세력, 조선계통 문벌이였다는것을 인정한것이다.

＊《일본사사전》, 가도가와서점, 1983년판, 661페지

 이처럼 5세기이전 《천황》 특히 성씨록에 반영된 《신무》, 《효소》, 《효령》, 《효원》, 《개화》, 《숭신》, 《수인》, 《중애》, 《응신》의 《천황》들은 대체로 4~5세기에 존재한 북규슈 《야마》계통 우두머리로, 백제, 가야를 위주로 하는 조선계통으로 볼수 있는것이다. 따라서 성씨록에 5세기이전 《천황》을 자기 조상으로 칭한 성씨들도 대체로 백제를 위주로 하는 조선계통으로 볼수 있다.
 이 부류의 조선계통 문벌들의 일본렬도에로의 진출시기는 그 조상들의 활동시기로 보아 대체로 4~5세기경으로 인정된다.
 6세기~7세기중엽의 《천황》이라는것은 야마또왕정의 《대왕》적 존재로서 백제계통이였다.
 6세기~7세기중엽은 야마또왕정의 국토통합시기이므로 그 최고 주권자는 《대왕》으로 볼수 있는데 이 《대왕》은 야마또왕정내의 패권을 쥔 문벌들속에서 시기에 따라 제일 높은 우두머리가 되였거나 그들이 선출한 인물이 되였다고 보아진다.

※ 이 시기를 반영한 《일본서기》 등 옛 기록에 의하면 《천황》(대왕)의 역할은 거의 무시되고 소가씨를 비롯한 특권문벌들의 역할이 중시되여있어 특권문벌들의 의사를 반영한 야마또왕정의 명령과 지시가 《천황》의 명령과 지시로 되여있다. 이것은 6세기~7세기중엽 야마또왕정의 제일 큰 우두머리인 《대왕》은 이 시기 패권을 쥔 제일 유력한 문벌출신이 되였다는것을 시사해준다.

 이 시기 야마또왕정에서 패권을 쥔 주요 문벌들은 오또모씨, 모노노베씨, 소가씨, 나까도미씨, 가쯔라기씨, 와니씨 등이였는데 이들은 백제, 가야 계통으로서 대체로 야마또왕정의 우두머리(대왕적존재)였다고 보아진다.
 따라서 6세기~7세기중엽 《천황》들은 이들중의 하나였거나 그들에 의해 선출된 《대왕》이였을것이다.
 그렇다면 6세기~7세기중엽 《천황》의 자손이라고 하는 성씨들

도 백제계통으로 인정할수밖에 없다.

이 시기의 개별적인 《천황》이나 성씨들을 놓고 좀 더 따져보기로 하자.

우선 6세기~7세기중엽의 《천황》이라는것들은 《일본서기》 등에 5세기이전 《천황》들과 조상이 같은 북규슈 《아마》계통 우두머리들의 후예로 되여있다.

또한 6세기~7세기중엽 《천황》의 자손이라는 문벌들은 북규슈 《아마》계통 우두머리들의 후예로도 되여있다. 실례로 성씨록 1권의 《선화천황》의 자손문벌가운데서 다지히씨는 13, 15, 17, 18권들에 아메노 호아까리노 미꼬도의 자손문벌로, 이나씨는 11권과 30권에 니기하야히노 미꼬도의 자손문벌로, 1권의 《민달천황》의 자손문벌 오야께씨는 17권에 쯔하야무스비노 미꼬도의 자손문벌로, 1권의 《용명천황》의 자손문벌 도미씨는 19권에 니기하야히노 미꼬도의 자손문벌로 되여있다.

6세기~7세기중엽 《천황》들과 그 자손문벌들이 북규슈 《아마》계통 우두머리들의 자손으로 볼수 있다던 그것은 대체로 백제계통일 것이다.

※ 북규슈 아마계통 우두머리에는 원래 백제와 함께 가야도 포함되여있었으나 6세기초중엽 본국가야의 멸망으로 일본렬도에 진출한 가야사람들은 많은 경우 백제계통으로 가락하였다. 따라서 6세기이후 북규슈 아마계통은 백제계통으로 한정시켜볼수 있다.

그리고 《일본서기》 권16 무렬기 7년(504년) 2월조에 의하면 야마또임금의 조상은 백제국사신 법사군(호후시기시—임금)으로 되여있다. 여기서 말하는 야마또임금이란 대체로 6세기초 야마또왕정의 《대왕》을 말하는데 이것은 외곡된 《일본서기》조차 야마또왕정의 《대왕》이 백제계통임을 숨기지 못하고있는 흔적이라고 볼수 있다.

한편 《일본서기》(권23 서명기 11년 7월, 13년 10월)에 당시 (7세기중엽) 《서명천황》이 야마또지방의 구다라(백제)강가에 지은 백제궁에서 살았으며 그가 죽었을 때에는 백제식장례를 치르었다는것과 성씨록의 황별조(1권)에 《민달천황》의 손자로 백제왕이, 《서명천황》의 아들로 가야왕이 기록되여있는데 이것은 우에서 6세기~7세기중엽 《천황》의 조상이 북규슈지방 《아마》계통 우두머리로 되여있는것과 함께 이 시기 《천황》(대왕)과 그 자손문벌계통의 백제적, 가야적 성격을 그대로 보여준다.

7세기중엽의 《천황》들인 《천지》(아메 미꼬도 히라까스와께)와 《천무》(아마노 누나하라오끼노 마히또)들은 일본식시호이름에 《아마》라는것이 붙어있고 특히 《천무》의 본이름은 오시아마황자로 되여있는데 이것은 고대일본 《신》들의 이름에 쟈랑스럽게 붙이던 《아마》라는 대명사가 7세기중말엽경에도 《천황》들의 이름에 전해진 흔적이라고 볼수 있다. 그리고 이 《천지천황》과 《천무천황》들은 《일본서기》에 백제계통이 명백한 《서명천황》의 아들들로 되여있다.

6세기~7세기중엽 《천황》(대왕)의 자손이라는 문벌중에는 직접 백제계통으로 칭하는것도 있었다. 실례로 《신찬성씨록》 1권에 《계체천황》의 자손문벌 사까다씨는 같은 책 24권에, 《선화천황》의 자손문벌 이나씨는 27권에, 《민달천황》의 자손문벌 가구야마씨는 22권에, 오하라씨는 24권에 각각 백제계통으로 되여있다. 이밖에도 6세기~7세기중엽 《천황》의 자손문벌중에는 《아마》계통과 아야계통으로 볼수 있는것이 적지 않다.

이러한 사실들은 성씨록에 반영된 6세기~7세기중엽 《천황》들이 야마또왕정의 《대왕》으로서 백제계통이였음을 말해준다. 따라서 이 시기 《천황》(대왕)의 자손이라고 칭한 성씨들은 대체로 백제계통이였다고 볼수 있다.

7세기말이후 《천황》과 그 자손문벌들은 토착화된 조선계통의 특권문벌이거나 원주민계통출신으로 볼수 있다.

8세기이후 《천황》들을 백제계통으로 볼수 있는 기록도 적지 않다.

우선 《원명천황》(8세기초)과 《효겸천황》(8세기중엽)의 본이름은 《아베》, 《환무천황》의 본이름은 《야마베》, 《순화천황》(9세기초중엽)의 본이름은 《오또모》로 되여있고 《원명천황》의 에미이름은

《소가》로, 《성무천황》(8세기초중엽)과 《평성천황》, 《차아천황》, 《순화천황》의 이름은 《후지하라》(나까도미씨의 갈래)로 되여있는데 이러한 《천황》들의 본이름들과 에미이름들은 (다음 편에서 보게 되는) 백제, 가야 계통문벌들이 칭하던 씨이름들이다.

또한 《속일본기》, 《일본후기》 등에 8세기말이후 《천황》들인 《광인》과 《환무》, 《차아》들은 백제계통으로 본 《천지천황》의 후손으로 되여있다.

한편 앞에서 본것처럼 《환무천황》(781년~805년)의 통치기간에 《황실》의 조상이 백제사람이기때문에 조선관계기사들을 불살라버렸는데 그것은 7세기중엽이전의 조작된 《천황》뿐아니라 8세기이후의 《천황》도 백제계통이였다고 볼수 있게 한다.

이처럼 옛 기록들에는 7세기말이후의 《천황》들을 백제계통으로 볼수 있는 자료들이 적지 않게 전하고있다. 그러나 8세기이후의 《천황》들이 백제계통이였다 하더라도 그것은 상당히 토착화된것이였을것이다.

660년 백제본국의 멸망과 663년 야마또왕정의 백제지원출병의 실태는 당시 왜왕정의 백제적성격을 크게 흐리게 하였다. 당시 야마또왕정에서 패권을 쥐고있던 백제계통 문벌들은 백제본국의 멸망과 백제지원출병의 실패로 크게 무너지고 패권자의 지위를 점차 잃었다고 인정된다. 야마또왕정에서 크게 번져진 반신라소동의 와류속에서 백제계통 문벌들은 점차 정계의 주요자리에서 물러나거나 토착화되였다고 볼수 있다.

따라서 7세기말이후부터 백제를 비롯한 조선계통 문벌대신에 원주민계통 문벌들이 정계에 많이 나서게 되였으며 이들이 차츰차츰 다수를 차지하고 패권을 쥐게 되였을것이다.

야마또왕정의 이러한 성격변화와 문벌교체에 대해서 전하는 기록은 없지만 이 시기를 전후한 일본력사와 조일관계사의 기본흐름을 놓고볼 때 대체로 그렇게 말할수 있다.

그러므로 8세기이후의 《천황》은 일본왕정에서 점차 패권을 쥔 원주민세력이였다고도 볼수 있는데 이 세력의 형성, 발전 과정과 그 교체시기는 잘 알수 없다.

그러므로 8세기이후의 《천황》들은 토착화된 백제계통으로도 볼수 있고 원주민계통으로도 볼수 있다. 앞으로 이에 대해 연구를 심화시켜야 할것이라고 보면서 여기서는 8세기말~9세기초 《천황》의 자손이라는 문벌 5성씨를 일단 원주민계통으로 처리한다.

이와 같이 황별조와 미정잡성조에 반영된 22명의 《천황》의 자손이라는 문벌 355성씨중 5세기이전 12명의 《천황》—4~5세기 북규슈 《아마》출신 우두머리들의 후예 301성씨들은 백제—가야 계통이고 6~7세기 7명의 《천황》—야마또왕정의 패권자인 《대왕》의 자손문벌 49성씨들은 백제계통이며 7세기말의 3명의 《천황》의 자손이라고 하는 문벌 5성씨는 원주민으로 볼수 있다.

이상에서 본바와 같이 황별조, 신별조, 제번조, 미정잡성조에 반영된 성씨들은 거의 대부분이 백제—가야 이주민들을 위주로 하고 고구려, 신라 이주민들도 포함된 조선이주민출신의 문벌이였다.

물론 조선이주민계통으로 볼수 있다고 한 모든 성씨들이 조선이주민출신의 후예로만 이루어지지는 않았을것이다. 앞에서 강조된바와 같이 성씨록이 편찬된 9세기초로 말하면 백제, 고구려가 망한지 수백년이 지났으므로 조선계통 문벌들의 《천황》계통, 고대일본 《신》계통, 한(중국)계통에로의 가탁과 토착화, 개별적문벌들의 족보위조가 많았던것이다.

가탁과 토착화, 족보위조가 많았지만 우리는 성씨록에 실린 1,180성씨가운데서 그 대부분이 조선계통이주민들의 후손이였다는 사실을 찾아볼수 있다. 이로부터 한결음 더 나아가 성씨록 서문에 강조되여있는것처럼 당시 기나이지방에서 살던 성씨의 과반수를 기록하지 못하였다는것을 념두에 둔다면 실지 기나이지방에 살던 조선이주민계통성씨집단은 이보다 훨씬 많았으리라는것과 조일관계가 밀접하고 외곡이 덜하였던 고대로 올라갈수록 그것이 더욱 많았으리라는 중요한 결론을 지을수 있다.

제4절. 고대일본왕정에서 패권을 쥔 조선계통 문벌들

《신찬성씨록》에 반영된 1,180성씨가운데서 대부분을 차지하고 있던 조선계통성씨들은 고대시기 기나이지방에 살면서 선진문명을 보급하고 일본왕정에서 패권을 쥐고있었다.

고대일본의 야요이문화와 고분문화, 아스까문화의 발생발전이 조선이주민들의 일본렬도에로의 진출과 밀접히 결부되여있다는것은 다 아는 사실이다.

실례로 앞에서 본것처럼 백제, 가야 출신의 《아야》계통 문벌들은 말안장을 비롯한 마구만들기, 비단짜기, 회화술, 금속세공술, 양잠 및 방직, 관개공사, 문자와 기록 등을 전달하였는데 이것은 당시 고대일본사회발전에 큰 기여를 하였다.

고대일본에 문명을 전달한 조선이주민들은 그들이 논 역할로 하여 고대일본사회의 매 단계에서 높은 지위를 차지하고 존대를 받았으며 패권을 쥐고있었다.

일본렬도에 건너가 선진문명을 보급한 조선이주민들이 매 시기마다 패권을 쥐고있었다는것은 그들이 칭한 가바네를 통해서도 잘 알수 있다.

성씨록에 반영된 조선계통 문벌들이 칭한 가바네종류와 그 수를 부류별로 보면 표 9와 같다.

※ 표 9의 가바네수 작성에서 원래 가바네가 다른 가바네로 변했다고 기록된것은 처음 가바네를 기준하여 계산하였고 가바네가 있었는데 후에 없어졌거나 가바네가 없는데 후에 있었다고 표기된것은 오기라고 보면서 한번은 있은적이 있었으므로 있는것으로 계산하였다.

표 9에서 보는것처럼 성씨록에 반영된 1,180씨중 황별계통의

표 9   <신찬성씨록>에 반영된 계통별 가바네수

번호	가바네이름	황별계통	신별계통	제번계통	계
1	마히또	48			48
2	아소미	77	19	7	103
3	수꾸네	13	55	29	97
4	이미끼	1	7	41	49
5	오미(신)	50	15		65
6	오미(사주)			6	6
7	무라지	19	167	75	261
8	기미(군)	1	3		4
9	기미(공)	45	5	13	63
10	기미(왕)			3	3
11	아따히	3	27	8	38
12	미야쯔꼬	6	30	47	83
13	오비또	29	43	24	96
14	후비또	3		25	28
15	아가따누시	4	7		11
16	수구리		1	20	21
17	가찌	1	2	4	7
18	하후리	1	3		4
19	간누시		2		2
20	에시			1	1
21	오사			4	4
22	야꾸시			1	1
23	간무리			1	1
24	아비꼬	1			1
25	모리			1	1
	계	302	386	310	998
	가바네가 없는것	51	69	62	182
	총계	353	455	372	1,180

302씨, 신별계통의 386씨, 제번계통의 310씨 총 998씨가 각종 가바네를 칭하고있었는데 그중 신별계통 문벌들이 가바네를 제일 많이 칭하고있었다. 이들이 칭한 가바네는 9세기초 헤이앙경왕정과 6세기~7세기중엽 야마또왕정시기의 주요 가바네였다.

※ 가바네가 없는 씨는 황별계통에서 51씨, 신별계통에서 69씨, 제번계통에서 62씨 총 182씨이다. 우의 문벌들이 가바네가 없는 원인은 대체

로 7세기중엽 《대화개신》때 가바네가 폐지되면서 잃어버리고 그후 새로 받지 못하였거나 기록상 루락 등 여러가지가 있다고 보인다.

6세기~7세기중엽 야마또왕정의 주요 가바네는 성씨록에 반영된 가바네총수의 3분의 2이상을 차지한다. 표 9에서 보는것처럼 6세기~7세기중엽의 가바네를 보면 오미(신, 사주—71개), 무라지(261개), 기미(군, 공, 왕—70개), 아따히(38개), 미야쯔꼬(83개), 오비또(96개), 후비또(28개), 아가따누시(11개), 수구리(21개), 하후리(4개), 간누시(2개), 간무리(1개), 가찌(7개), 모리(1개), 오사(4개), 야꾸시(1개), 에시(1개) 모두 20개 종류의 701개나 된다. 여기에 가바네가 없는 182씨의 대부분도 6세기~7세기중엽에는 가바네가 있었다는것을 고려하면 이 시기 가바네를 칭한 문벌들이 전체 문벌수의 3분의 2이상이 훨씬 넘는것이다.

이중에서 무라지라는 가바네는 261개로서 제일 많은데 가바네 총수의 26%를 차지하며 그 다음 많은것은 오비또(96개), 미야쯔꼬(83개), 오미(71개), 아따히(38개)이다. 우의 6세기~7세기중엽 20개의 가바네중 오미, 무라지, 기미, 아따히는 상류급의 가바네였고 미야쯔꼬 이하는 중하류급의 가바네였다.

구체적으로 보면 오미(臣)는 오미(使主)와 함께 5세기이전에는 구별없이 쓰이였는데 일정한 집단의 우두머리, 그중에서 소국왕의 칭호였다고 인정된다. 오미(사주)는 조선으로부터 넘어간 일종의 경칭이였고 그 이후에(6세기이후) 가바네로 되였다고 하는데* 이것은 5세기이전의 어른 즉 우두머리에 대한 칭호였다고 볼수 있다.

※ 《일본서기》 권20 응신기 20년 아찌노 오미 해당 주석

한편 성씨록의 22권에 고구려계통 히오끼씨의 조상인 이고군(임군)은 후에 이름이 이스오미로 되였다고 해당 주석에 기록되여 있고 같은 책 29권에 백제국출신들인 아시야씨의 조상 오가리시왕과 수구리씨의 조상 오가리시오미는 같은 인물로서 이것은 왕이 끝오미로 불리웠음을 말해준다. 《일본서기》에 반영된 아찌노 오미는 5세기이전 조선으로부터 넘어간 우두머리로서 《속일본기》와 성씨록

— 69 —

의 여러곳에 아찌왕(아지왕)으로 되여있다. 그리고 《사까노우에계도》에 인용된 성씨록(23권)에는 아찌왕이 아찌노 오미(아지사주)로 되였다고 명백히 기록되여있다. 이것은 오미(사주)가 5세기이전 조선이주민들이 쓰던 왕에 대한 경칭이였다고 볼수 있다.

6세기후 구니노 미야쯔꼬(소국의 우두머리왕)들이 오미(신)란 가바네를 적지 않게 칭하게 된것은 오미란것이 5세기이전에 소국의 우두머리, 왕을 가리킨것이였음을 간접적으로 엿볼수 있게 한다.

결국 오미(신)나 오미(사주)는 5세기이전에 일본에 문자가 없었던것을 고려하면 다같이 구별없이 조선이주민들이 우두머리에 대하여 쓰던 경칭어로 볼수 있으며 일본렬도에 진출한 조선이주민들의 일정한 집단의 우두머리, 소국왕이 많았다는것을 결부하면 그것은 조선계통 우두머리, 소국왕에 대한 칭호였다고 추측된다.

※ 오미란 말은 외국에 다니는 직함을 말한다고 한다.(《초기조일판계사》하, 281페지)

오미(신)는 《천황》 특히 5세기이전 《천황》계통 문벌들이 칭한 가바네였다고 한다.(《귀화인》 시분또, 1940년판, 240페지) 이것은 앞에서 본것처럼 7세기중엽이전 특히 5세기이전 《천황》계통 문벌들이 백제계통이였다는것을 념두에 두면 이 가바네가 백제를 비롯한 조선계통 문벌들이 칭한 가바네라고 볼수 있는데 이 내용은 우의 추측과도 통하는 이야기로 된다.

오미가 6세기이후 제일 높은 가바네로 된것을 보면 5세기이전에 이를 칭한 문벌들은 비교적 큰 세력을 가진 우두머리, 왕이였다고 추측된다.

오미는 6세기~7세기중엽 야마또왕정의 1류급 가바네였으며 따라서 이를 칭한 문벌들은 제일 높은 문벌이였다. 그중에서 위력한 자들은 오미로 되여 실권을 쥐고있었다. 6세기~7세기중엽 소가씨가 오오미가 되여 야마또왕정을 좌지우지한것은 그 단적인 실례로 된다.

무라지(連)는 무레(무리), 무라(촌)의 주인이라는 뜻으로서 알정한 집단이나 촌락의 우두머리들을 가리키는데 신별계통의 문벌들이 많이 칭하였다. 6세기~7세기중엽에 무라지는 도모베의 우두머리(도모노미야쯔꼬)로서 야마또왕정에 복무하는자들과 구니노 미야쯔꼬(소국의 우두머리)들에게 수여되였다고 한다. 이것은 무라지라는것이 5세기이전에 주로는 야요이시기에 활동한 일정한 집단이나 촌락의 우두머리들에 대한 칭호였고 6세기이후에는 가바네로 되였다고 볼수 있다.

무라가 마을이라는 조선말이 옮겨진것이고 신별조의 《아마》계통 문벌들이 조선계통이였다는 사실을 념두에 두면 무라지라는것도 조선계통 문벌들이 칭한 말이고 또는 가바네였다고 인정된다.

무라지는 오미와 함께 6세기~7세기중엽 야마또왕정의 1류급 가바네였다. 무라지라는 가바네를 칭한 문벌들중 위력한자들은 오무라지가 되여 오오미로 된 문벌과 함께 야마또왕정의 권력을 쥐고 있었다. 례컨대 오또모씨(가나무라), 모노노베씨(오꼬시, 모리야)들은 6세기초중엽 오무라지가 되여 야마또왕정의 실권을 잡고있었다.

684년 8색성 제정시에는 오또모노 무라지는 수꾸네, 아소미로 되고 나머지 무라지를 칭한 문벌들은 제7위의 하급가바네로 된 무라지를 그대로 유지하였다.

따라서 성씨록에 반영된 오미, 무라지를 칭한 문벌들은 비록 7세기말이후 6~7위의 낮은 지위로 떨어졌지만 그 이전 6세기~7세기중엽에는 1류급의 지위에 있었다고 볼수 있다. 물론 오미, 무라지의 가바네를 가진 문벌중에 684년 8색성 제정이후 오미, 무라지라는 가바네를 수여받은 문벌들도 있었을수 있으나 그 수는 매우 적었다고 보면서 문제로 삼지 않았다.

성씨록에 오미, 무라지라는 가바네를 소유한 문벌이 332개로서 가바네를 가진 전체 문벌의 근 3분의 1이나 되는것은 6세기~7세기중엽 야마또왕정에서 패권을 쥔 1류급문벌들의 후예가 큰 비중을 차지하였다는것을 보여준다.

기미(君, 王)는 우두머리, 임금이라는 의미로서 국토통합이전인

5세기이전에 일정한 집단의 우두머리, 소국의 왕에 대한 **칭호였다**고 볼수 있다. 따라서 기미라는 가바네를 **칭한** 문벌들은 대체로 5세기이전 우두머리, 소국왕출신으로 볼수 있다.

　6세기～7세기중엽 야마또왕정시기 기미(군, 왕)는 기미(공)와 함께 《천황》계통 문벌들의 촌칭이였다(《귀화인》, 24페지)고 하는데 이것은 《천황》계통 문벌들이 기미(군, 왕, 공)를 **칭**하였다는것을 보여준다.

　6세기～7세기중엽 《천황》계통 문벌은 앞에서 본것처럼 백제계통이였으므로 기미는 백제계통 문벌들이 **칭한** 가바네였다고 볼수 있다.

　7세기중엽 《대화개신》때 이 가바네는 완전히 페지되고 684년 8색성 제정시 기미(공)의 가바네를 형식상 유지하였다. 기미(군)는 나라시대중기(8세기중엽)에 기미(공)로 많이 고쳐졌다고 한다.

　아따히(直)는 6세기～7세기중엽에 구니노 미야쯔꼬(소국의 우두머리)들에게 많이 수여된 가바네였다.

　그러므로 6세기이후 아따히의 가바네를 수여받은 문벌들은 대체로 그 이전인 5세기이전에 지방 소국의 우두머리가 많았다고 볼수 있다.

　미야쯔꼬(造)는 주로 6세기～7세기중엽 야마또왕정의 예속민으로 볼수 있는 도모베(시나베라고도 함)를 세습적으로 관리, 통솔하는 도모노미야쯔꼬가 **칭한** 가바네였다. 미야쯔꼬는 그 관직명의 뜻으로 보아 5세기이전에는 일정한 집단의 우두머리들의 **칭호였다**고 볼수 있다.

　이러한 우두머리들이 6세기이후 야마또왕정에 복종되면서 관직명이 곧 가바네로 되였다고 인정된다.

※ 도모베(시나베)는 베노다미로서 6세기이후 야마또왕정에 공물 또는 로동력을 제공하는 일정한 기술집단(우마가히베—말기르는 기술집단, 단야베—철을 만드는 기술집단)을 가지고있었다. 5세기이전에도 지방과 소국에 이러한 집단이 있었다고 볼수 있다. 기술집단의 도모베에는 조선계통 이주민들이 일본렬도에 진출하여 선진문화를 전한 집단이

많았다.

　7세기중엽《대화개신》이후 미야쯔꼬라는 가바네는 완전히 없어지고 이 가바네를 소유했던 문벌들가운데서 위력한 문벌들은 684년 8색성제정시 무라지이상의 가바네를 수여받았다.
　따라서 미야쯔꼬는 5세기이전에는 기술집단을 비롯한 일정한 집단의 우두머리들에 대한 칭호였고 6세기~7세기중엽에 관직명이 곧 가바네로 되였다고 볼수 있다.
　오비또(首)는 6세기~7세기중엽 야마또왕정의 씨성제도에서 하급의 가바네였다.
　이 가바네는 지방호족인 아가다누시, 이나기 그리고 베노다미의 통솔자들이 칭하였다.

　　※ 이나기는 야마또왕정의 지방관리이라는 설이 유력하다.(《일본사사전》, 74페지)

　후비또(史)는 원래 후미히또(글을 맡은 사람)의 준말로서 야마또왕정의 문필과 기록을 맡은 관인으로서 관직이 곧 가바네로 되였다. 앞에서 본것처럼 후미히또는 5세기이전에 백제에서 온 왕인박사의 후손으로 되여있는데 이것은 후비또가 5세기이전에는 지방에서 활동하는 백제의 문필가들을(후미히또), 6세기이후에는 야마또왕정에 복무하는 백제계통 문필관인들을 가리키고있었다는것을 알수 있다.
　아가다누시(縣主)는 《대화개신》이전에 아가다(현)라는 지방행정단위의 책임자의 관직명으로서 관직명이 곧 가바네로 되였다고 볼수 있다.
　《일본서기》 등에는 이 가바네(관직)가 제사와 관련이 깊고 종교적성격이 농후한것으로 되여있다.
　이것은 구니노 미야쯔꼬가 소국의 우두머리로서 소국의 제사권을 가지고있었다는것을 고려해볼 때 아가다누시도 대체로 아가다의 제사권을 가지고 종교활동을 벌렸음을 알수 있다.

※ 7세기중엽 《대화개신》이전에 지방행정단위로서 구니(국―소국), 구니 밑에 아가다(현), 아가다밑에 무라(읍, 촌) 등이 있었다.

수구리(村主)는 어원이 촌락의 우두머리라는 고대조선말에 있었고 일본렬도에 진출한 조선계통의 작은 호족들이 칭한 가바네였다고 한다.(《일본사사전》, 518페지) 이것은 수구리가 이름부터 조선적이고 그를 칭한 문벌들도 조선사람으로서 이 가바네의 조선적성격을 그대로 말해준다.

기미, 미야쯔꼬, 아따히, 오비또, 아가다누시, 수구리라는 가바네는 7세기중엽 《대화개신》때 완전히 없어지게 되였다.

이러한 가바네를 칭한 문벌들은 지위가 낮은것으로 하여 새로운 가바네를 받지 못하였지만 그 이후 전통적인 문벌의 권위를 보존하기 위하여 종전의 가바네를 유지하고있었다. 따라서 이 가바네를 칭한 문벌들은 그 조상이 6세기～7세기중엽 야마또왕정에서 활동한 주요 문벌들이라고 말할수 있다.

간누시(神主)와 하후리(祝)는 신관들로서 처음에는 신역에 복무한 사람들을 가리키였는데 6세기이후 관직으로, 가바네로 되였다고 보인다. 야꾸시(藥師)는 약제사, 에시(畫師)는 화사로서 기술기능을 가진 관직명인데 가바네로도 쓰이였다고 생각된다.

간무리(冠), 가찌(勝), 아비꼬(我孫), 모리(守)라는 가바네들은 이름 그대로 우두머리 또는 책임자라는 의미인데 6세기이후 일정한 시기에 가바네로 리용되였다고 보아진다.

이처럼 오미, 무라지, 기미, 아따히, 미야쯔꼬, 오비또, 후비또, 아가다누시 등은 6세기～7세기중엽 중앙과 지방에서 패권을 쥔 중요 가바네였다. 그중 오미, 무라지, 수구리는 우두머리라는 조선말에 어원을 두고 기미, 후비또와 함께 조선계통 문벌이 직접 칭한 가바네였다.

앞에서 본바와 같이 우의 가바네들은 가바네 총수의 3분의 2이상을 차지하였는데 이중에는 오미, 무라지 가바네의 일부처럼 7세

기말이후 새로 수여받은것도 있었고 가탁과 오기로 하여 외곡된것
도 있을수 있으나 그 대부분은 6세기~7세기중엽에 존재한 가바네
로 볼수 있다. 따라서 이 가바네를 소유한 문벌들은 야마또왕정시
기에 패권을 쥔 문벌들이라고 볼수 있다.

그런데 오미, 무라지, 기미, 아따히, 미야쯔꼬, 오비또, 후비
또, 아가따누시, 수구리 등의 가바네들을 앞에서 본 조선계통으로
칭한 백제, 고구려, 신라, 임나 계통 문벌들, 《아야》계통 문벌들,
북규슈(《아마》)를 비롯한 《아마》계통 문벌들이 주로 칭하고 일부
4~5세기 쯔꾸시《아마》계통 문벌들도 칭하였는데 이들은 대체로 백
제를 위주로 한 조선계통 문벌들이였다.

다음으로 성씨록에 7세기말이후 주요 가바네를 칭한 문벌들은
3분의 1이나 된다. 표 9에서 보는것처럼 성씨록에 반영된 298씨들
은 이 시기 1~4류급의 가바네인 마히또, 아소미, 수꾸네, 이미끼
의 가바네를 칭하고있었다.

이들의 대부분은 앞에서 본것처럼 7세기중엽이전에 야마또왕정
의 1류급가바네인 오미, 무라지, 기미, 미야쯔꼬의 가바네를 칭한
문벌들, 조선계통 문벌들이였는데 684년 8색성제정시 이러한 가바
네를 가지게 되였다.

※ 수꾸네는 7세기중엽이전에 우두머리에 대한 경칭이였고 가바네로도
　　쓰였다고 보여지지만 7세기말이후 주요 가바네로서 많이 쓰이였으므
　　로 7세기말이후 가바네에서 취급한다.

이 문벌들은 7세기말이후 중앙과 지방에서 큰 권한을 가지고있
던 문벌들이였다. 례를 들면 7세기말이후 고대일본의 중앙관계를
이룬 2관(제사를 맡은 신기관, 최고행정관청인 태정관)과 8성(태정
관밑에 행정사무를 분담받은 관청들인 중무성, 식부성, 치부성, 민
부성, 병부성, 형부성, 대장성, 궁내성), 검찰사무를 맡은 탄정대
와 궁정수비를 맡은 5위부, 지방행정단위인 국(國)과 군(郡)에서
장관, 차관 등을 하는 중요한 문벌들은 우의 가바네들을 소유하고
있었다.

실례로 《신찬성씨록》 편찬에 동원된 문벌들을 보면 중무경 4품 만다친왕과 함께 우대신 종2위 겸 황태제 교사 훈 5등(5등공신) 신하 후지하라노 아소미 소노히또, 참의 종2위 행 궁내경 겸 오미노 가미(장관) 신하 후지하라노 아소미 오쯔끼, 정5위 하 행 동대사건축 장관 신하 아베노 아소미 사네가쯔, 종5위 상 행 오하리지방 가미(책임자) 신하 미하라노 아소미 오또히라, 종5위 상 행 대외기 겸 이나바지방 스께(차관) 신하 가미쯔께누노 아소미 히데히또들인데 이들은 《천황》계통인 만다친황을 내놓고 모두 아소미라는 가바네를 칭하고있었다.

성씨록편찬자들은 거의 모두가 아소미라는 가바네를 칭하면서 당시 헤이앙경왕정의 주요 관직과 관등을 차지하고있었다. 후지하라노 아소미 소노히또는 최고행정기관인 태정관의 3대신중의 하나인 우대신으로서 종2위이고 《황태자》에게 강의를 하는 교사이며 5등공신이다.

후지하라노 아소미 오쯔끼는 태정관 대신 납언 다음에 있는 중요한 벼슬인 참의로서 종2위이며 왕궁의 사무, 식사를 맡은 궁내성 장관 겸 오미국(시가현)의 장관이다.

아베노 아소미 사네가쯔는 정5위 하로서 유명한 동대사(745년 건립)의 건축을 책임진 장관이며 미하라노 아소미 오또히라 역시 종5위로서 오하리국(아이찌현 서북부)의 장관이다. 히데히또는 종5위로서 대외기록을 맡은 벼슬이며 아울러 이나바국(돗또리현 동부)의 차관이다.

이것은 아소미라는 가바네를 가진 성씨록의 편찬자들이 당시 헤이앙경왕정과 지방에서 주요 관직과 관등에 있었다는것을 보여준다.

7세기말이후 9세기초 고대일본의 국가체계내에서 주요 관직과 관등을 차지한 주요 문벌들은 《속일본기》, 《일본후기》 등을 통해보아도 아소미, 수꾸네, 마히또라는 가바네를 제일 많이 칭하고 그외 이미끼, 오미, 무라지 등의 가바네를 가지고있었다는것을 알수 있다.

따라서 마히또, 아소미, 수꾸네, 이미끼 등의 가바네를 칭한 문벌들은 9세기초 패권을 쥔 문벌들이였다고 볼수 있다. 그런데 표 9에서 본것처럼 마히또와 아소미는 황별계통의 성씨들이, 수꾸네는 신별계통 문벌들이, 이미끼는 제번계통의 문벌들이 많이 칭하고있었다. 마히또는 황별계통중에서도 6세기~7세기중엽 《대왕》계통 문벌들이 제일 많이 칭하였는데 7세기말이후 《천황》계통 문벌들을 제외하고 나머지는 앞에서 백제—가야를 비롯한 조선계통으로 보았다.

이밖에 아소미, 수꾸네, 이미끼를 칭한 문벌들가운데서 아소미 가바네를 칭한 8세기이후 《천황》들의 자손이라고 하는 5성씨와 이미끼 가바네를 칭한 당나라계통 문벌 12성씨를 제외하면 나머지는 조선계통으로 볼수 있다.

그러나 9세기초 마히또, 아소미, 수꾸네, 이미끼, 오미, 무라지의 가바네를 칭하면서 조선계통으로 볼수 있는 문벌들은 앞에서 강조된것처럼 가탁과 조작으로 하여 실지 인물과 씨의 계통에서는 많은 변화가 있었을것이며 또 그들이 조선계통이라고 하여도 9세기초경에는 원주민화되여있었을것이다.

성씨록에 반영된 성씨들의 대부분이 조선계통이고 그들이 고대일본의 중심지와 왕정에서 패권을 쥐였다는것은 초기조일관계연구에서 중요한 의의를 가진다.

그것은 첫째로 고대일본의 중심지 기나이지방에 조선계통의 유력한 문벌들이 많이 살았고 또 그들이 커다란 세력을 이루고있었으며 고대일본사회발전에 큰 정치적영향을 미쳤다는것을 뚜렷이 보여준다.

9세기초에 기나이지방의 문벌들중에서 조선계통을 공공연히 칭한 문벌만도 6분의 1이나 되고 그밖에 가탁한것까지 합하면 대부분이였는데 이것은 이 시기까지도 고대일본 중심지에 미치고있던 조선이주민들의 정치, 군사적 영향이 매우 컸다는것을 알수 있게 한다.

둘째로 6세기~7세기중엽 야마또왕정시기와 5세기이전 소국시기에 패권을 쥔 문벌들이 백제를 비롯한 조선계통이였다는것을 확증해준다. 성씨록에 반영된 문벌들의 대부분은 앞에서 강조된것처럼 그들의 조상으로 보나 그들이 칭한 가바네로 보아 야요이시대를 비롯한 5세기이전 소국가시기와 6~7세기에 야마또왕정에서 패권을 쥔 문벌이였는데 이것은 조선계통 이주민들이 고대일본의 국가형성발전에서 높은 지위를 차지하고 커다란 역할을 하였다는것을 보여준다.

제 2 편

고대일본 기나이지방의 조선계통 문벌들의 분 포

위대한 수령 **김일성**동지께서는 다음과 같이 교시하시였다.

《우리 나라의 발전된 문화와 야금술, 도자기술 등은 벌써 삼국시기부터 멀리 외국에까지 전파되여 명성을 떨쳤습니다. 당시 우리 나라의 장공인들, 건축가들, 화가들, 선비들은 일본에 건너가서 글과 기술을 보급하고 문화를 발전시키는데 큰 영향을 주었습니다.》
(《김일성저작집》 1권, 232페지)

    고대일본에 준 조선의 커다란 정치, 경제, 문화적 영향은 조선이주민들의 일본렬도에로의 대량적 진출, 정착에 의한것이다. 특히 고대일본 중심지의 하나인 기나이지방에 진출, 정착한 조선이주민들의 영향은 매우 컸다.
    고대일본의 기나이지방은 수도와 그 주변지역을 가리키는데 7세기중엽 《대화개신》때 그 범위가 확정되였다. 후에 기나이지방은 야마또국, 야마시로국, 가와찌국, 셋쯔국으로 나뉘여졌으나 그후 다시 가와찌국에서 이즈미국이 분리되면서 기나이지방은 5개 국으로 이루어지게 되였다.
    제2편에서는 《신찬성씨록》에 반영된 문벌들 특히 조선계통 문벌들이 기나이의 각 지역에 얼마나, 어떻게 분포되여있었고 매 지역에서의 조선계통 문벌들의 분포상에서 두드러지게 나타난 특징적인 면들은 어떤것인가에 대하여 고찰하였다.
    기나이지방 문벌들중 절반을 차지하는 수도를 제외한 기타 기나이 5국의 성씨들은 그 지방에 고착되여 오래동안 살던 문벌들이

었지만 수도 헤이앙경의 문벌들은 대체로 794년 천도이전에는 기나이 각 지방에서 살다가 천도와 함께 옮겨간 문벌들이라고 볼수 있다.

그러므로 기나이지방 성씨들의 분포정형을 밝히는데서는 거주지가 변한 수도 헤이앙경의 문벌들과 거주지가 변하지 않은 그밖의 기나이 5국 문벌들로 갈라보는것이 합리적이라고 본다.

제1장. 기나이 5국 조선계통 문벌들의 분포

기나이 5국으로서는 야마시로국, 야마또국, 셋쯔국, 가와찌국, 이즈미국들인데 여기에는 일찍부터 조선계통 문벌들이 대대적으로 진출, 정착하여 살았다. 성씨록의 순서와는 달리 조선계통 문벌들이 먼저 진출, 정착하였다고 보이는 이즈미국, 가와찌국, 셋쯔국, 야마또국, 야마시로국 등의 순서로 조선계통 문벌들의 분도상태를 보기로 한다.

제1절. 이즈미국안의 조선계통 문벌들

오늘의 오사까부 서남부에 위치했던 이즈미(和泉)국은 고대, 중세에는 북쪽에 셋쯔국이, 동쪽에 가와찌국이, 남쪽에 기이국과 접해있었고 오사까평야에 속하는 이즈미평야가 이즈미국의 바다가를 따라 북남방향으로 놓여있었으며 남부에는 와까야마현을 경계로 하여 이즈미산맥이 가로놓여있었다.

옛날 이고장은 《지누가아가따》라고 불리웠고 7세기중엽 《대화개신》때 지방통치체계가 국, 군, 리(7세기말에는 리가 향으로 바뀜)로 정비되면서 가와찌에 속한 한개 군으로 되였다.

716년(령구 2년)에 가와찌국으로부터 오또리, 이즈미, 히네

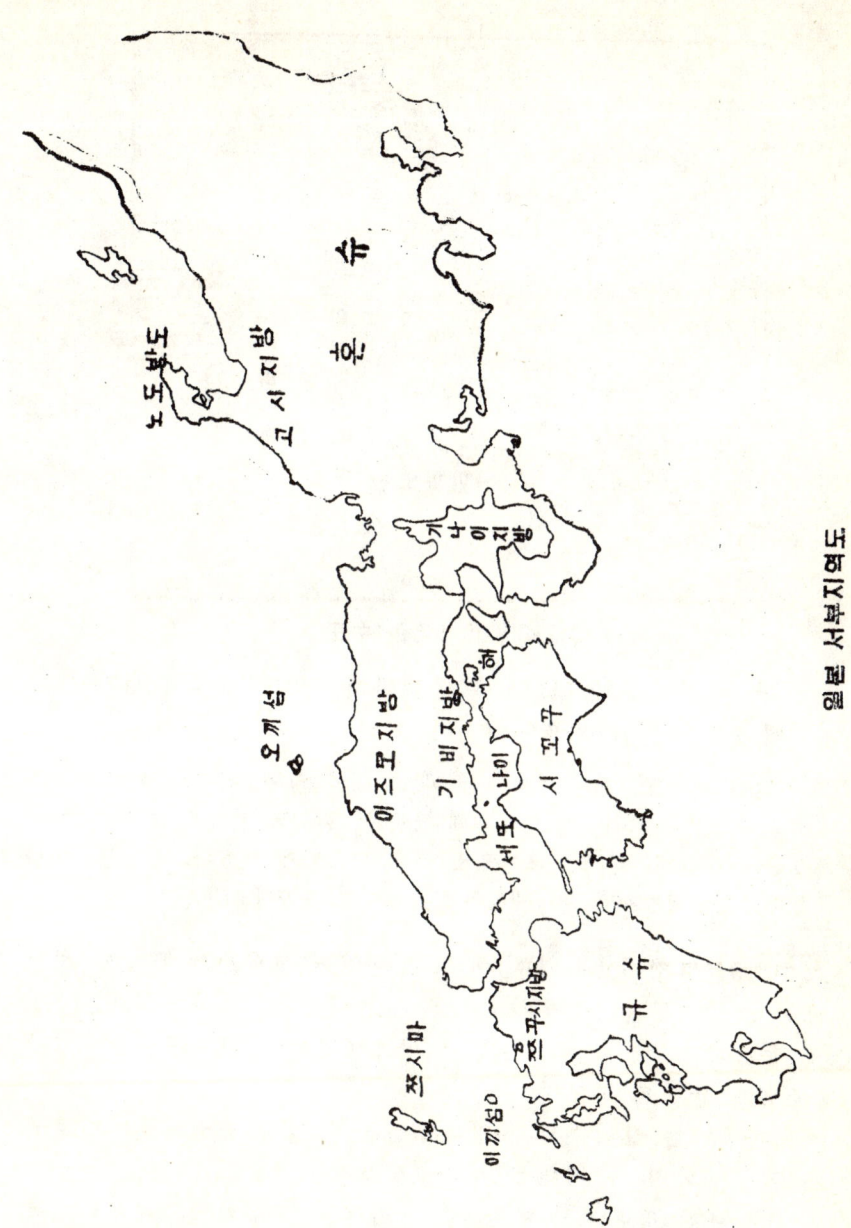

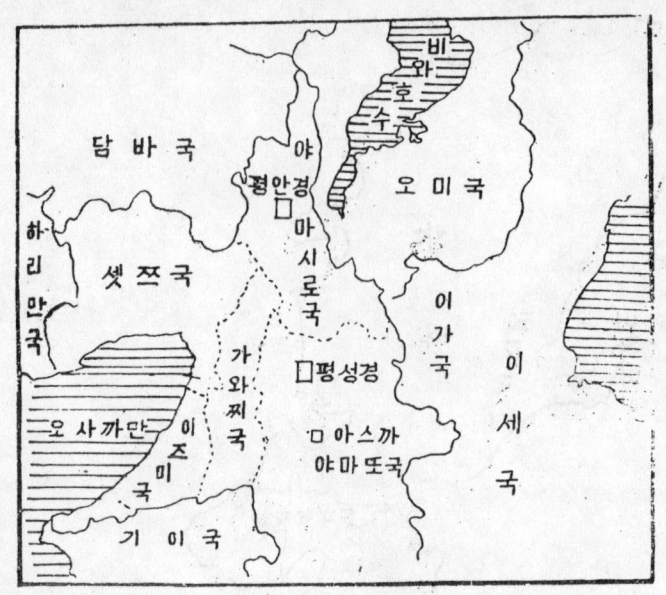

기나이지방 5국과 수도

3군을 떼서 이즈미감의 관할하에 두었다가 740년(천평 12년)에 다시 가와찌국에 속하게 하였다.

※ 716년 헤이죠왕정은 가와찌국 이즈미군에 지누궁을 건설할것을 계획하고 이즈미, 히네, 오또리의 3개 군을 가와찌국으로부터 떼내여 그 재정을 담당하게 하고 이즈미감을 두어 다스리게 하였다. 궁전은 다음해에 완공되였지만 이즈미감은 740년까지 존속하였다.

그후 757년(천평보자 1년)에 이즈미국을 정식으로 내오고 북부지역에는 오또리군을, 중부지역에는 이즈미군을, 남부지역에는 히네군을 두었다. 중세때 이즈미군은 이즈미군과 미나미군으로 갈라져 결국 4개 군으로 되였다.

이즈미국에는 일찍부터 조선이주민들이 많이 진출하여 정착하였으며 후세에까지 큰 세력을 이루고있었다.

이 지방에는 일본에서 제일 큰 다이셍무덤(길이 475메터)을 중심으로 한 봉분직경이 수십—수백메터의 무덤들로 이루어진 모즈무덤떼가 있는데 이 무덤들의 구조양식과 거기서 나온 유물들은 5세기말~6세기초의것으로서 백제, 가야적 성격이 강하다고 하며 이곳에는 오늘날에도 구다라촌, 구다라강, 구다라다리라는 지명이 남아있다고 한다. 이것은 백제, 가야 계통 우두머리들의 무덤으로 인정되는데 이것을 보아도 이 지방에 백제, 가야 계통 문벌들이 얼마나 큰 세력을 이루고있었는가를 잘 알수 있다.

※ 일본학자들은 다이셍무덤을 5세기이전 〈인덕천황릉〉이라고 하면서 무덤의 크기가 큰것으로 보아 여기에 묻힌자는 국토를 통합한 맹주적 존재였다고 하며 지어 이것을 가지고 이 시기 야마또왕정의 〈조선출병〉의 근거로 삼고있다. 그러나 이것은 사실과 전혀 맞지 않는 허황한 이야기이다. 무덤은 바로 야마또왕정이 자리잡은 야마또지방이 아니라 바다가지방인 이즈미국에 위치하고있으며 5세기이전에는 국토를 통합할 야마또왕정도, 〈천황〉도 존재하지 않았다. 다이셍무덤이 〈인덕〉이란 인물과 그 어떤 관련이 있다면 〈인덕〉은 기록에 5세기이전의 〈천황〉으로 되여있으므로 앞에서 본것처럼 4~5세기 북규슈〈아마〉계통 우두머리, 가야, 백제 계통 우두머리로서 5세기경에 이즈미지방에 와서 소왕국을 세웠던 인물일수 있다. 이것은 〈인덕〉이라는 이름을 가진 다이셍무덤이 백제, 가야적 성격을 며고있다(〈일본에서의 조선소국의 형성과 발전〉, 342~386페지)는 고고학적사실과도 맞아떨어진다. 따라서 다이셍무덤—〈인덕릉〉은 야마또왕정의 국토통합이나 〈조선출병〉이 아니라 반대로 5세기 이즈미지방 조선계통 세력의 위세를 보여준다.

그러면 이즈미국안에는 조선계통 문벌들이 언제 진출하여 얼마만한 세력을 이루고있었는가. 〈신찬성씨록〉(10, 20, 29, 30권)을 통해 이 지방에 분포되여 살고있던 문벌들 특히 조선계통 문벌들의 상태를 보려고 한다.

※ 문벌들의 분포상태는 제1편에서 론증된 문벌계통에 따라 부류별로 나누어 표시하였다. 성씨들의 이름표기는 〈군서류종〉본의 발음기호에 준하고 여기에 없는것은 필사본의 발음기호에 따랐으며 서로 다르게 발음되는 경우 편의상 〈=〉로 련결하여 두 경우의 발음기호를 다 주

있다. 그리고 씨이름은 그대로, 가바네는 씨다음에 (   )에 넣어주되 가바네가 변한것은 둘다 주고 그사이를 →로(씨가 변한것도 같은 부호로 표기함), 오미와 기미처럼 종류가 둘이상인 경우에는 —로 련결하여 구분해 표기하고 가바네가 없는것은 (×)로 표시하였다. 씨의 기입순서는 외국인계통, 고대일본 《신》계통, 《천황》계통별로 보는데 외국인계통 문벌인 경우 공개적인 백제, 고구려, 신라, 임나와 《아야》, 당나라 계통의 순서로, 고대일본 《신》계통 문벌인 경우에는 쯔꾸시《아마》계통, 이즈미《아마》계통, 《아마》계통, 원주민계통의 순서로, 《천황》계통 문벌인 경우에는 《천황》의 즉위순서별로 하였고 매 부분별에서도 가바네가 높은 단위별로 기입하는 원칙을 세웠다.

(1) 외국인계통

— 조선계통으로 밝혀져있는 성씨들

○ 백제: ① 니시고리베 ② 무또베(이상 무라지) ③ 구다라(기미—공) ④ 도리시=도로시(미야쯔꼬) ⑤ 시누따(오비또) ⑥ 아시야(수구리) ⑦ 수구리(×)

○ 고구려: 미와비또(×)

○ 신라: ① 히네 ② 야마다(이상 미야쯔꼬) ③ 고무기(오비또)

— 《아야(한)》계통 성씨들

① 하다(이미끼) ② 고시(무라지) ③ 누가다베 미가다마(기미—왕) ④ 이께노베 ⑤ 히나즈 ⑥ 구르스(이상 아따히) ⑦ 오즈(오비또) ⑧ 야꼬(후비또) ⑨ 하다(가쩨) ⑩ 가무=가미(수구리) ⑪ 하찌다(야꾸시) ⑫ 오시히또 나까쯔야(×)

(2) 고대일본 《신》계통

— 쯔꾸시《아마》계통 성씨들

○ 쯔하야무스비노 미꼬도(천신)의 자손성씨: ① 미야도꼬로

(아소미) ② 사야마 ③ 니기다 ④ 시히 ⑤ 하쩌다 ⑥ 도노꾸=도노끼 ⑦ 오도리 ⑧ 유르스=고호리 ⑨ 우베오 ⑩ 나까도미베(이상 무라지) ⑪ 다미(아따히) ⑫ 나까도미노 우에(×)

○ 가미 니기하야히노 미꼬도(천신)의 자손성씨: ① 우네메(오미—신) ② 가라구니 ③ 아또 ④ 우지베 ⑤ 감나이베=감나기베 ⑥ 소베(이상 무라지) ⑦ 와까사꾸라베(미야쯔꼬) ⑧ 아마꾸=아마까 ⑨ 다까오까(이상 오비또) ⑩ 시끼(아가따누시) ⑪ 에노이베 ⑫ 모노노베 ⑬ 아비끼베 ⑭ 기누누히(이상 ×)

○ 다까무스비노 미꼬도의 자손성씨: ① 오또모노 야마사끼(무라지) ② 아라다(아따히)

○ 호아까리노 미꼬도(천손)의 자손성씨: ① 와까이누가히(수꾸네) ② 다지히 ③ 이시쯔꾸리 ④ 쯔모리 ⑤ 요사미노 쯔모리 ⑥ 구라 ⑦ 가무와다(이상 무라지)

○ 호노 스세리노 미꼬도의 자손문벌: 사까히베(×)

— 이즈모《아마》계통 성씨들

○ 아메노 호히노 미꼬도(천손)의 자손문벌: ① 하지=하니시(수꾸네) ② 하지 ③ 이시즈(이상 무라지) ④ 야마 ⑤ 다미=미다미(이상 아따히) ⑥ 마가미베(×)

○ 스사노오노 미꼬도의 자손문벌: 나가(기미—공)

— 《아마》계통 성씨들

○ 가미무스비노 미꼬도(천신)의 자손성씨: ① 쯔마다꾸미 ② 기 ③ 오무라 ④ 모노노베(이상 무라지) ⑤ 마지리세=나호시리노이해(×→아따히) ⑥ 다꾸미 ⑦ 니기다 ⑧ 야마또 야마모리=니기야마모리 ⑨ 다까헤(이상 오비또) ⑩ 가미(아따히) ⑪ 가와노세 ⑫ 오바=오니하(이상 미야쯔꼬) ⑬ 도또리 ⑭ 다까누(이상 ×)

○ 후르무스비노 미꼬도(천신)의 자손성씨: 가베=가니모리(오비또→무라지)

— 85 —

○ 아메가끼오노 미꼬도(천신)의 자손성씨: 가와가레(오비또)
　　○ 아마쯔히꼬네노 미꼬도(천손)의 자손성씨: ① 기→메→스에(오미―사주) ② 다께쩌(아가따누시) ③ 우바라끼(미야쯔꼬)
　　○ 아마메호끼노 미꼬도(천손)의 자손성씨: 아나시(간누시)
　　○ 이끼시니끼호노 미꼬도의 자손성씨: 오베(오비또)
　　○ 가미히또 아메노 호히노 미꼬도의 자손성씨: 고마다=하까다(오비또)
　　○ 아메노 구시다마노 미꼬도의 자손성씨: 히오끼베(X)
　　○ 가무유꾸노 수꾸네노 미꼬도의 자손성씨: 오호시히또(X)

　　(3) 《천황》계통

　　― 5세기이전 《천황》=4~5세기 쯔꾸시《아마》우두머리계통 성씨들

　　○ 《신무》의 자손성씨: ① 사사이베=사자끼베(오미) ② 지히사꼬베=지히사끼꼬베(무라지) ③ 시끼(아가다누시)
　　○ 《효소》의 자손성씨: ① 아시우라(오미―신) ② 베(무라지) ③ 구시로(미야쯔꼬) ④ 이까히=이까히베(오비또) ⑤ 모노노베 ⑥ 노베 모노노베=아비끼 모노노베(이상 X)
　　○ 《효원》의 자손성씨: ① 지모리 ② 사까모또(이상 아소미) ③ 이꾸하 ④ 누노시 ⑤ 기노 가라가지 ⑥ 오야께 ⑦ 가시하데(이상 오미―신) ⑧ 가모리다=가니모리다 ⑨ 하세쯔베=하세쯔가베 ⑩ 우까히베(이상 오비또) ⑪ 오사다(X)
　　○ 《개화》의 자손성씨: ① 구사까베(오비또) ② 구사까베(X)
　　○ 《숭신》의 자손성씨: ① 사데=사시로 ② 아비꼬(이상 기미―공) ③ 우바라끼(미야쯔꼬) ④ 도미(오비또) ⑤ 가쯔라하라베=후지하라베 ⑥ 다지히베 ⑦ 가로베=가루베 ⑧ 지=지누(이상 X)
　　○ 《수인》의 자손성씨: 야마(기미―공)
　　○ 《경행》의 자손성씨: ① 와께 ② 사까베(기미―공) ③ 이께

다(오비또) ④ 무꼬기 ⑤ 아가따누시(이상 Ⅹ)

우에서 본것처럼 《신찬성씨록》에 반영된 이즈미국에 사는 여러 계통의 문벌들은 모두 128성씨나 된다.

구체적으로 보면 외국인계통 문벌은 23성씨인데 그중 조선계통으로 밝혀진 백제계통 문벌이 7성씨, 고구려계통 문벌이 1성씨, 신라계통 문벌이 3성씨, 《아야》계통으로 둔갑한 가야, 백제를 위주로 하는 조선계통 문벌이 12성씨이다. 이들중에는 그 조상이 5세기이전에 일본렬도에 진출한것이 적지 않다.

이즈미국안의 고대일본 《신》계통 문벌은 67성씨로서 모두 《아마》계통 즉 조선출신으로 볼수 있는데 그 조상들은 대체로 야요이시기에 일본렬도에 진출하여 정착하였다고 인정된다. 그가운데서 쯔꾸시《아마》계통(변한—가야, 마한—백제 계통) 문벌은 36성씨이고 이즈모《아마》계통(진한—신라계통) 문벌은 7성씨이며 나머지는 조선의 어느 나라인지 명확히 밝힐수 없는 《아마》계통 문벌이다.

이즈미국의 《천황》계통 문벌 38성씨는 모두가 5세기이전 《천황》의 자손문벌들이다. 5세기이전 《천황》이라면 4~5세기 쯔꾸시 《아마》우두머리계통(가야, 백제 우두머리계통)으로 볼수 있으므로 이 계통 문벌들의 조상은 대체로 4~5세기에 일본렬도에 진출하여 정착하였다고 인정된다.

이와 같이 성씨록에 반영된 이즈미국에 사는 여러 계통의 조선계통 문벌들은 야요이시대이래 일본렬도에 진출, 정착하여 큰 세력을 이루고있었던것이다. 이들은 5세기이전은 물론 6세기~7세기중엽 야마또왕정에서 패권을 쥐고있었는데 그것은 그들이 칭한 가바네를 보면 잘 알수 있다.

이즈미국안의 문벌들이 칭한 가바네를 종합하여보면 아소미 3씨, 수꾸네 2씨, 이미끼 1씨, 오미(신, 사주) 9씨, 무라지 33씨, 기미(공, 왕) 8씨, 아따히 8씨, 미야쯔꼬 9씨, 오비또 21씨, 후비또 1씨, 아가따누시 3씨, 수구리 2씨, 가쩌, 간누시, 야꾸시가 각각 1씨이다. 가바네가 없는 씨는 25씨인데 이 씨들도 앞에서 본것처럼 대체로 6세기~7세기중엽에는 가바네가 있었다고 인정된다.

결국 7세기말이후의 가바네는 6개이고 나머지는 모두 6세기~7세기 중엽의 가바네인데 이것은 이 지역에 살고있던 문벌들의 거의 대부분이 야마또왕정시기에 패권을 잡은 문벌들이였다는것을 보여준다.

이처럼 이즈미국안의 여러 조선계통 문벌들은 이 지역에서 큰 세력을 이루고 패권을 쥐고있었다.

이즈미국안의 조선계통 문벌들은 그 분포상에서 다른 지역과 구별되는 일련의 특징적인 면들을 가지고있었다. 이러한 면들을 잘 밝혀내는것은 이즈미국안의 조선계통 문벌들의 지위와 역할을 정확히 파악하는데서 중요한 의의를 가진다.

이즈미국에 분포되여 살고있던 조선계통 문벌들의 상태에서 두드러진 면의 하나는 전체 문벌수에서 고대일본 《신》계통 문벌들의 비중이 다른 지방에 비해 제일 높다는것이다.

이즈미국안의 전체 문벌 128성씨가운데서 고대일본 《신》계통 문벌 67성씨가 차지하는 비중은 약 52%나 되는데 이것은 기나이 5국의 어느 지역보다 높다. 기나이 5국 각 지역의 총 문벌수에서 고대일본 《신》계통 문벌들이 차지하는 비중은 가와찌국이 약 38%, 셋쯔국이 약 47%, 야마또국이 50%, 야마시로국이 49.5% 였다.

이즈미국안의 고대일본 《신》계통 문벌들중에서 쯔하야무스비노 미꼬도, 가미무스비노 미꼬도, 아마노 호히노 미꼬도의 자손문벌들은 다른 지역의 이 《신》계통 문벌수보다 훨씬 많이 살고있었다.

이즈미국안의 쯔하야무스비노 미꼬도의 자손문벌가운데는 7세기중엽에 야마또왕정에서 패권을 쥔 나까도미씨와 조선의 고을＝고호리의 이름을 단 고호리씨가 보이고 가미무스비노 미꼬도의 자손문벌가운데는 6세기~7세기중엽 야마또왕정에서 패권을 잡은 모노노베씨와 장공인인 다꾸미씨, 고구려, 백제 계통이 명백한 야마또씨(복씨)들이 있었다.

아메노 호히노 미꼬도의 자손문벌가운데는 하지씨가 두 문벌이나 있었는데 이들은 하니와와 토기 등을 만드는 토목공사집단이거나 임금의 장례를 주관하는 문벌이였다.

 이밖에 이즈미국안의 고대일본 《신》계통 우두머리인 가미니기 하야히노 미꼬도의 문벌은 14성씨나 되는데 이것 역시 기나이 5국 의 다른 지방에 비해볼 때 많은 축이다. 이 지방의 니기하야히노 미꼬도의 자손문벌가운데는 6세기 야마또왕정에서 패권을 쥔 모노 노베씨와 가라국의 이름을 그대로 단 가라구니씨, 옷재봉기술집단 인 기누누히씨들이 있었다.

 ※ 《일본서기》권10 응신기 14년(283년) 2월조에는 백제가, 37년 (306년) 2월조에는 구레인 고구려가 녀자옷재봉공(기누누히)들을 보냈다고 하는데 이것은 5세기이전에 백제, 고구려에서 일본렬도에 옷재봉기술이 전해졌다는것을 말해준다. 기누누히씨는 바로 자기 직 업을 씨이름으로 단 문벌로서 그 조상으로 보나 《일본서기》의 기록으 로 보나 조선계통이였다고 인정된다. 아울러 기누누히씨의 조상 기미 니기하야히노 미꼬도가 백제를 비롯한 조선계통이였다는 사실을 확증 하여준다.

 이즈미에 살고있던 문벌들의 상태에서 볼수 있는 두드러진 면 의 다른 하나는 임나계통이라고 자칭한 문벌이 하나도 없고 다른 지역에 비하여 고구려, 백제, 《아야》계통 문벌 등이 적은 반면에 신라계통 문벌이 상대적으로 많은것이다.

 구체적으로 보면 이즈미국안에 고구려계통 문벌은 1성씨밖에 없는데 이것은 대체로 기록상의 루락이 아닌가 하는 생각이 든다. 물론 공개적으로 고구려, 임나 계통이라고 자칭한 문벌들이 적거나 없다고 하더라도 이즈미국안에도 《아야》계통으로 된 가야계통 문벌 등은 적지 않았다는것을 알아둘 필요가 있다.

 이즈미지방의 백제계통 문벌은 모두 7성씨로서 기나이 5국의 다른 지방에 비해 제일 적은 편에 속한다. 그러나 이 지방의 백제 계통 문벌들은 거의 모두가 왕 및 우두머리 출신들이였다. 이 지방 의 백제계통 문벌들의 조상을 구체적으로 보면 니시고리베씨는 속 고왕(초고왕, 근초고왕), 구다라씨와 무또베씨는 사께왕(주왕), 아시야씨는 오호가라시왕(의보하라지왕)의 자손으로, 수구리씨는 오가라시노 오미(사주), 도리씨는 아마노 오미의 자손으로 되여있다.

※ 니시고리베씨는 《신찬성씨록》 해당 기사에 미요시 수꾸네와 같은 조상이라고 하였는데 미요시 수꾸네는 같은 책 23권에 백제국 속고대왕(그 주석에는 초고왕)으로 되여있다. 따라서 속고왕은 백제본국의 초고왕이 아니면 근초고왕으로 인정된다.

이즈미국안의 백제계통 문벌과 그 조상이름은 여러가지 의미를 담고있다. 구다라씨는 이름 그대로 본국 백제이름을 그대로 담고있으며 수구리씨는 조선말인 지방의 촌주, 우두머리의 이름을 띠고있다. 니시고리베씨는 비단짜는 기술집단을 의미한다. 463년 백제, 가야에서 기나이지방에 간 기술자들중에 비단짜는 기술자인 니시고리베씨가 있었다는 기록과 결부해보면 이들은 백제본국 왕족출신으로서 5세기 이전에 이즈미지방에 진출하여 비단짜는 기술을 전달한 문벌이였음을 알수 있다. 구다라씨, 무또베씨의 조상 사께왕(사께노 기미)은 《일본서기》 권14 웅략기 15년(470년)조와 《고어습유》에 5세기이전 일본렬도에 온 하다씨의 우두머리로서 하다씨 180집단을 이끌고 양잠, 방직을 전하였다고 한다. 구다라, 무또베씨들은 사께왕의 한갈래로서 5세기이전에 이즈미지방에 가서 양잠, 방직업을 전하였음을 알수 있다.

이처럼 이즈미국안의 백제계통 문벌은 거의 모두다 왕 및 우두머리 출신으로서 대체로 5세기이전에 일본렬도에 진출하여 양잠과 방직 등 선진문명을 보급하였음을 알수 있다.

이즈미국안의 《아야》계통 문벌은 12성씨로서 기나이지방에서 제일 적다. 이 계통 문벌들중에는 아지왕의 자손문벌이 3성씨, 하다계통이 3성씨나 되고 와니의 자손문벌 고시씨가 보이는데 이들은 이 지역에 양잠과 방직, 관개공사, 문필 등 선진문화를 전하였다. 이즈미국안의 《아야》계통 문벌 야꼬씨의 조상은 백제관등 달솔을 칭하고있다.

이즈미국안의 신라계통 문벌은 상대적으로 비교적 많은 편이

— 90 —

였다.

　이즈미국안의 신라계통 문벌은 3성씨로서 수도를 비롯한 기나이 각 지방의 신라계통 문벌수에서 두번째 자리를 차지한다. 신라계통 문벌중 고무기씨는 쯔누오리왕(각절왕)의 자손으로 된 왕족출신인데 쯔누오리왕은 렬도내 신라소국왕으로 인정된다. 히베씨는 오시후노 오미(사주)의 자손으로, 야마다씨는 야메노 사기리노 미꼬도의 자손으로 되여있다. 아메노 사기리노 미꼬도는 마지막 이름이 《미꼬도》인것으로 보아 대체로 야요이시기에 일본렬도에 온 신라계통 우두머리로 볼수 있다.

　이즈미국안에 분포되여 살고있던 조선계통 문벌들의 상태에서 나타난 두드러진 면은 다음으로 《천황》계통 문벌이 모두 5세기이전 《천황》계통 문벌이며 그중 일부 《천황》계통 문벌들수가 다른 지방의 해당 《천황》계통 문벌수보다 눈에 띄게 많은것이다.

　앞에서 강조한것처럼 이즈미국의 《천황》계통 문벌은 모두 5세기이전 《천황》들이였다. 이것은 그들이 4~5세기 쯔꾸시《아마》계통, 가야, 백제 계통 문벌이였다는것을 의미한다. 이것은 가와찌국을 제외한 기나이 5국의 다른 지역에서는 찾아볼수 없는 현상이다.

　이즈미국의 《천황》계통 문벌가운데서 《숭신》과 《경행》의 자손문벌은 각각 8성씨, 5성씨로서 기나이 각 지역에 살고있는 이 《천황》계통 문벌수에서 제일 많다.

　이 지방의 《효소》의 자손문벌중에는 모노노베씨가 2문벌이나 보인다.

　이즈미국안에 분포되여 살고있던 조선계통 문벌들의 상태에서 볼수 있는 두드러진 면의 하나는 또한 7세기말의 가바네를 칭한 문벌수는 다른 지방에 비하여 제일 적은 반면에 6세기~7세기중엽의 가바네인 아따히와 오비또 등을 칭한 문벌이 많았다는것이다.

　이즈미국안의 조선계통 문벌들가운데서 7세기말이후 가바네를 칭한 문벌은 6성씨로서 가와찌국(26씨), 셋쯔국(18씨), 야마또국(20씨), 야마시로국(14씨)에 비해볼 때 제일 적다. 특히 7세기말이후 제1위 가바네인 마히또와 같은 가바네는 하나도 없다. 이것은 이 지방의 문벌들이 다른 지방의 문벌들에 비해 지위가 낮았고 7세기말이후 패권을 전 문벌들이 제일 적었다는것을 의미한다.

그러나 이즈미국에 살고있던 조선계통 문벌들중 아따히와 오비또란 가바네들을 칭한 문벌은 각각 8씨, 21씨로서 기나이 5국 각 지역의 아따히와 오비또를 칭한 문벌수에서 제일 많다. 아따히와 오비또를 칭한 문벌들을 지역별로 보면 가와찌국은 각각 7씨와 18씨, 셋쯔국은 각각 5씨와 16씨, 야마또국은 각각 7씨와 12씨, 야마시로국은 3씨와 7씨이다. 이것은 이즈미국에 6세기~7세기중엽에 아따히를 칭한 구니노 미야쯔꼬와 오비또를 칭한 아가다누시, 이나기 그리고 베노다미의 통솔자들이 다른 지방보다 많았다는것을 보여준다.

이즈미국안에 분포되여 살고있던 조선계통 문벌들의 상태는 이 지역 조선계통 문벌들의 구체적형편을 그대로 보여준다.

조선계통 문벌들이 이즈미지방에서 이처럼 야요이시대이래 큰 세력을 이루고 선진문명을 보급하면서 살아왔기때문에 그 흔적은 후세까지 많이 남게 되였다. 그것은 주로 산과 강, 벌판의 이름, 마을과 고을의 이름 등 지명들에 잘 나타나있다.

그러므로 조선계통 문벌들이 이 지역에 남긴 지명을 밝혀내는것은 이 지역에서의 그들의 정착형편과 창조적활동의 면모를 옳게 파악하는 중요한 고리의 하나로 된다.

《일본지명대사전》(야마또서방, 1938년판)에 반영된 이즈미국안의 조선계통 문벌들이 남긴 흔적과 관련된 지명의 일부를 찾아보면 다음의 표 10과 같다.

표 10에서 보는것처럼 이즈미국안의 조선계통 문벌들과 관련된 지명은 군이름 1개, 촌(또는 향)이름 8개, 강이름 1개, 벌판이름 1개, 신사이름 3개 기타 지명 2개 총 16개가 되는데 그중 촌이름과 관련된 지명이 제일 많다.

그러면 이 다양한 지명들은 무엇을 보여주는가. 그것은 **첫째**로, 조선계통 문벌들이 일정한 지역을 차지하여 단위를 뭇고 생활하였다는것을 보여준다.

표 10　　　이즈미국안의 조선계통 문벌들과 관련된 지명들

권수	계통	번호	씨이름	지 명
29	백제	1	오또모	오또모(지역)
	신라	2	히네	히네군, 히네촌, 히네신사
	《아야》	3	하찌다	하찌다향
20	이즈모《아마》	4	이시즈	이시즈향, 이시즈강, 이시즈벌판
	《아마》	5	오무라	오무라향
		6	도또리	도또리향
		7	아나시	아나시촌, 아나시신사
10	4~5세기 쯔꾸시《아마》	8	지모리	지모리거리
		9	가모리다	가모리다향
		10	이께다	이께다향, 이께다신사

　　조선계통 문벌들과 관련된 군, 향(국도 포함)들은 물론 7세기 말이후에 새로 편성된 지방행정단위이지만 그것은 그 이전부터 구니(국), 고호리(군), 아가다(현), 무라(촌) 등의 이름으로 불리워왔으며 그 지역적범위와 이름은 대체로 그대로 전해졌다고 인정된다. 이러한 지방행정단위들은 많은 경우 거기에 사는 문벌들의 이름과 일치하는 경우가 많았다. 만약 한 단위에 여러 문벌들이 사는 경우에는 거기에서 패권을 잡은 문벌들의 이름을 떠였을것이다.
　　실례로 오또모, 도또리향, 가모리베향, 이께다향들에는 《일본지명대사전》의 해당 개소에 오또모씨, 도또리씨, 가모리베씨, 이께다씨 등의 문벌들이 살고있었다고 기록되여있는데 이것은 지방행정단위들의 이름이 문벌들의 이름과 관련되여있었다는것을 말하여준다.
　　이러한 사실로 미루어보아 이즈미지방의 조선계통 문벌들은 일정한 지역을 차지하고 작은것은 무라(촌), 큰것은 고호리(군) 등의 단위를 이루고 살았다는것을 알수 있다.

둘째로, 조선계통 문벌들이 벌판과 강에 의지하여 논농사를 지으면서 선진문명을 보급하였다는것을 추측할수 있다. 조선계통 문벌들과 관련된 벌판, 강 이름들은 이곳에서 그들이 창조적생활을 하였기때문에 생긴것으로 볼수 있다. 특히 벌판과 강은 당시 사람들의 삶의 터전이였고 논농사와 깊은 관련을 가지고있었다. 조선계통 문벌들이 이러한 벌판과 강에 흔적을 남겼다는것은 그들이 이곳에서 황무지를 개간하고 강물을 리용하여 논농사를 지었기때문이라고 보는것이 타당하다. 이즈모국안의 조선계통 문벌들은 강과 벌판에 의거하여 밭농사도 지었겠지만 땅을 풀어 논농사도 하였다고 볼수 있다.

셋째로, 조선계통 문벌들은 이르는곳마다에서 우두머리로 받들리웠다고 볼수 있다. 표 10에서 보는것처럼 이즈미국에는 조선계통 문벌들과 관련된 신사가 3개나 있다. 신사는 일정한 지역에 사는 집단이 《신》에게 제사지내는 사당인데 대체로 이 지역의 우두머리나 패권을 쥔 조상을 신주로 모시고 신사이름도 그 이름을 따서 불렀다. 우의 3신사도 신사이름과 관련된 문벌들의 조상을 제사지내고 받드는곳이였다. 실례로 《일본지명대사전》에 반영된 이께다 신사는 《경행》의 아들 오우스노 미꼬도를 제사지낸다고 하였는데 이것은 성씨록에 반영된 이께다씨의 조상(《경행》)과 같다. 《경행》은 4~5세기 쯔꾸시《아마》계통 우두머리였던만큼 이께다 신사는 결국 백제, 가야 계통의 우두머리를 신주로 모시고있었다고 보아야 할것이다.

신라계통 문벌 히네씨와 관련된 히네신사는 《일본지명대사전》에 《신무》가 동정때에 세웠다고 한다. 이것은 대체로 히네신사가 처음에는 백제, 가야 계통 문벌들이 세운 신사였으나 후에 이곳에서 큰 세력을 이루고있던 신라계통 문벌들의 신사로 되였다고 생각된다.

이러한 기록들은 이 지역의 조선계통 문벌들이 신사의 주인으로 되고 우두머리노릇을 하였음을 보여준다.

이와 같이 이즈미국안의 조선계통 문벌들과 관련된 지명들은 구체적으로 조선계통 문벌들이 마을과 고을을 이루고 들판과 강류역에서 창조적활동을 벌렸으며 선진문명의 보급자, 우두머리로 활동하였음을 보여준다. 이것은 이즈미국안에 야요이시대이래 조선계통 문벌들이 대량적으로 진출하여 선진문명을 보급하면서 큰 세력을 이루고있었다는 주장을 다시금 확증해준다.

제2절. 가와찌국안의 조선계통 문벌들

가와찌(河內)국은 오사까부 동부와 남북으로 길게 놓인 오사까평야와 그 남부지대를 포괄한 지역을 차지하고있었다. 옛날에 북쪽은 야마시로국에서부터 느리게 흘러내리는 요도강을 계선으로 셋쯔국과 접하고 동쪽으로는 이꼬마산지와 공고산지를 계선으로 하여 야마또국과 경계를 이루고있었다. 그리고 남쪽은 기이국(와까야마현)과 서쪽은 이즈미국, 셋쯔국과 접해있었다.

약 340키로평방의 면적을 가진 가와찌평야는 오사까평야의 중심지역으로서 이곳에는 요도강과 야마또강이 흘렀다. 이 두 강이 가와찌평야를 흐르면서 끊임없이 날라온 모래와 흙에 의하여 가와찌평야가 이루어졌다고 한다. 대체로 가와찌평야 남부는 부채선모양의 대지가 펼쳐져있고 북부는 후꼬못, 싱까이못 등 못들이 있는 저습지대로 이루어졌다. 가와찌평야의 남쪽지대(현재 야마또강남부)에도 야마또강의 지류인 이시가와강 등과 비교적 넓은 평야가 있다.

가와찌국은 옛날 나니와, 오호시가후찌라고 불리웠다. 《대화개신》에 의해 국, 군, 향의 지방통치체계가 정비될 때 14개의 군을 가지고있었다. 14개 군은 가따노군, 사라라군, 우하라다(만다)군, 와까에군, 가후찌군, 다까야스군, 오아가따군, 시후가와군, 시끼군, 야스까헤군, 후루찌군(후루이찌군), 이시가와군, 니시고리군, 다찌히군이다. 중세에 야스까헤군이 아스까헤군과 야까미군으로, 다찌히군이 단낭군과 단호꾸군으로 갈라져 가후찌국은 16개 군으로 되였다.

이 지방에는 고대일본에서 두번째로 큰 곤다야마무덤(봉분의 길이 415메터)을 위주로 한 후루이찌무덤떼가 자리잡고있는데 이 무덤들의 구조양식과 거기서 나온 유물들에는 백제, 가야를 비롯한 조선적성격이 짙다.(《일본에서 조선소국의 형성과 발전》, 342~371페지) 이것은 대체로 백제, 가야 계통 우두머리의 무덤들로 인정되는데 이 지방에 조선계통 문벌들이 크게 진출하여 큰 세력을 이루고있었음을 보여준다.

가와찌국은 기나이지방에서 조선계통 문벌들이 가장 많이 진출, 정착하여 제일 큰 세력을 이루었던 지역의 하나이다.

《신찬성씨록》을 통해 가와찌국안에 살면서 오래동안 큰 세력을 이루고있었던 문벌들의 형편을 보면 다음과 같다.(28, 19, 9, 30권 참고)

(1) 외국인계통

— 조선계통으로 밝혀져있는 성씨들

○ 백제: ① 나가다(오미—사주) ② 니시고리베 ③ 가후쪄 ④ 오까하라 ⑤ 하야시 ⑥ 요사미 ⑦ 야마가와 ⑧ 아마 ⑨ 사라라 (이상 무라지) ⑩ 아스까베 ⑪ 아스까베 ⑫ 구레하또리 ⑬ 우누 ⑭ 도요무라(이상 미야쯔꼬) ⑮ 후비꼬=후나꼬 ⑯ 니히끼(이상 오비또) ⑰ 오또모(후비또) ⑱ 후루이찌(수구리) ⑲ 쯔끼 ⑳ 가미(이상 오사) ㉑ 도네리 ㉒ 야마떠베(이상 ✕)

○ 고구려: ① 오고마 ② 오고마(이상 무라지) ③ 시마모또→시마끼 ④ 고마노 소메베 ⑤ 고마히또(이상 ✕)

○ 신라: ① 우누 ② 다게하라(이상 무라지) ③ 오하시 ④ 쯔기쯔꾸리(이상 미야쯔꼬) ⑤ 후까와 ⑥ 오가라 ⑦ 가라우지(이상 ✕)

— 《아야(한)》계통 성씨들

① 하다 ② 야마다 ③ 다까오까(이상 수꾸네) ④ 하다 ⑤ 다까

오 ⑥ 마사무네 ⑦ 나가노→가까누 ⑧ 가후찌 ⑨ 다까야스(이상 이미끼) ⑩ 다까미찌 ⑪ 고시 ⑫ 하루이 ⑬ 이다모찌 ⑭ 누가미 ⑮ 가와라 ⑯ 시가노헤 ⑰ 야마다 ⑱ 나가누=나가노 ⑲ 쯔네요=도요꼬(이상 무라지) ⑳ 하다(기미—공) ㉑ 다까야스 ㉒ 야마다 ㉓ 오사까베(이상 미야쯔꼬) ㉔ 가후찌(미야쯔꼬→무라지) ㉕ 야헤 ㉖ 다께오까 ㉗ 미야께 ㉘ 오사또(이상 후비또) ㉙ 히나즈(아따히) ㉚ 시모(오사) ㉛ 만다(가찌) ㉜ 가후찌(에시) ㉝ 히로하라(X→이미끼) ㉞ 하다히또 ㉟ 하다우지 ㊱ 하꾸네 ㊲ 가와하라 구라비또 (이상 X)

(2) 고대일본 《신》계통

— 쯔꾸시《아마》계통 성씨들

○ 쯔하야무스비노 미꼬도(천신)의 자손성씨: ① 스가후(아소미) ② 나까도미 ③ 가와마따 ④ 나까도미노 가라히 ⑤ 나까도미 ⑥ 무라야마 ⑦ 히라오까 ⑧ 나까도미노 사까야(이상 무라지) ⑨ 나까도미(X)

○ 다까무스비노 미꼬도(천신)의 자손성씨: ① 유게 ② 하야씨 ③ 다마노야(이상 수꾸네) ④ 야누찌(무라지) ⑤ 사헤끼(오비또) ⑥ 에 ⑦ 가즈라기(이상 아따히) ⑧ 오무찌(간누시)

○ 가미 니기하야히노 미꼬도(천신)의 자손성씨: ① 모노노베노 요사미 ② 구르스 ③ 이사야마 ④ 우지베 ⑤ 히 ⑥ 다까야 ⑦ 도미 ⑧ 다까하시(이상 무라지) ⑨ 쯔꾸미=쯔부꾸미(미야쯔꼬) ⑩ 모노노베 ⑪ 야마다(이상 오비또) ⑫ 구사까베 ⑬ 모노노베노 아스까 ⑭ 쯔=쯔또 ⑮ 모노노베(이상 X)

○ 호아까리노 미꼬도(천손)의 자손성씨: ① 다지히 ② 와까이누가히(이상 수꾸네) ③ 다지히 ④ 무또베 ⑤ 이오끼베=이호끼베 ⑥ 스이다=스끼다 ⑦ 오하리(이상 무타지) ⑧ 후에후끼(X→무라지)

○ 시히네쯔히꼬의 자손성씨: 도베(아따히)

— 이즈모《아마》계통 성씨들
○ 아메노 호히노 미꼬도(천손)의 자손성씨: 이즈모(오미-신)
○ 스사노오노 미꼬도의 자손성씨: 무나가다(기미-군)

— 《아마》계통 성씨들
○ 가미 무스비노 미꼬도(천신)의 자손성씨: ① 시도리(수꾸베) ② 다메 ③ 오무라노 나오다 ④ 미누=미노(이상 무라지) ⑤ 기(아따히) ⑥ 기하라 ⑦ 도또리(이상 ×)
○ 이끼시니끼호노 미꼬도(천신)의 자손성씨: 와까유에(무라지)
○ 후루무스비노 미꼬도(천신)의 자손성씨: ① 가모리(수꾸네) ② 모리베 ③ 가모리(이상 무라지) ④ 가모리(미야쯔꼬)
○ 이스무스비노 미꼬도(천신)의 자손성씨: 우끼아나(아따히)
○ 히노 하야히노 미꼬도(천신)의 자손성씨: 하또리(무라지)
○ 아히라노 미꼬도(천신)의 자손성씨: 미와비또(×)
○ 아마쯔히꼬네노 미꼬도(천신)의 자손성씨: ① 오후시가후찌(이미끼) ② 쯔후에 ③ 누가다베노 유에(이상 무라지) ④ 오호(아가따누시)
○ 와다쯔미노 가미노 미꼬도의 자손문별: 아즈미(무라지)
○ 아메노 히꼬마스노 미꼬도의 자손성씨: ① 이께지리(오미-신) ② 오또모(무라지)
○ 쯔간고로노 미꼬도의 자손성씨: 아시다(오미-신)
○ 나까도미노 이가쯔노 오오미노 미꼬도의 자손성씨: 미마나(기미-공)
○ 다께미까즈찌노 미꼬도의 자손성씨: 야마또노 가와라(이미끼)
○ 우찌시나가노 미꼬도의 자손성씨: 아즈미(무라지)

— 토착 《신》계통 성씨들

○ 우마시마니노 수꾸네노 미꼬도의 자손성씨: 니히노미(오비또)
○ 후쯔누시노 미꼬도의 자손성씨: 야하기(무라지)
○ 가무시하야노 미꼬도의 자손성씨: 유기아미(오비또)
○ 사야마노 미꼬도의 자손성씨: 우찌하라(오비또→아따히)

(3) 《천황》계통

5세기이전 《천황》—4～5세기 쯔꾸시《아마》우두머리계통
○ 《신무》의 자손성씨: ① 만다(수꾸네) ② 와다꾸시=시모야께(무라지) ③ 시끼 ④ 에(이상 오비또) ⑤ 시끼 ⑥ 곤꾸(이상 아가따누시) ⑦ 오하리베(이상 ×)
○ 《효소》의 자손성씨: ① 오야께 ② 미부(이상 오미—신) ③ 모노노베(×)
○ 《효원》의 자손성씨: ① 아베=아헤 ② 지모리 ③ 야마구찌 ④ 하야시(이상 아소미) ⑤ 나니와(이미끼) ⑥ 아베 ⑦ 지모리 ⑧ 이꾸하 ⑨ 사와라(이상 오미—신) ⑩ 구사까베 ⑪ 시호야 ⑫ 고야께=오야께 ⑬ 하라이(이상 무라지) ⑭ 오베 ⑮ 누노시 ⑯ 누가다(이상 오비또) ⑰ 기(하후리) ⑱ 나니와 ⑲ 기베=기노베 ⑳ 소가(이상 ×)
○ 《개화》의 자손성씨: ① 구사까베(무라지) ② 사까비또=사까히또(미야쯔꼬) ③ 가와마따 ④ 도요시나(기미—공) ⑤ 구사까베 ⑥ 오시노미베=오시누미베(이상 ×)
○ 《숭신》의 자손성씨: ① 도미(무라지) ② 시끼쯔=히로기쯔 ③ 미부베 ④ 사지누(기미—공) ⑤ 무라게(오비또) ⑥ 가모베 ⑦ 이께(이상 ×)
○ 《경행》의 자손성씨: ① 모리(기미—공) ② 아레(오비또) ③ 사헤끼(아따히)
○ 《중애》의 자손성씨: ① 이소베(오미—신) ② 소기베(오비또)

○ 《응신》의 자손성씨: 하리하라(Ⅹ)
○ 《안강》의 자손성씨: 아나호베(오비또)

《신찬성씨록》에 반영된 가와찌국안의 문벌들의 형편을 보면 외국인계통 문벌 71성씨, 고대일본《신》의 자손이라는 문벌 73성씨, 고대일본《천황》이라는 자손문벌 50성씨 총 194성씨가 살고있었다.

그중 고대일본《신》계통 문벌이 제일 많은데 구체적으로 살펴보면 쯔꾸시《아마》우두머리계통(변한—가야, 마한—백제 계통) 문벌은 41성씨, 이즈모《아마》우두머리계통(진한—신라계통)은 2성씨, 《아마》우두머리계통(조선계통) 문벌은 26성씨, 원주민《신》우두머리계통은 4성씨이다.

가와찌국의 외국인계통 문벌가운데서 공개적으로 백제계통이라고 칭한 문벌은 22성씨, 고구려계통이라고 칭한 문벌은 5성씨, 신라계통이라고 칭한 문벌은 7성씨, 《아야》계통, 가야, 백제를 위주로 한 조선계통문벌은 37성씨이고 고대일본《천황》계통 문벌은 모두 5세기이전《천황》(4~5세기 쯔꾸시《아마》우두머리)계통, 가야, 백제 계통 문벌이다.

결국 가와찌국에는 대체로 야요이시기이래 일본렬도에 진출한 고대일본《아마》우두머리계통의 조선계통 문벌들이 제일 많고 그 이후에 진출, 정착한 문벌들도 적지 않았다고 볼수 있다. 이들은 5세기이전뿐아니라 그들이 칭한 가바네로 미루어보아 6세기이후에도 패권을 쥐고있었다고 인정된다.

가와찌국안의 문벌들이 칭한 가바네로서는 아소미(5씨), 수꾸네(11씨), 이미끼(10씨), 오미(신, 사주—11씨), 무라지(64씨), 기미(공, 군—9씨), 아따히(7씨), 미야쯔꼬(14씨), 오비또(18씨), 후비또(4씨), 아가따누시(3씨), 오사(3씨), 수구리, 가찌, 하후리, 간누시, 에시(이상 각각 1씨)들인데 (가바네가 없는 씨—30씨) 무라지와 오비또, 미야쯔꼬 등의 가바네가 제일 많다. 이 지역의 문벌들가운데서 7세기말이후의 가바네를 가진 문벌이 26성씨이고 나머지는 다. 6세기~7세기중엽 가바네를 칭하고있다. 이것은 가와찌국안의 대부분의 문벌들이 야마또왕정시기에 패권을 쥐고있었으며 7세기말이후에도 적지 않게 패권을 쥐고있었다고 볼수 있다.

가와찌국안에 분포되여 살고있던 조선계통 문벌들의 상태에서도 몇가지 특징적인 점들을 찾아볼수 있다.

우선 가와찌국의 총 문벌수 특히 공개적으로 조선계통을 칭하고있던 문벌들과 《아야》계통 문벌들이 기나이 5국의 다른 지역보다 눈에 뜨이게 많다는것이다.

가와찌국에는 총 문벌이 194성씨나 되였는데 이즈미국은 128성씨, 셋쯔국은 118성씨, 야마또국은 100성씨, 야마시로국은 103성씨였다. 가와찌국의 문벌수는 야마또국이나 야마시로국에 비해 근 배나 되였다.

조선계통으로 밝혀진 가와찌지방의 문벌들과 《아야》계통 문벌들 역시 모두 71성씨로서 다른 지방에 비해 볼 때 2배이상이나 되였다. 공개적으로 조선계통을 칭하고있던 문벌들과 《아야》계통 문벌은 이즈미국의 경우 23성씨, 셋쯔국 30성씨, 야마또국 31씨, 야마시로국이 27씨 정도밖에 안되였다.

이러한 사실은 가와찌지방에 조선계통으로 밝혀진 문벌과 《아야》계통 문벌들이 다른 지방에 비해 상대적으로 많이 진출, 정착하였음을 보여준다.

가와찌지방에 이처럼 야요이시대이래 공개적으로 조선계통을 칭한 문벌들과 《아야》계통 문벌들이 제일 많이 진출, 정착하게 된것은 이 지방이 다른 지방보다 넓은 가와찌평야와 요도강, 야마또강 등 논농사와 살기에 편리한곳이 많았기때문이라고 생각된다.

가와찌국에 분포되여 살고있던 문벌들가운데서 특히 백제, 신라, 고구려 계통 문벌과 《아야》계통 문벌들이 상대적으로 많다는것이다.

가와찌국의 백제계통 문벌은 22성씨로서 그것은 이즈미국, 야마시로국, 셋쯔국, 야마또국에 비해 볼 때 2~3배나 된다. 가와찌국안의 백제계통 문벌가운데는 왕족을 비롯한 우두머리출신이 많았다. 니시고리베씨는 근초고왕, 가후찌씨는 도모왕의 아들 음태 귀수왕, 오까하라씨는 진사왕, 하야시씨는 직지왕(전지왕), 아스까베씨(2)들은 각각 비유왕의 아들 곤기왕과 미다왕(다루왕이라고 함), 후루이찌씨는 고왕(호왕), 나가다씨는 이궁왕(위군왕), 도네리씨는 리가시끼왕(리가지귀왕), 요사미, 야마가와씨들은 스네시야마미노기미(소미지야마미내임금), 후나꼬씨는 구니기미(구이임금), 니히끼씨는 이께르기미(이거류임금), 도네리씨는 리가시끼왕(리가지귀왕)의 자손으로 된 왕족출신이다. 이 백제왕들중 근초고왕으로부터 다루왕까지는 백제본국의 5세기이전 왕들이고 고왕이하 나머지 왕들은 백제본국에는 없었으므로 일본렬도내 백제소국왕으로 인정된다. 그리고 아마씨, 쯔끼씨는 누리노 오미(노리사주), 가미씨는 구니노꼬오미(구이등고사주), 우누씨들은 미나꼬오호미(미나자의부미)의 자손으로 된 우두머리출신들이다. 도요무라씨의 조상 고로후사(고로부좌)는 덕솔이라고 하였는데 이것은 백제본국에서 칭하는 관등을 가와찌지방에 가서도 그대로 칭하고있었음을 보여준다.

가와찌국안의 백제계통 문벌가운데는 씨와 가바네이름으로 보아 선진기술집단이 적지 않았다고 볼수 있다. 우에서 본 니시고리베씨와 구레하또리씨는 천짜는 기술집단이고 아마씨, 쯔끼씨, 기미씨들은 가바네가 오사인것으로 보아 통역집단인데 이것은 가와찌지방의 백제계통 문벌들이 우두머리의 역할을 하였을뿐아니라 선진문명을 전하였음을 간접적으로 알수 있게 한다.

가와찌지방의 신라계통 문벌은 7성씨로서 기나이 5국 각 지방 문벌수에서 제일 많다. 신라계통 문벌은 이즈미국에 3성씨였고 나머지 셋쯔국, 야마또국, 야마시로국에는 각각 1성씨씩밖에 안되였다.

가와찌국의 신라계통 문벌들가운데 오가라씨, 가라우찌씨들은 로시왕(량자왕), 우누씨는 황자 김정흥[1], 다께하라씨는 아라라국왕[2]의 동생 이까쯔기미(이하도임금)의 자손으로 된 왕족출신이고 후까와씨는 엔누리노 오미(연노리척간[3]—연노리사주) 오하시씨는 다떼오미(다데사주)의 자손으로 된 우두머리출신이다. 이 지방의 신라계통 문벌들이 가라씨로도 불리운것은 두가지로 생각할수 있다. 즉 가라계통 문벌들이 6세기중엽 본국가야의 멸망이후 대부분이 백제계통으로 가탁하였지만 일부는 신라계통으로 가탁하였다고 볼수도 있고 앞에서 본것처럼 가라라는 말이 6세기말이후 조선을 가리키는 대명사로 쓰이였으며 신라도 가라라고 불리웠다고 생각할수도 있다.

※¹ 김정홍은 성씨이름이 사실이라면 한자식조선성씨로 보아 후기신라의 어느 한 왕족출신이라고 볼수 있다. 김정홍을 황자라고 한것은 후기신라의 황제적지위를 보여주던가 오기일것이다.

※² 아라라국은 《신찬성씨록》에 신라국에 속한 나라로 기록하여놓았는데 신라본국에는 그런 나라가 없었으므로 일본렬도에 있던 신라계통 소국으로 인정된다.

※³ 척간은 《진흥왕순수비》에 보이는 신라관위 일척간(관위 2등 이척찬에 해당) 또는 사척간(관위 8위 사찬에 해당)에 해당한것으로서 신라계통 문벌이 가와찌국에 가서도 신라관등을 그대로 유지하였다는 것과 그것이 당시 오미의 가바네에 해당하였음을 알수 있다.

신라계통 문벌들이 가와찌국에 제일 많다는 사실은 신라이주민들이 기나이지방의 이 지역에 제일 많이 정착하였음을 보여준다.

가와찌국의 《아야》계통 문벌은 37성씨로서 기나이 각 지방 《아야》계통 문벌중에서 제일 많은 자리를 차지한다.

《아야》계통 문벌들의 분포정형을 보면 이즈미국 12성씨, 셋쯔국 14성씨, 야마또국 15성씨, 야마시로국이 13성씨이다. 이것은 가와지방에 《아야》계통 문벌들이 다른 지방에 비해 2배나 많이 진출, 정착하였음을 보여준다.

가와찌국안의 《아야》계통 문벌들중에 양잠과 같은 선진문명을 전한 하다씨가 5성씨로서 좌경에 사는 하다씨와 함께 기나이지방에서 제일 많다. 이외 아지왕(아찌노 오미)의 자손문벌이 2성씨(히나즈씨, 다까야스씨), 이 지방의 국명을 딴 가후찌씨가 3문벌이나 되고 백제계통이 명백한 백제 공족대부 고경의 자손문벌 다까오까씨도 보인다.

가와찌국의 고구려계통 문벌은 5성씨로서 기나이 5국 각 지방 고구려계통 문벌수에서 두번째 자리를 차지한다. 가와찌국안의 고구려계통 문벌가운데서 오고마씨는 이쯔시후꾸끼왕(익사복귀왕), 고마노 소메베씨와 고마히또씨는 수무께왕(스모기왕)의 자손문벌로 된 왕족출신인데 우의 왕들은 일본렬도내 고구려계통 소국왕으로 인정된다. 그리고 시마모또씨는 이리와스노 오미(이리화수사주)의 자손으로 된 우두머리자손이다. 가와찌안의 고구려계통 문벌들은 거의 모두가 《고마》라는 씨이름을 달고있는데 이것은 자기 본국의 이름을 그대로 유지한것이라고 볼수 있다. 이러한 사실은 백제계통 문벌 가후찌씨의 조상 귀수왕이 도모왕(동명왕)의 아들이라고 한것과 합쳐 이 지방에 미친 고구려세력의 영향력의 일단을 엿볼수 있게 한다.

가와찌국안의 고대일본 《신》계통, 《천황》계통으로 둔갑한 조선계통 문벌들이 기나이 5국지방에서 제일 많은것도 이 지역 문벌들의 상태에서 볼수 있는 특징적인 측면의 하나라고 인정된다.

기나이 5국지방에서의 고대일본 《아마》신계통, 조선계통 문벌들의 분포상태를 본다면 이즈미국 67성씨, 가와찌국 69성씨, 셋쯔국 55성씨, 야마또국 48성씨, 야마시로국 51성씨로서 가와찌국이 제일 많다.

그리고 가와찌국의 고대일본 《천황》계통 문벌은 50성씨인데 이에 비해놓고볼 때 이즈미국은 38성씨, 셋쯔국은 33성씨, 야마또국은 19성씨, 야마시로국은 25성씨였다. 이것은 가와찌국안의 《천황》계통 문벌이 야마또국과 야마시로국의 《천황》계통 문벌보다는 2～3배나 되였다는것을 보여준다.

가와찌국안의 《천황》계통 문벌중 《신무》와 《개화》, 《효원》의 자손문벌은 각각 7성씨, 6성씨, 20성씨로서 기나이 각 지방의 《천황》계통 문벌수에서 제일 많았다. 특히 《효원》의 자손문벌중에는 6세기～7세기중엽 야마또왕정에서 패권을 잡은 소가씨가 보인다.

가와찌지방에 고대일본 《아마》신계통 문벌과 5세기이전 《천황》

계통 문벌들이 기나이 5국지방에서 제일 많은것은 이 계통으로 둔 갑한 조선계통 문벌들이 5세기이전에 이 지방에 많이 진출하였다는 것을 보여준다.

가와찌국안의 문벌들의 상태에서 두드러진 면의 하나는 또한 6세기~7세기중엽의 가바네를 칭한 문벌들과 7세기말이후의 가바네를 칭한 문벌들이 기나이지방에서 제일 많은것이다.

가바네를 칭한 씨들을 종합하여보면 가와찌국은 164씨(그중 6세기~7세기중엽 가바네—138씨, 7세기말이후 가바네—26씨)나 되였으나 이즈미국은 103씨(97씨, 6씨), 셋쯔국은 85씨(67씨, 18씨), 야마또국은 86씨(66씨, 20씨), 야마시로국은 82씨(68씨, 14씨)밖에 안되였다. 이러한 수자는 가와찌국에 6세기~7세기중엽은 물론 7세기말이후 일본왕정에서 패권을 쥔 문벌들이 기나이지방에서 제일 많았다는것을 보여준다.

가와찌국안의 조선계통 문벌들은 기나이지방에서 큰 세력을 이루고있었기때문에 큰 고을을 많이 뭇고 살았으며 많은 흔적을 남기였다. 《일본지명대사전》을 통해 가와찌국안의 조선계통 문벌들과 관련된다고 보이는 지명을 보면 표 11과 같다.

표 11에서 조선계통 문벌들과 관련된 가와찌국안의 지명들을 보면 국이름 1개, 군이름 8개, 현이름 1개, 촌(향)이름 22개, 산이름 1개, 못이름 1개, 제방이름 1개, 신사이름 3개 총 38개나 된다. 이중에서도 지방행정단위와 관련된 지명이 32개로서 절대다수를 차지한다. 이러한 지명들은 이즈미국의 경우와 마찬가지로 같은 이름을 가진 문벌들이 그곳에 살았던 사실과 떼여놓고 생각할수 없다.

《일본지명대사전》에 의하면 아스까베군, 사라라군, 니시고리베군, 오사까베향, 하다향, 도또리향, 아모리향, 곤구향, 오베촌들에는 그 지명과 관련된 문벌들이 살고있었다고 한다. 특히 아스까베군에 사는 아스까베씨의 조상은 백제곤지왕(개로왕 아들)이라고 밝혀져있다. 그리고 히라오까신사는 아메노 고야베노 미꼬도를 비롯한 3개 신을 제사지내는데 《신무》가 초기에 세운것이라고 한다. 야

표 11   가와찌국안의 조선계통 문벌들과 관련된 지명들

권수	계통	번호	씨이름	지명
28	백제	1	가후찌(가와찌)	가와찌국, 가와찌군, 가와찌촌, 가와찌강
		2	아스까베	아스까베군, 아스까산, 아스까신사
		3	후르이찌	후르이찌군, 후르이찌촌
		4	사라라	사라라군
		5	니시고리베	니시고리베군, 니시고리베향, 니시고리베촌(향)
30		6	오또모	오또모촌
28	《아야》	7	미야께	미야께촌(향)—2개
		8	아헤(아베)	아베노시모향
		9	오사또	오사또향
		10	야마다	야마다촌(향)—3개
		11	오사까베	오사까베향
		12	하다	하다향
		13	만다	만다군, 만다향, 만다제방, 만다못
19	쯔꾸시《아마》	14	히라오까	히라오까촌(향), 히라오까신사
		15	유게	유게향
		16	다지히	다지히군
	《아마》	17	도또리	도또리향
		18	가모리	가모리향, 가모리베신사
9	4~5세기 쯔꾸시《아마》	19	곤꾸	곤꾸현(향)
		20	오베	오베촌(향)
		21	시끼	시끼군, 시끼향
		22	오야께	오야께향

메노 고야네노 미꼬도는 앞에서 본것처럼 북규슈《아마》계통 우두머리인 쯔하야무스비노 미꼬도의 3세손으로 되여있고 성씨록에 가와찌국에 사는 히라오까씨는 쯔하야무스비노 미꼬도의 자손으로 된 백제, 가야 계통이다. 《신무》 역시 북규슈《아마》우두머리, 백제, 가야 계통 우두머리이므로 히라오까신사는 백제, 가야 계통 문벌들이 세우고 조선계통의 《신》을 신주로 모시고있었다고 인정된다.

또한 만다제방은 5세기이전에 히라오까시로부터 오사까시에 이

르는 요도강의 우안에 쌓은 제방으로서 《일본지명대사전》과 《신찬성씨록》에는 《신무》의 후예들이, 《일본서기》에는 하다씨가 이곳에 살면서 만든것으로 되여있다. 이것은 결국 백제를 위주로 하는 조선계통이주민들이 5세기이전에 이곳에 크게 진출, 정착하여 요도강의 홍수를 막아 농경지를 보호하는 한편 논밭에 물을 대고 농사를 지은 사실의 반영이라고 볼수 있다.

시끼군은 《일본지명대사전》에 의하면 옛날 시끼현(아가다)이였는데 《신무》의 자손 가미야이미미노 미꼬도의 후예가 아가다누시 즉 우두머리를 하였다고 한다. 시끼군에는 성씨록에 반영된 《신무》의 자손문벌 시끼씨들이 살고있었다고 볼수 있는데 그 우두머리도 《신무》의 자손문벌인것이다.

그러므로 우에서 본 지명들은 가와찌국안의 문벌들이 이즈미국안의 문벌들과 마찬가지로 마을과 고을을 이루고 제방도 쌓고 논농사를 지었으며 신사와 고을의 우두머리로 활약하였음을 보여준다. 그리고 이 지역의 대부분의 지명들이 마을이나 고을과 관련되여있는것은 조선계통 문벌들이 주로 마을과 고을을 중심으로 세력권을 형성하였던 사실로 볼수 있다.

특히 가와찌국안의 조선계통 문벌들과 관련된 지명가운데서 군이름이 8개로서 기나이지방에서 제일 많은데 이것은 이 지역의 조선계통 문벌들이 큰 고을들을 많이 뭇고 커다란 영향력을 행사하였다는것을 말해준다.

이와 함께 가와찌국의 국명자체에 백제계통 문벌의 이름이 반영되여있고 근세이후 이 지방 이름인 오사까부의 오사까란 지명에 조선계통 문벌의 이름이 반영된것도 매우 주목되는 사실이다.

참으로 가와찌국의 조선계통 문벌들은 나라이름으로부터 고을과 마을에 이르기까지 많은 지명을 남기면서 큰 세력을 이루고있었다.

제3절. 셋쯔국안의 조선계통 문벌들

셋쯔(攝津)국은 현재 오사까부의 일부(오사까시, 도요노군, 미시마군 등)와 효고현의 일부(고베시, 가와베군 등)를 차지한 지역으로서 동쪽은 가와찌국, 남쪽은 이즈미국과 오사까만, 서쪽은 하리마국, 북쪽은 담바국, 야마시로국과 접해있었다. 셋쯔국의 남부는 오사까평야의 북부에 속한 지역이고 요도강의 이북에는 미시마평야가, 무꼬강중하류에는 무꼬평야가 펼쳐져있다.

고대시기 이 지역은 쯔국(津国)이라고 하였는데 그것은 《나루의 나라》라는 뜻이였다. 나라이름 그대로 이 지역에는 오사까만의 넓은 바다와 요도강과 이나강, 무꼬강들을 가지고있는 자연지리적 및 교통상 위치로 하여 나니와나루와 무꼬항구 등 주요 나루와 항구들이 많았다. 그리고 이 지역에는 6세기이후 야마또왕정의 국토통합시에는 외국사신을 맞이하는 접대관이 있었고 한때 나니와궁을 비롯한 왕궁도 있었다.

7세기 후반기 셋쯔국이 나오면서 《시끼》(職)라는 장관과 여러 관리들을 두어 관할하게 하였다. 셋쯔시끼는 일반 국사(구니노 미꼬도모찌)와 같이 국내의 국무를 맡아 수행하였는데 대외관계의 중요성으로부터 지방관이 아니라 중앙관리로서의 특별한 대우를 받았다.

그후 784년 나니와궁이 폐지되면서 셋쯔시끼직을 없애고 다른 국과 같이 《국사》(구니노 미야쯔꼬)를 두게 되였다. 이때부터 셋쯔국은 기나이 5국의 하나로서 다른 《국》과 동등한 위치에 놓이게 되였다.

셋쯔국은 13군을 관할하였는데 그것은 니시나리군, 히가시나리군, 스미요시군, 구다라군, 도시마(데시마)군, 노세군, 시마노가미군, 시마노시모군, 무꼬군, 우하라군, 야다헤군, 가와노헤(가와베)군, 아리마군이다. 중세이후 스미요시군과 구다라군은 합하여

찌(이미끼) ② 구니(미야쯔꼬)

○ 아메노 미가게노 미꼬도(천손)의 자손성씨: 야마＝야마시로(아따히)

○ 아메노 사기리노 미꼬도(천손)의 자손성씨: 하쯔까시(×)

○ 와다쯔미노 미꼬도＝와다노 가미 오와다쯔미노 미꼬도(지기)의 자손성씨: ① 오호시야마 ② 아즈미노 이누가히(이상 무라지)

○ 아메노 가미다쩌노 미꼬도의 자손성씨: 가즈라기(아따히)

○ 아메노 히와기노 미꼬도의 자손성씨: 구사까베(오비또)

○ 마사까이가쯔가쩌하야히노 아메노 오시호미 미노 미꼬도의 자손성씨: 시마(오비또)

○ 야마쯔 다께루히메노 미꼬도의 자손성씨: 아또베(×)

○ 이자나기노 미꼬도의 자손성씨: 수무찌(오비또)

(3) 《천황》계통

— 5세기이전 《천황》＝4〜5세기 쯔꾸시《아마》 우두머리계통

○ 《신무》의 자손성씨: ① 데시마(무라지) ② 마쯔쯔＝마쯔라(×)

○ 《효소》의 자손성씨: ① 이데(오미—신) ② 쯔또 ③ 모노노베 ④ 하쯔까＝하쯔가시(이상 오비또) ⑤ 모노노베 ⑥ 와니베(이상 ×)

○ 《효원》의 자손성씨: ① 다까하시 ② 사사이베＝사자끼베(이상 아소미) ③ 사까모또 ④ 아끼나(이상 오미—신) ⑤ 사사끼야마(기미—군) ⑥ 누노시끼 ⑦ 가라야미노베(이상 오비또) ⑧ 사까히베 ⑨ 구구찌 ⑩ 이가 모또리＝이가 모히또 ⑪ 기시 ⑫ 미야께비또 ⑬ 시모쯔가미(이상 ×)

○ 《개화》의 자손성씨: ① 지모리(오미—신) ② 가모(기미—군) ③ 요사미 ④ 구사까베(이상 ×)

○ 《숭신》의 자손성씨: ① 가라야다베(미야야쯔꼬) ② 구라모찌=구르모찌(기미-공) ③ 아비꼬(×)

○ 《수인》의 자손성씨: ① 야마노베(기미-공) ② 야마모리(×)

○ 《응신》의 자손성씨: 하이바라=하리하라(기미-공)

— 6~7세기중엽 《천황》=야마또왕정의 《대왕》계통

《선화》의 자손성씨: ① 이나(마히또) ② 가와라(기미-공)

우에서 보는것처럼 셋쯔국안에는 총 118성씨가 있었는데 그중 외국인계통 문벌이 30성씨, 고대일본 《신》의 자손이라는 문벌이 55성씨, 고대일본 《천황》자손이라는 문벌이 33성씨였다. 그가운데서 고대일본 《신》의 자손이라는 문벌이 제일 많은데 전체 문벌수의 근 절반을 차지한다.

구체적으로 보면 외국인계통 문벌들가운데서 백제계통 문벌은 9성씨, 고구려계통 문벌은 3성씨, 신라계통 문벌은 1성씨, 임나계통 문벌은 3성씨, 《아야》계통 문벌은 14성씨이다. 고대일본 《신》계통 문벌들가운데서 쯔꾸시《아마》 우두머리계통 문벌은 30성씨, 이즈모 《아마》 우두머리계통 문벌은 6성씨, 《아마》 우두머리계통 문벌은 19성씨나 된다. 고대일본 《천황》계통 문벌가운데 6세기~7세기중엽의 《천황》(야마또왕정의 《대왕》)계통 문벌 2성씨를 제외하고는 모두 5세기이전 《천황》(4~5세기 쯔꾸시《아마》 우두머리)계통 문벌이다.

그러므로 성씨록에 반영된 셋쯔국의 문벌들은 모두 백제, 가야계통으로서 대부분이 5세기이전에 일본렬도에로 진출, 정착한것으로 볼수 있다.

셋쯔국안의 문벌들이 칭한 가바네를 종합하여보면 7세기말이후 가바네는 마히또 1씨, 아소미 5씨, 수꾸네와 이미끼 각각 6씨 총 18씨이고 6세기~7세기중엽의 가바네는 오미(신) 5씨, 무라지 21씨, 기미(공, 군) 8씨, 미야쯔꼬 6씨, 후비또 4씨, 오비또는

16씨, 아따히 5씨, 수구리와 하후리는 각각 1씨 총 67씨이다.(가바네가 없는 씨—33씨) 이것은 6세기~7세기중엽의 가바네를 칭한 문벌들이 대부분으로서 이 지방도 역시 야마또왕정에서 패권을 쥔 문벌들이 많이 살고있었음을 보여준다.

셋쯔국안에 분포되여 살고있던 문벌들의 상태에서도 다른 지방과 구별되는 일련의 측면들을 찾아볼수 있다.

그것은 우선 조선계통으로 밝혀진 문벌중 임나계통 문벌과 《아야》계통의 아지왕세력이 다른 지방에 비해볼 때 제일 많고 백제계통 문벌도 적지 않는 비중을 차지하고있었다는것이다.

이 지방의 임나계통이라고 자칭한 문벌은 3성씨로서 기나이 5국지방의 이 계통 문벌수에서 제일 많다. 셋쯔국안의 임나계통 문벌 아라라씨는 후끼왕(풍귀왕)의 자손으로 된 왕족출신인데 후끼왕은 일본렬도내 가야소국왕으로 보인다. 이 지방의 임나계통 문벌중에는 가라히또(가라사람)씨가 있는데 이것은 가야(가라)본국의 이름을 그대로 단것으로서 가야본국 멸망후 백제계통 등으로 가탁되였지만 그가운데서 일부 가야계통 문벌들이 가라사람이라는것을 자랑스럽게 여기고있었던 사실을 반영한것이다.

셋쯔국의 《아야》계통 문벌은 기나이 5국 각 지역의 《아야》계통 문벌중에서 제일 적지만 그중에서 아지왕의 자손문벌은 기나이 5국지방의 이 계통 문벌가운데서 제일 많았다. 아지왕계통 문벌들도 아야씨의 조상으로서 5세기이전에 일본렬도에 진출하여 방직 등 선진문명을 보급하고 재정사업을 맡아보았다는데 대하여 앞에서 보았다. 이것은 셋쯔국에 5세기이전에 진출한 아지왕세력이 제일 많았다는것을 보여준다. 아울러 이 지방에는 《아야》계통 문벌로서 양잠과 방직을 전한 하다씨가 2문벌이나 되고 북규슈지방에서 왔다는것이 명백한 쯔꾸시씨가 있다. 쯔꾸시씨는 가바네가 후비또로서 야마또왕정시기에 문필활동을 한것으로 보인다.

셋쯔국안에 공개적으로 백제계통이라고 칭한 문벌은 9성씨로서 기나이 각 지방 백제계통 문벌수에서 가와찌국 다음가는 두번째 자리를 차지하였다. 이 9성씨중 4성씨는 왕족출신이였는데 자세히 보면 후네씨는 다이아라왕(대아라왕), 히라이씨는 피류왕(비류왕), 하라씨는 히꾸도꾸왕(복덕왕), 수구리씨는 오호가라기왕(의보하라기왕)의 자손문벌이였다. 비류왕을 제외한 나머지 왕들은 일본렬도내 백제소국왕으로 인정된다.

※ 후네씨는 《신찬성씨록》 해당 기사에 다이아라왕의 후예라고 하면서 스가노 아소미와 같은 조상이라고 하였는데 스가노 아소미는 도모왕의 14세손 귀수왕의 후예로 되여있다. 따라서 후네씨는 백제본국의 귀수왕의 후예인 일본렬도내 백제소국 다이아라왕의 자손으로 볼수 있다.

셋쯔국안의 백제계통 문벌중 이나베씨와 무꼬씨들은 이 지역의 제일 큰 강들인 이나강과 무꼬강의 이름과 더불어 존재한 유력한 문벌들이였다. 특히 무꼬씨가 집중되여 살며 큰 활동을 벌렸다고 보이는 무꼬항구(아마가사끼시 남부 무꼬강 하구부근)는 옛날부터 해상운수가 집중된 유명한곳의 하나로 알려져있다. 백제계통 문벌 가운데는 수구리씨와 가쩌씨가 있는데 그것은 가바네가 아니라 씨이름으로 사용되였다. 이 《수구리》와 《가쩌》 등은 앞에서 본것처럼 오미, 무라지, 미야쯔꼬와 같이 우두머리에게 붙이는 경칭이였다가 6세기말이후에 가바네로 되였는데 일부는 여전히 씨로 남아있었다.

※ 무꼬항구는 벌써 5세기이전에 리용되였다.(《일본서기》 권6 신공기 섭정 원년 2월조, 41년 2월조, 권10 응신기 31년 8월조) 이곳에는 많은 배가 있었고 백제사신들이 자주 류숙하고 신라군영도 있었다고 한다. 여기서 쓰이던 관청배 이름이 《가라노》라고 한것은 《가라》와 관련이 있었다고 보인다.

셋쯔국에는 신라계통 문벌이 비록 미야께 1성씨로 되여있지만 그것은 중요한 내용을 담고있었다. 미야께씨는 조상이 신라국왕자 아메노 히보꼬노 미꼬도(천일모명)의 자손으로 되여있는데 아메노 히보꼬노 미꼬도는 《일본서기》 권6 수인기 3년 3월조에 구슬, 칼, 창, 거울, 제사용도구를 가지고 하리마국(효고현)과 오미국(시가현), 다지마국(효고현)에 와서 문명을 보급하고 그 후예는 가는곳마다 특히 마지막 다지마국에서 큰 세력을 이룬것으로 되여있다. 천일창의 이름이 《아마》계통이라는것과 그가 가지고온 물건이 주로 야요이시대를 대표하는 물건이라는것을 고려할 때 그의 진출시기는 야요이시기 후기인 2~3세기를 전후한 시기로 보인다.

셋쯔국은 하리마국과 오미국의 중간에 있었으므로 아메노 히보꼬노 미꼬도 세력은 이 지방을 거쳤을것이며 미야께씨도 바로 이 세력의 진출시 셋쯔국에 남은 후손일것이고 한때 큰 세력을 이루고 있었을것이다.

한편 미야께씨의 이름《미야께》는 6세기~7세기중엽 야마또왕정이 국토통합시 지방에 설치한 지방통치기관의 이름과 같다. 지방통치기관으로서의 미야께는 일본렬도내 조선계통의 소국과 집단내에도 설치되였다고 볼수 있는데 이렇게 놓고보면 셋쯔국안의 신라계통 집단내에도 미야께가 설치되였다고 볼수 있는 간접적인 근거를 준다.

셋쯔국안에 분포되여 살고있던 문벌들의 상태에서 볼수 있는 특징적인 점의 다른 하나는 가바네가 없는 씨가 많으며 이미끼, 후비또 등의 가바네를 칭한 문벌이 비교적 많은 반면에 오미, 미야쯔꼬 등의 가바네를 가진 문벌이 적었다는것이다.

셋쯔국안의 문벌 118성씨중 가바네를 칭한 문벌은 85씨이고 가바네가 없는 씨는 33씨나 되였는데 이것은 기나이 5국지방에서 제일 많은것이였다.

가바네를 칭한 셋쯔국안의 문벌들을 보면 이미끼와 후비또를 칭한 문벌이 각각 5성씨, 4성씨로서 가와찌국의 해당 가바네를 칭한 문벌들과 함께 기나이 5국지방에서 제일 많다. 셋쯔국에 이렇게 후비또란 가바네를 칭한 문벌이 많은것은 이 지방에 문필활동을 벌린 문벌들이 다른 지방보다 많았다는것을 보여준다.

셋쯔국안의 문벌가운데서 오미와 미야쯔꼬를 칭한 문벌은 각각 5씨, 6씨로서 기나이지방에서 제일 적었는데 이것은 6세기~7세기중엽 야마또왕정에서 패권을 쥔 문벌들이 다른 지방에 비해 제일 적었다는것을 말해준다.

다음으로 셋쯔국안의 문벌들이 남긴 흔적을 구체적으로 살펴보자. 《일본지명대사전》을 통해 셋쯔국안의 조선계통 문벌들과 관련된 지명들을 찾아보면 표 12와 같다.

표 12   셋쯔국안의 조선계통 문벌들과 관련된 지명들

권수	계통	번호	씨이름	지명
27	백제	1	이 나	이나현(향), 이나강, 이나벌판, 이나산
		2	무 꼬	무꼬군, 무꼬촌, 무꼬강, 무꼬수문
		3	미 노	미노향
	신라	4	미야께	미야께촌
	임나	5	도요쯔	도요쯔촌
		6	하 다	하다향, 하다노시모향
	《아 야》	7	아시야	아시야촌
30		8	구레하또리	구레하또리(지역), 구레하또리신사, 구레제방, 구레고개
		9	이꾸다	이꾸다향, 이꾸다강, 이꾸다신사, 이꾸다수림
18	쯔꾸시《아마》	10	사야베	사야향
		11	쯔모리	쯔모리향—2개
		12	하또리베	하또리향
30	《아 다》	13	스무찌	스무찌향
		14	데시마	데시마군, 데시마향
		15	쯔 또	쯔또향
		16	하쯔까시	하쯔까시향
8	4～5세기 쯔꾸시《아마》	17	구구찌	구구찌촌
		18	기 시	기시촌
		19	누노시마	누노시마향
		20	사사이베	사사이향
		21	요사미	요사미향

이 표에서 보는것처럼 셋쯔국에는 조선계통 문벌들과 관련된 지명이 가와찌국에 못지 않게 많이 남아있다. 그 정형을 종합하여보면 군 2개, 현 1개, 촌(또는 향) 21개, 강 3개, 벌판 1개, 산 1개, 수문 1개, 제방 1개, 고개 1개, 신사 2개, 기타 지명 2개, 총 36개나 되는데 지방행정단위와 관련된 지명은 모두 22개로서 절반이상을 차지한다.

이 지명가운데서 이나현, 이꾸다향, 구레하또리 지역과 신사, 사사이향에는 이나베씨와 이꾸다씨, 구레하또리씨, 사사이베씨가 살고있었다고 기록되여있다. 특히 구레하또리지역은 5세기이전에 온 구레하또리씨, 아야하또리씨가 살던곳이고 구례신사는 하또리들과 관련된 신사라고 한다. 구례는 앞에서 본것처럼 고구려, 백제사람들을, 아야는 가야, 백제를 위주로 하는 조선사람을 가리키고 하또리는 옷재봉공들을 의미하는만큼 이곳은 고구려, 백제, 가야 계통의 옷재봉공들이 살던 거주지이고 구례신사도 옷재봉기술을 비롯한 선진문화를 보급한 조선계통 문벌들을 제사지내는 신사로 볼수 있다.

※ 이나현, 이나강과 관련된 이나씨는 《신찬성씨록》에 백제계통 문벌로 되여있는데 《일본지명대사전》에는 이나현, 이나강은 5세기이전에 신라장공인이 와서 살던곳으로 되여있다. 이것은 대체로 이나현, 이나강의 넓은 지역에 백제와 신라 두 나라계통의 문벌이 다같이 살고있었던 사실의 반영이라고 인정된다.

흥미있는것은 고구려, 백제 계통인 구레씨와 관련된 지명인 구레고개와 구레제방이 오사까시내에 남아있는것이다. 구레고개는 오사까시 동부 히가시나리구역에 있었는데 5세기에 구레하또리를 비롯한 조선계통 기술자들이 건너온 고개라고 하여 그렇게 부른다고 한다. 큰물로 인하여 구레제방이 무너졌다고 한(《속일본기》 권 18 천평승보 2년) 기록, 구레제방을 놓고 셋쯔국과 가와찌국이 다툼을 했다는(《삼대실록》 권12 정관 4년) 기록을 통하여 구레제방이 이 지역의 홍수를 막고 관개를 하는데 크게 리용된 사실을 알수 있다.
　셋쯔국안의 지명들은 결국 조선계통 문벌들이 고호리, 아가다, 무라라는 고을과 마을을 이루고 강류역과 벌판, 산기슭에 의거하여 창조적활동을 벌려나갔음을 보여준다.
　특히 이 지역에 이나, 무꼬, 이꾸다 등 강이름과 관련된 지명이 3개나 되고 그중 이나강과 무꼬강은 이 지방에서 제일 큰 강이였다는것을 고려할 때 조선계통 문벌들이 강류역의 넓은 지역에서 관개수를 리용하여 논농사를 크게 한 사실을 능히 추측할수 있다.
　우에서 본 셋쯔국안의 21성씨가 남긴 지명은 이 지역의 조선계통 문벌들이 살던 흔적의 일부에 지나지 않는다. 그러나 이것만을 통해서도 이 지역에서 조선계통 문벌들의 정착과 활동의 일단을 충분히 엿볼수 있다고 생각한다.
　이처럼 조선계통 문벌들은 야요이시기부터 셋쯔국에 대량적으로 진출하여 창조적활동을 벌리고 선진문명을 보급하였으며 후세에까지 큰 세력을 이루고 살았다.

제4절. 야마또국안의 조선계통 문벌들

　야마또(大和)국은 오늘의 나라현을 차지하고있었다. 옛날 야마또국은 북쪽에 야마시로국과 서쪽에 가와찌국, 동쪽에 이가국, 이세국(미에현)과 남쪽에 기이국(와까야마현)과 접해있었다.
　이 지방은 북쪽에는 나라분지가 펼쳐져있고 남쪽은 산지로 되여있는데 나라분지의 야마또강류역은 일찍부터 서쪽의 북규슈지방에서 온 조선이주민들에 의하여 선진문명을 받아들여 발전하였다.
　야마또국은 6세기이후 국토통합세력인 《신무동정》세력이 자리잡고 국토통합을 진행한곳으로서 그 중심지인 아스까지역과 헤이세이경은 8세기말까지, 구체적으로는 794년까지 고대일본의 수도로 되여있었다. 8세기말 헤이앙경 천도이후에 야마또국에서는 불교가 번성하였다.

야마또국의 중심지 아스까지방에서는 6세기중엽～7세기중엽에 아스까문화가 발전하였는데 이것은 고구려, 백제적 성격이 강한 문화였다. 아스까지방은 아야씨가 다수를 이루고 판을 치고있던 다까이찌군내에 있었으며 아스까촌에는 백제 비유왕의 자손 아스까씨가 살고있었고 이 지방의 야마또라는 국명과 관련된 유력한 문벌 야마또씨는 성씨록에 명백히 고구려, 백제 계통으로, 미꼬도모찌(우두머리)는 《일본서기》(권3 신무기 즉위전기 갑인년 10월)에 북규슈 아마계통, 백제, 가야 계통인 시히네쯔히꼬로 되여있다.

이러한 사실은 야마또지방에 고구려, 백제를 비롯한 조선계통 문벌들이 진출하여 커다란 영향력을 미치고있었다는것을 보여준다.

야마또지방에 조선계통 문벌들이 적극 진출하여 큰 세력을 이루고있었다는것은 성씨록을 통해 보면 잘 알수 있다.

《신찬성씨록》에 반영된 야마또지방의 문벌들의 형편을 계통별로 보면 다음과 같다.(26, 30권 참고)

(1) 외국인계통

— 조선계통으로 밝혀져있는 성씨들

○ 백제: ① 야마또 ② 가즈라(이상 무라지) ③ 우누 ④ 소노히또(이상 오비또) ⑤ 하다 ⑥ 고모구찌(이상 미야쯔꼬)
○ 고구려: ① 도리이 ② 사까이 ③ 요시이(이상 수꾸네) ④ 마리시(기미―공) ⑤ 히오끼=헤끼 ⑥ 야마또(이상 미야쯔꼬) ⑦ 히오끼 구라히또(×)
○ 신라: 이또이(미야쯔꼬)
○ 임나: ① 히라다(오비또) ② 오또모(미야쯔꼬)

— 《아야》계통 성씨들

① 마가미(수꾸네) ② 하다 ③ 나가오까 ④ 야마무라(이상 이미끼) ⑤ 사꾸라다 ⑥ 도요오까(이상 무라지) ⑦ 미하야시(기

미-꽁) ⑧ 아사쯔마 ⑨ 나가구라(이상 미야쯔꾜) ⑩ 구와바라 ⑪ 오쯔(이상 아따히) ⑫ 누가다(수구리) ⑬ 고쩨 ⑭ 아야히또 ⑮ 수구리(이상 ×)

(2) 고대일본 《신》계통

— 북규슈 《아마》계통 성씨들

○ 가미 니기하야히노 미꼬도(천신)의 자손성씨: ① 시끼 ② 사이(이상 무라지) ③ 하쯔세베(미야쯔꾜→×) ④ 아가따쯔까히 ⑤ 마가무다=마가미다(이상 오비또) ⑥ 하쯔세노 야마(아따히) ⑦ 야다베 ⑧ 나미쯔끼노 모노노베(이상 ×)

○ 다까미무스비노 미꼬도(천신)의 자손성씨: ① 가즈라기(이미끼) ② 가도베 ③ 고시(이상 무라지) ④ 아스까(아따히) ⑤ 하다(하후리) ⑥ 나까쩌노 마로꼬(×)

○ 쯔하야무스비노 미꼬도(천신): ① 오까야께(오미-신) ② 소후(아가따누시)

○ 호아까리노 미꼬도(천손)의 자손성씨: ① 이후끼베(수꾸네) ② 오하리 ③ 이후끼베(이상—무라지) ④ 다지히노 미부(오비또) ⑤ 다꾸미(미야쯔꾜)

○ 호노 스세리노 미꼬도(천손)의 자손성씨: ① 후따미(오비또) ② 오스미 하야비또(×)

○ 시히네쯔히꾜의 자손성씨: 오야마또(수꾸네)

— 이즈모 《아야》계통 성씨들

○ 아마노 호히노 미꼬도(천손)의 자손성씨: ① 하지=하니시(수꾸네) ② 니헤하니시(무라지)

○ 스사노오노 미꼬도의 자손성씨: ① 오가=오미와 ② 가모(이상 아소미) ③ 미또시(하후리) ④ 와니고(×)

— 《아마》계통 성씨들

○ 가미 무스비노 미꼬도(천신)의 자손문벌: ① 시도리 ② 다나베 ③ 다메(이상 수꾸네) ④ 이소시(오미—신) ⑤ 오사까(아따히)

○ 아메노 미나까누시도 미꼬도(천신)의 자손문벌: ① 하또리베(무라지) ② 미메시로(오비또)

○ 아메노 구시다마노 미꼬도(천신)의 자손문벌: 시로쯔쯔미(오비또)

○ 후루무스비노 미꼬도(천신)의 자손문벌: 가모리=가니모리(×)

○ 아메노 에다노 미꼬도(천신)의 자손문벌: 오다노 하후리야마(아따히)

○ 아메노 미호노 미꼬도(천신)의 자손문벌: 고시베노 오호(×)

○ 아마 쯔히꼬베노 미꼬도(천손)의 자손문벌: ① 누가다베 히끼다=누가다베 가와다 ② 사끼구사베(이상 무라지) ③ 안쩨 ④ 고모즈메(이상 미야쯔꼬) ⑤ 이누가미(아가따누시)

○ 아메노 야혜고또시로누시노 미꼬도(지기)의 자손문벌: 나가라(오비또)

○ 아메노 마히도쯔노 미꼬도의 자손성씨: 아시다(오비또)

— 토착신계통 성씨들

○ 미히가네=가미히까네(지기)의 자손문벌: 요시노(무라지)
○ 이와호오시와께노 가미(지기)의 자손문벌: 구즈(×)

(3) 《천황》계통

— 5세기이전 《천황》=4〜5세기 쯔꾸시《아마》 우두머리계통

○ 《신무》의 자손문벌: 히(아따히)
○ 《효소》의 자손문벌: ① 가끼노 모또(아소미) ② 후루(수꾸

— 121 —

네) ③ 구메(오미-신)

○ 《효원》의 자손문벌: ① 호시가와(아소미) ② 에누마 ③ 우찌 ④ 이께노 시리=이끼지리 ⑤ 고세노 가시께히따=고세노 히다(이상 오미-신) ⑥ 마이사오=우마다꾸미(무라지) ⑦ 야마(기미-공) ⑧ 아기나(기미-군) ⑨ 사까히베(오비또) ⑩ 오사 ⑪ 오또후또베(이상 X)

○ 《개화》의 자손문벌: 가와마따(기미-공)

○ 《숭신》의 자손문벌: ① 시모쯔까히 ② 히로기쯔(이상 기미-공)

― 6세기~7세기중엽 《천황》 야마또왕정의 대왕계통 성씨

《계체》의 자손문벌: 사까히또=사까비또(마히또)

성씨록에 반영된 야마또국안의 문벌들을 계통별로 보면 외국인계통 문벌 31성씨중 조선계통으로 밝혀진 문벌은 16성씨이고 《아야》계통 문벌은 15성씨이다. 고대일본 《신》계통 문벌은 모두 50성씨로서 제일 많은데 그가운데서 쯔꾸시《아마》 우두머리계통 문벌은 24성씨이고 이즈모《아마》 우두머리계통 문벌이 6성씨, 《아마》 우두머리계통 문벌이 18성씨, 원주민《신》계통 문벌이 2성씨이다. 고대일본 《천황》계통 문벌은 19성씨로서 6세기~7세기중엽 야마또왕정의 《대왕》계통 문벌 1성씨를 제외하고는 모두 5세기이전 《천황》(4~5세기 쯔꾸시《아마》 우두머리)계통 문벌이다.

결국 성씨록에 의하면 야마또국에는 100성씨가 살고있었는데 원주민계통 2성씨를 제외하고는 대체로 조선계통 문벌이다. 야마또국의 조선계통 문벌들은 대부분이 5세기이전에 이 지방으로 진출, 정착한것으로 볼수 있는데 이들은 6세기이후에 큰 세력을 이루고있었다.

야마또국안의 문벌들이 칭한 가바네들로서는 마히또(1씨), 아소미(4씨), 수꾸네(11씨), 이미끼(4씨), 오미(신-7씨), 무라지(16씨), 기미(공, 군-7씨), 아따히(7씨), 미야쯔꼬(12씨), 오비또

(12씨), 아가따누시(2씨), 수구리(1씨), 하후리(2씨)들인데 무라지, 오비또, 수꾸네라는 가바네가 제일 많다. 그중 7세기말이후의 가바네를 칭한 문벌이 20성씨이고 나머지는 6세기~7세기중엽의 가바네를 칭하고있는데 이것은 이 지역의 문벌들의 대부분이 야마또왕정시기에 패권을 쥔 문벌이였음을 볼수 있게 한다.

　야마또국의 조선계통 문벌들의 상태를 고찰할 때 놓치지 말아야 할 가장 중요한 문제는 794년 수도 헤이앙경천도와 관련하여 큰 변화가 일어났다는것이다.

　원래 794년이전까지 이 지역에는 6세기이후 야마또왕정의 수도가 자리잡고있었으므로 조선계통 문벌들이 많이 집중되여 살았다고 인정된다. 성씨록에 올라있는 9세기초 수도 헤이앙경 조선계통 문벌수는 수도이외의 기나이지방 5개국에 살고있던 문벌들을 다 합친것(643성씨)보다 불과 100여성씨 정도 적은 537성씨나 되였다는것을 고려할 때 야마또지방에도 794년 천도이전에는 상당히 많은 문벌들이 살았으리라는것은 명백하다.

　그러나 794년에 수도가 이동하면서 야마또국의 조선계통 문벌들이 헤이앙경으로 많이 옮겨가게 되였다. 성씨록을 통해서 볼수 있는 야마또국에 분포되여있던 조선계통 문벌들의 상태에서 나타난 특징적인 점들은 이러한 사정과 떼여놓고 생각할수 없다.

　우선 야마또국에 분포되여 살고있던 조선계통 문벌들의 총수가 100성씨로서 기나이지방에서 제일 적었다.

　그중에서도 가장 눈에 띄는것은 고대일본 《천황》계통 문벌과 《신》계통 문벌들이 제일 적은것이였다. 야마또국의 《천황》계통 문벌은 다른 지역보다 훨씬 적은 19성씨밖에 안되였고 고대일본 《신》계통 문벌도 50성씨 정도밖에 안되였다.

　야마또국의 고대일본 《신》계통 문벌들을 보면 비록 그 절대수는 다른 지방에 비해 적지만 야마또국안의 문벌총수에서 차지하는 비중은 비교적 높은 편이였다는것을 알수 있다. 야마또국안의 총 문벌 100성씨중에서 고대일본 《신》계통 문벌(50성씨)이 차지하는 몫은 50%로서 기나이 5국지방에서 《신》계통 문벌들의 비중이 제일 높은 이즈미지역(52%)에 못지 않게 많았다. 이것은 이 지방의 전체 조선계통 문벌가운데서 대체로 야요이시기에 진출한 조선계통 문벌들이 대략 절반을 차지하였다는것을 의미한다. 야마또지방의 조선적성격을 띤 야요이문화는 바로 이러한 조선계통 문벌들의 대량적인 진출, 정착과 밀접히 련관되여있다고 볼수 있다.

야마또국의 고대일본 《신》계통 문벌들에는 야마또왕정에서 패권을 쥔 모노노베씨(복씨)와 이 지방의 국명, 지방 이름과 결부되여있는 오야마또씨와 아스까씨, 오사까씨 그리고 선진문명을 전한 하다씨, 하또리씨, 다꾸미씨, 와니고씨들이 보인다. 오야마또씨는 이 지방 국명을 띤 문벌로서 북규슈 《아마》계통 우두머리인 시히네쯔히꼬의 자손으로 된 백제, 가야 계통이다. 이것은 야마또씨의 조상이 북규슈 《아마》계통 우두머리, 백제를 비롯한 조선계통 우두머리였다는 사실과 아울러 야마또란 이름도 그곳에서 왔다는것을 시사해준다.

야마또국에 분포되여 살고있던 문벌들의 상태에서 특징적인것은 또한 기나이 5국지방에서 고구려계통 문벌이 많고 백제계통 문벌이 제일 적은것이였다.

수도를 제외한 기나이 각 지방에서 고구려계통 문벌들의 분포정형을 보면 야마또국이 7성씨, 이즈미국 1성씨, 가와찌국과 야마시로국이 각각 5성씨, 셋쯔국이 3성씨로서 야마또국에 고구려계통 문벌들이 제일 많았다. 야마또국안의 고구려계통 문벌 7씨중 마리시씨는 호릉왕(보륜왕)의 자손으로, 나머지 6씨는 이리노오미(이리사주)의 자손으로 된 왕 및 우두머리들의 자손문벌들이다. 이리노오미의 자손문벌중에는 오끼섬에 본거지를 두었다고 보아지는 히오께씨가 2문벌이나 되고 이 지방의 국명을 띤 야마또씨가 보인다.

야마또지방에 고구려계통 문벌이 제일 많고 이 지방의 국명에 고구려계통 문벌의 이름이 반영된것은 이 지방에 고구려의 영향력이 매우 강하게 미치고있었던 사실의 반영으로 볼수 있다. 이것은 이 지방의 아스까문화가 고구려색채를 크게 띠고있는 사실, 고구려중 혜자가 6세기말~7세기초의 집권자인 성덕태자의 스승이 되였던 사실들과 결부해볼 때 통하는 이야기로 된다.

야마또국안의 백제계통 문벌은 6성씨로서 기나이지방에서 제일 적다. 이것은 원래부터 야마또국에 백제계통 문벌이 적었다는것을 의미하는것은 결코 아니라고 생각된다. 성씨록에 야마또국의 백제계통들이 적게 나타난것은 야마또왕정에서 패권을 쥐고있던 야마또국안의 백제계통 문벌들이 794년 헤이앙경 천도시 그곳으로 많이 옮겨간것과 관련되여있다고 인정된다.

야마또국안의 백제계통 문벌중 야마또씨는 고구려계통 문벌 야마또씨와 함께 이 지방의 국명을 띤 유력한 문벌이였다. 이 문벌은 오소리끼왕(웅소리기왕)의 자손으로 된것으로 보아 한때 이 지방 백제소국왕족이였다고 보인다.

야마또국의 백제계통 문벌중 고모구찌씨는 누계다시로끼기미(임금), 우누씨는 백제임금 아들 미나소호오미, 하다씨는 사후리찌오미의 자손으로 된 왕족 및 우두머리 출신이다. 양잠, 천짜기 등 선진문명을 전한 하다씨는 이 지역에서 명백히 백제계통 우두머리의 후예로 칭하고있었다. 특히 가즈라씨는 백제국사람 고마의 후예로 칭하고있는데 이것은 일본렬도내의 고마가 고구려사람뿐아니라 백제사람도 가리켰다는 흔적의 하나로 볼수 있다. 우리 학계는 고대 일본에서 쓰인 고마는 대체로 5세기이전에는 백제를, 6세기이후에는 고구려를 가리킨다고 제기한바 있다.(《초기조일관계연구》, 223~225페지)

임나국출신과 《아야》계통 문벌들이 수자상으로는 그리 많지 않지만 기나이의 다른 지역에 비하여 비교적 많은것도 야마또국의 문벌들의 상태에서 볼수 있는 눈에 띄이는 점의 하나이다.

야마또국의 임나계통 문벌은 2성씨였다. 기나이의 5국 다른 각 지방들을 보면 임나계통 문벌이 하나도 없거나 1성씨 정도 있는것이 고작이였다.

이 지방의 임나계통 문벌 히라다씨는 국왕 쯔누가아라시또(도노가아라지등), 오또모씨는 료수왕(룡주왕)의 손자 사리왕(좌리왕)의 자손으로 된 왕족출신들이다.

쯔누가아라시또는 《일본서기》 권6 수인기 6년 시세조 본문주석에 가라국 왕자로서 기원 28년 나가또국(야마구찌현), 이즈모국(시마네현)을 거쳐 고시국 계히포구(《쭈누가》라고도 함—후꾸이현 쯔르가시 혜히신사부근)에 진출, 정착한것으로 되여있다. 쯔누가아라시또는 그 진출경로로 보아 이른 시기에 가야본국에서 조선남해를 거쳐 고시지방에 진출하였고 그 자손들인 히라다씨를 비롯한 일부 문벌들은 그후 야마또지방을 비롯한 기나이지방에 진출, 정착하여 큰 세력을 이루었다고 볼수 있다.

※ 《일본지명대사전》(5권, 4,060페지)에 의하면 옛날 이곳에는 쯔누가국 (7세기중엽 이후에는 쯔르가군으로 됨)과 계히포구가 있었는데 조선사람들이 진출한 입구의 하나라고 보면서 가라국 왕자 쯔누가아라시또의 설화를 싣고있다. 계속하여 머리에 뿔이 달린 사람(쯔누가아라시또를 가리킴)이 왔다고 하여 이 지방과 국명을 쯔누가라고 하였을것이라고 강조하였다. 머리에 뿔이 달렸다는것은 가라국왕자가 쓴 관모를 당시 일본사람들로서는 처음으로 보는것이기때문에 그렇게 리해한것으로 생각된다. 현재 이곳에는 후꾸이현에서 제일 큰 《쯔르가항구》가 있고 쯔르가시가 있다. 이것은 당시 조선의 왕자급인물들이 일본땅에 진출, 정착하여 일정한 소국의 우두머리로서 국명과 항구에 이름을 남기면서 후세까지 큰 영향력을 미치고있었다는것을 보여준다.

료수왕과 손자 사리왕은 일본렬도내 소국왕으로 인정되며 따라서 그 자손문벌 오또모씨는 왕족출신이였다고 볼수 있다. 오또모씨는 미야쯔꼬라는 가바네를 가진 문벌이였던만큼 야마또왕정에서 큰 세력을 이루고있었을것이다.

야마또국의 《아야》계통 문벌들은 15성씨로서 기나이 5국지방에서 가와찌국 다음으로 많았다. (《아야》계통 문벌은 이즈미국에 12성씨, 가와찌에 37성씨, 셋쯔국에 14성씨, 야마시로에 13성씨가 있었다.) 이 지역의 《아야》계통 문벌가운데는 가야출신이 명백한 아사쯔마(가라국사람 쯔르노 오미의 자손 문벌)와 나가구라(가라국 아마시노 미꼬도의 자손), 아야히또 그리고 백제출신으로서 하다씨가 보인다.

가바네가 없는 문벌과 무라지, 기미를 칭한 문벌이 제일 적고 수꾸네를 칭한 문벌이 많은것도 이 지방에 살던 문벌들의 상태에서 찾아볼수 있는 두드러지는 측면의 하나이다.

우에서 본것처럼 야마또국의 문벌가운데서 가바네가 없는 씨는 14성씨로서 기나이지방에서 제일 적은데 이것은 이 지방에 문벌수가 제일 적은 등 여러가지 원인이 있었다고 볼수 있다.

야마또지방의 무라지를 칭한 문벌은 16씨, 기미(공, 군)를 칭한 문벌은 7씨로서 기나이 각 지방의 해당 가바네를 칭한 문벌들중에서 제일 적다. 그와 반면에 7세기말이후 제3위에 해당한 수꾸네란 가바네를 칭한 문벌은 11씨로서 수도를 제외한 기나이 5국지방의 수꾸네를 칭한 문벌중에서 제일 많다. 수꾸네를 칭한 문벌들은 이즈미국이 2씨, 가와찌국이 11씨, 셋쯔국이 6씨, 야마시로국이 6씨이다. 수꾸네를 칭한 문벌이 많다는것은 야마또지방에 남은 문벌들가운데 7세기말이후 일본왕정에서 패권을 잡은 문벌들이 다른 지방보다 상대적으로 많았다는것을 보여준다.

마지막으로 야마또국안의 조선계통 문벌들이 이 지역에 남긴 흔적을 지명을 통하여 보기로 하자. 《일본지명대사전》을 통하여 지명자료들을 종합해보면 표 13과 같다.

표 13에서 보는것처럼 야마또국안의 조선계통 성씨와 관련이 있는 지명은 국이름 1개, 군이름 2개, 읍이름 1개, 촌(또는 향)이름 12개, 강이름 5개, 벌판이름 3개, 산이름 2개, 절간이름 2개, 신사이름 4개, 왕궁이름 4개 기타 지명 1개 총 37개로서 기나이 5국가운데서 지명이름이 제일 많다. 이것은 성씨록에 반영된 야마또지방의 조선계통 문벌수는 제일 적었지만 헤이앙경에로의 천도이전에는 이 일대에 조선계통 문벌이 제일 많이 살았다는것을 확증해주는 근거의 하나로 된다.

이 지역의 조선계통 문벌들과 관련된 지명에서 주목되는것은 강과 벌판, 산의 지명이 10개로서 다른 지방에 비해 많은것이다. 일반적으로 강과 벌판, 산 이름들은 잘 변하지 않는다. 이 지역의

표 13   야마또국안의 조선계통 문벌들과 관련된 지명들

권수	계통	번호	씨이름	지명
26	고구려, 백제 《아야》	1	야 마 또	야마또국, 야마또벌판, 야마또강
		2	야마무라	야마무라향
		3	마 가 미	마가미벌판
17	쯔꾸시《아마》	4	하 세 쯔	하세쯔강
		5	오 야 께	오야께향
		6	아 스 까	아스까촌, 아스까강, 아스까신사, 아스까절간, 아스까궁—2개
		7	오 하 리	오하리읍(가즈라기군의 별칭)
		8	이후끼베	이후끼촌
30	《아마》	9	하또리베	하또리베향
		10	오 사 까	오사까향, 오사까산
		11	요 시 노	요시노군, 요시노향, 요시노강, 요시노궁—2개
		12	아 사 다	아사다벌판
7	4~5세기 쯔꾸시《아마》	13	구 메	구메향, 구메강, 구메신사, 구메절간, 구메돌다리
		14	호시가와	호시가와향
		15	우 찌	우찌군, 우찌촌, 우찌신사
		16	고 세	고세향, 고세강, 고세산, 고세신사
		17	야 마	야마향

강들은 모두 야마또강에 합류되며 야마또분지의 넓은 들을 적시고 있으므로 농사짓기에 매우 유리한 조건을 가지고있었다. 강과 벌판이 많은 이고장에 진출한 조선계통 문벌들은 강류역의 벌판에 뿌리를 내리고 물을 리용하여 논농사를 짓고 물고기잡이와 사냥도 하면서 창조적활동을 힘있게 벌려나갔던것이다.

야마또지방의 강과 산기슭, 벌판에 정착한 조선계통 문벌들은 군, 읍, 촌(향) 등의 지명에서 보는것처럼 일정한 마을과 고을을

이루고 살았다고 인정된다. 구메향과 고세향에는 《일본지명대사전》해당 개소에 구메씨, 고세씨가 살고있었다고 씌여있다. 또한 아스까촌에는 《아야》씨가 거주하고있었다고 하였는데 이것은 가야, 백제 계통 문벌들이 살고있었다는것을 의미한다. 또 표 13에 밝혀져있는것처럼 야마또국의 아스까씨는 쯔꾸시 《아마》계통인 백제, 가야 계통이였다.

제반 사실은 아스까촌에 백제, 가야 계통 문벌들이 살고있었다는것을 보여준다.

이 지역의 절간과 신사, 궁터와 관련된 지명들은 조선계통 문벌들이 불교를 보급하고 신사의 주인, 왕궁의 주인으로 행사한 사실을 알수 있게 한다.

실례로 아스까씨와 관련된 아스까사(법흥사)는 백제, 가야 계통이 판을 치는 아스까촌에 자리잡고있는데 《일본서기》권21 숭준기 원년 시세조에 의하면 백제의 절간짓기공, 로반박사, 기와박사 등 기술자들이 와서 만들었다고 한다.

원래 아스까촌은 국토통합을 시작한 야마또왕정이 100여년동안 자리잡은곳이며 이 왕정에서 패권을 쥔 문벌은 백제, 가야 계통이였다. 아스까촌에 위치한 아스까사, 아스까신사, 아스까왕궁들도 백제, 가야적 성격을 띠고있다.

※ 아스까사의 가람배치는 고구려의 정릉사나 금강사의 1탑 3금당식의 수법으로 되여있는데 이것은 백제기술자들이 고구려의 우수한 건축술을 받아들인데 있다. 아스까사가 완공되자 고구려의 유명한 중 혜자가 여기에 와서 사는 등 고구려의 영향이 컸다.

아스까촌의 아스까사, 아스까신사, 아스까왕궁들을 통하여 이 지역의 백제를 비롯한 조선계통 이주민들이 우두머리의 역할을 하였으며 불교를 크게 퍼뜨린 사실을 알수 있다.

이처럼 야마또국은 나라이름으로부터 마을에 이르기까지, 강과 들판으로부터 산에 이르기까지, 중심지인 수도와 왕궁, 절간과 신사에 이르기까지 고구려, 백제를 비롯한 조선계통 문벌들의 큰 영향을 받은 나라였다.

제5절. 야마시로국안의 조선계통 문벌들

야마시로(山城)국은 교또부 중부와 남부에 위치한 기나이 5국의 하나였다. 북부는 단고국과 담바국(오사까부, 효고현), 동부는 오미국(시가현)과 이가국(미에현), 남부는 야마또국, 서부는 가와찌국과 셋쯔국이 린접해있었다.

야마시로국은 《산성의 나라》라는 뜻이다. 이것은 이곳 지형이 가운데는 야마시로분지가 있고 사방이 산지로 둘러싸여있어 마치 산성처럼 생긴데서 나왔다고 인정된다.

야마시로국에서 기본을 이루는 야마시로분지는 가모강, 가쯔라강, 우지강과 기즈강이 흐르므로 물이 많고 농사를 짓기에 매우 유리한 조건을 가지고있어 일찍부터 개척되였다.

야마시로국의 개척에서 중요한 역할을 논것은 백제국출신인 하다씨와 고구려계통 문벌들이였다.

특히 하다씨는 가도노군을 중심으로 하여 널리 퍼져 살면서 양잠과 방직, 관개공사를 진행하여 큰 발전을 이룩하고 이 지방에서 제일 큰 세력으로 되였다.

※ 가도노군의 하다씨는 명주실과 솜, 명주와 각종 비단을 많이 생산하여 창고마다 듬뿍듬뿍 쌓아놓고 살았다고 한다. 이리하여 이 문벌은 《우즈마사》(듬뿍듬뿍 넘쳐나는 모양 즉 비단과 명주, 명주실을 창고마다 가득히 쌓아놓고 산다는 의미)라는 성을 받게 되고 이 지역에는 근세까지 우즈마사라는 지역이 남게 되였다.

7세기중엽 《대화개신》이후 야마시로국은 가도노군, 오다끼군, 오또구니군, 기이군, 우지군, 구세군, 쯔쯔끼군, 사까라군을 포함하고있었다.

야마시로국에는 일찌기 조선계통 문벌들이 진출하여 후세까지 큰 세력을 이루고있었다. 《신찬성씨록》을 통해 야마시로국안의 조

선계통 문벌들의 형편을 보면 다음과 같다.(25, 17, 6, 30, 1권 참고)

(1) 외국인계통

— 조선계통으로 밝혀져있는 성씨들

○ 백제: ① 미→스에(오미) ② 오까노야 ③ 히로하다(이상 기미―꽁) ④ 이베(미야쯔꼬) ⑤ 다미=미다미(오비또) ⑥ 기(오사) ⑦ 가찌(X)

○ 고구려: ① 기부미(무라지) ② 다까이 ③ 고마 ④ 야사까(이상 미야쯔꼬) ⑤ 구와바라(후비또)

○ 신라: 마끼(후비또)

○ 임나: 다다라(기미)

— 《아야》계통 성씨들

① 하다 ② 하다 ③ 하다(이상 이미끼) ④ 기누누히=다꾸미(미야쯔꼬) ⑤ 다니(아따히) ⑥ 미다미쯔까히(오비또) ⑦ 니시고리베 ⑧ 아나호(이상 수구리) ⑨ 하다(간무리) ⑩ 하후리베 ⑪ 구니세노 시시히또 ⑫ 모즈메 ⑬ 수구리(이상 X)

(2) 고대일본 《신》계통

— 북규슈 《아마》계통 성씨들

○ 가미 니기하야히노 미꼬도(천신)의 자손성씨: ① 아또 ② 우지 ③ 사이(이상 수꾸네) ④ 하다(이미끼) ⑤ 누가다(오미―신) ⑥ 쯔꾸시 ⑦ 아또 ⑧ 구마누 ⑨ 우지노 야마모리 ⑩ 이마끼 ⑪ 사이 ⑫ 나까도미노 가도노 ⑬ 감나이베=감나기헤 ⑭ 다까하시(이상 무라지) ⑮ 나이기끼사이찌=나끼노 기이사베 ⑯ 마가미베(이상 미야쯔꼬) ⑰ 니시고리베 ⑱ 모노노베(이상 오비또) ⑲ 나끼(가찌)

○ 호아까리노 미꼬도(천손)의 자손성씨: ① 무또베 ② 오하리 (이상 무라지) ③ 미나세=미누시 ④ 야마시로(이상 아따히) ⑤ 미또베(오비또) ⑥ 이후끼베 ⑦ 이시쯔꾸리(이상 ×)

○ 호노 스세리노 미꼬도(천손)의 자손성씨: 아다노 아야히또(×)

○ 쯔하야무스비노 미꼬도(천신)의 자손성씨: ① 하루히베(수구리) ② 오사끼(×)

— 이즈모《아마》계통 성씨들

○ 아메노 호히노 미꼬도(천손)의 자손성씨: ① 하지=하니시(수꾸네) ② 이즈모 ③ 이즈모(이상 오미—신) ④ 에가(×)

○ 스사노 오노 미꼬도(지기)의 자손성씨: ① 이와베=이소베(기미—공) ② 고마우또노=고마히또누(×)

— 《아마》계통 성씨들

○ 가미 무스비노 미꼬도(천신)의 자손성씨: ① 누가다베(수꾸네) ② 이마끼 ③ 오꾸라 ④ 도또리(이상 무라지) ⑤ 가모 ⑥ 가모 (이상 아가따누시) ⑦ 지까라베 ⑧ 야다베 ⑨ 하세쯔까베 ⑩ 하후리베 ⑪ 니시히지리꼬베=가후쩨노 하쯔가시베(이상 ×)

○ 아메노 아히노 미꼬도(천신)의 자손성씨: 구레(기미—공)

○ 아메히라꾸노 미꼬도(천신)의 자손성씨: 가무미야노베(미야쯔꼬)

○ 아메노 구시마히도쯔노 미꼬도(천신)의 자손성씨: 스가다(오비또)

○ 아마쯔히꼬베노 미꼬도(천손)의 자손성씨: 야마시로(이미끼)

○ 쯔르기의 자손성씨: 기(가찌)

(3) 《천황》계통

— 5세기이전 《천황》=쯔꾸시《아마》 우두머리계통 성씨들

○ 《신무》의 자손성씨: 만다(무라지)

○ 《효소》의 자손성씨: ① 오노=오누 ② 아와다(이상 아소미) ③ 오노(오미―신) ④ 무라(기미―공) ⑤ 와다시모리=와다리모리 (오비또) ⑥ 오야께 ⑦ 와니베 ⑧ 하꾸리(이상 X)

○ 《효원》의 자손성씨: ① 아베=아헤 ② 이꾸하 ③ 이데하 ④ 지모리(이상 오미―신) ⑤ 요도(무라지) ⑥ 오사 ⑦ 이마끼(이상 X)

○ 《개화》의 자손성씨: ① 구사까베(수꾸네) ② 가로아비꼬= 가루노 아비꼬 ③ 가따이 ④ 와께(이상 기미―공)

○ 《경행》의 자손성씨: 만다(가찌)

○ 《중애》의 자손성씨: ① 후세(기미―공) ② 하시우또=하시히또(미야쯔꼬)

○ 《응신》의 자손성씨: 오끼나가 다까하라=오끼나가 다께하라 (기미―공)

— 6세기초 《천황》=야마또왕정 《대왕》계통성씨 《게체》의 자손문벌: 미구니(마히또)

우에서 보는것처럼 성씨록에 반영된 야마시로국의 문벌은 외국인계통 문벌 27씨, 고대일본 《신》계통 문벌 51씨, 고대일본 《천황》계통 문벌 25성씨 총 103성씨이다.

고대일본 《신》계통 문벌은 총 문벌수의 근 절반을 차지하는데 그가운데서 쯔꾸시《아마》 우두머리계통 문벌은 29성씨, 이즈모《아마》 우두머리계통 문벌은 6성씨, 《아마》 우두머리계통 문벌은 16성씨이다.

외국인계통 문벌 27성씨가운데서 백제계통 문벌은 7성씨, 고구려계통 문벌은 5성씨, 신라계통 문벌과 임나계통 문벌은 각각 1성

씨, 《아야》계통 문벌은 13성씨이며 《천황》계통 25성씨가운데서 1성씨를 제외하고 모두 5세기이전 《천황》(4～5세기 쯔꾸시《아마》우두머리)계통 문벌들이다.

이러한 사실은 야마시로국의 문벌들도 대체로 조선계통 문벌들이며 대부분 5세기이전에 일본렬도에 진출, 정착하였다고 보인다. 그들은 6세기이후에 큰 세력을 이루었다.

야마시로국의 문벌들이 칭한 7세기말이후의 가바네를 종합하여 보면 마히또 1씨, 아소미 2씨, 수꾸네 6씨, 이미끼 5씨이고 6세기～7세기중엽의 가바네가 오미(신, 사주) 9씨, 무라지 17씨, 기미(공) 11씨, 아따히 3씨, 미야쯔꼬 9씨, 오비또 7씨, 후비또와 아가따누시 각각 2씨, 가찌, 수구리 각각 3씨, 오사와 간무리 각각 1씨이다.

7세기말이후 가바네는 14성씨이고 나머지는 6세기～7세기중엽의 가바네인것으로 보아 이 지방의 문벌들도 대부분 야마또왕정에서 패권을 쥔 문벌들이였다는것을 알수 있다.

야마시로국안에 분포되여 살고있던 문벌들의 상태에서 볼수 있는 몇가지 두드러지는 점을 찾아보기로 하자.

그것은 우선 문벌총수가 상대적으로 적은것이다. 야마시로국의 전체 문벌수는 103성씨로서 기나이지방에서 야마또국 다음으로 적다. 특히 고대일본 《신》계통 문벌과 《천황》계통 문벌들이 다른 지방보다 상대적으로 제일 적은것이 눈에 띄운다. 이것은 여러가지 요인과 관련되여있을수 있지만 가장 중요한 요인은 수도 헤이앙경이 야마시로국안에 설치되였기때문에 다른 지방에 비해 수도를 가까이 한 이곳의 문벌들이 수도에 많이 옮겨앉은데 있다고 생각된다.

야마시로국의 문벌들가운데서 고구려계통 문벌과 《아야》계통의 선진기술집단 문벌이 비교적 많은것도 눈에 띄이는 점의 하나이다.

야마시로국안의 고구려계통 문벌은 5성씨로서 기나이지방에서 가와찌국과 함께 두번째 자리를 차지한다.

야마시로국의 고구려계통 문벌 다까이씨는 고구려왕 추모(주몽)의 20세손(또는 26세손이라고도 함) 죠앙끼왕(여안기왕), 고마씨는 후렝왕(부련왕), 기부미씨는 구시나왕(구사나왕)의 자손으로 된 왕족출신이다.

우의 왕들은 고구려본국에는 없었던것만큼 일본렬도내 고구려계통 소국왕으로 인정된다.

야마시로국안의 고구려계통 문벌들은 남부인 사까라군에서 큰 세력을 이루고있었다. 《일본지명대사전》(2권, 1,727페지, 3권, 2,880페지)에 의하면 사까라군의 서부 기즈강중류에 고구려사람들과 밀접히 관련되여있다고 보이는 고마촌과 가미고마정, 고마절간과 고마히관(사까라관이라고 한다.), 고마역전이 있었다고 한다. 《화명초》에 보이는 사까라군의 오고마향이 바로 이곳이다.

고마절간은 고구려중 혜편과 혜총이 와서 세웠다고 하는데 방광사라고 한다. 고마히관은 6세기중엽이후 고구려본국 사신들이 조선동해와 고시지방을 거쳐 야마또왕정으로 갈 때 머무르던 중요한 관이였다.*

* 《일본서기》 권16 흠명기 31년 4, 5, 7월조

현재도 이곳에는 고구려와 관련된 《고마》라는 지명이 여러곳에 남아있다.

이러한 사실은 야마시로국 남부 사까라군에 고구려사람들이 집중하여 살면서 큰 세력을 이루고있었고 후세까지 큰 영향을 미쳤다는것을 보여준다.

야마시로국의 《아야》계통 문벌중 선진문명을 전한 문벌로서는 하다씨, 가누누히씨, 니시고리에씨들을 들수 있다.

특히 하다씨는 4성씨로서 기나이 5국지방에서 제일 많은데 이것은 야마시로국의 개척과 발전에서 하다씨가 큰 역할을 하였으며 하다씨가 이 지방에서 제일 큰 세력을 이루고있었다는 사실을 뚜렷이 보여준다.

야마시로국안에 살고있던 문벌들의 상태에서 눈에 띄는 점은 또한 문벌수에서 고대일본 《신》계통 문벌수의 비중이 비교적 높은

것이다. 야마시로국의 총 문벌수 103성씨중 고대일본 《신》계통 문벌 51성씨가 차지하는 비중은 약 50%나 되는데 이것은 이 비중이 제일 높은 가와찌국(52%)에 못지 않다.

야마시로국안의 고대일본 《신》계통 문벌가운데서 가미니기하야히노 미꼬도의 자손문벌은 19성씨로서 기나이지방의 이 《신》계통 문벌수에서 제일 많다. 이 지역의 이 《신》계통 자손 문벌중에는 6세기~7세기중엽 야마또왕정에서 패권을 잡은 모노노베씨, 나까도미씨들과 양잠, 방직 등 선진문명을 전한 하다씨, 니시고리베씨, 북규슈지방에 본거지를 둔 쯔꾸시씨들이 보인다. 이 지방의 가미무스비노 미꼬도의 자손문벌은 11씨, 호아까리노 미꼬도의 자손문벌은 7씨, 아마노 호히노 미꼬도의 자손문벌은 4성씨로서 다른 지방의 해당한 《신》계통 문벌보다 비교적 많다.

특히 호아까리노 미꼬도의 자손문벌중에는 야마시로씨가 있는데 이 문벌은 이 지역의 국명을 띤 문벌이다. 이 문벌은 조상인 호아까리노 미꼬도가 쯔꾸시《아마》계통이므로 백제, 가야 계통으로 불수 있다.

따라서 야마시로국의 국명에 백제, 가야 계통 문벌이 관련되여 있었다고 보아야 할것이다.

한편 야마시로국의 임나국 출신은 다다라씨 1문벌뿐인데 조상이 니티구부왕(이리구모왕)의 자손으로 된 왕족출신이다. 그런데 이 문벌이 살던곳은 대체로 쯔쯔끼군내 다다라마을이다. 《고사기》 중권 인덕기와 《일본서기》 권11 인덕기 30년 4월조에 의하면 《인덕천황》의 황후가 야마시로국의 남부 쯔쯔끼지방(7세기중엽에 군으로 됨) 가라사람 누리노미의 집에 와서 궁실을 짓고 살았다고 한다. 이것은 가라사람들이 《쯔쯔끼》 즉 둔덕성=산성을 짓고 살던 사실을 보여주며 또 야마시로국의 국명에 산성이라는 뜻도 담겨져있다는 견해(《초기조일관계연구》, 68페지)와 함께 가라사람들이 이곳에서 산성을 쌓고 큰 세력을 이루고 살던서 국명에까지 그 흔적을 남겼다고 볼수 있게 한다.

야마시로국에 살고있던 문벌들의 상태에서 두드러지는 면의 다른 하나는 이 지역 문벌들이 칭한 가바네가운데서 7세기말이후의 가바네가 적은것이다.

7세기말이후의 가바네를 칭한 문벌은 모두 14성씨로서 기나이지방에서 이즈미국 다음으로 제일 적다.

이것은 794년 천도이후 야마시로국의 문벌들가운데는 일본왕정에서 패권을 쥔 세력이 다른 지방보다 상대적으로 적었다는것을 보여준다.

야마시로국의 조선계통 문벌들은 마을과 고을을 이루고 창조적 활동을 벌리며 살았던만큼 이 지역에 적지 않은 지명을 남기고있다. 《일본지명대사전》에서 조선계통 문벌들과 관련된 이 지역의 지명을 찾아보면 표 14와 같다.

표 14　야마시로국안의 조선계통 문벌들과 관련된 지명들

권수	계통	번호	씨이름	지명
25	백제	1	오까노야	오까노야향
	고구려	2	고마	고마촌(향), 가미고마정, 고마히판
		3	야사까	야사까향, 야사까신사
	임나(가야)	4	다다라	다다라촌
16	쯔꾸시〈아마〉	5	사이	사이(지역)
		6	이마끼	이마끼령
		7	다까하시	다까하시나루
		8	이시쯔꾸리	이시쯔꾸리향, 이시쯔꾸리신사
	〈아마〉	9	가모	가모향, 가모정, 가모신사—2개
		10	야마시로	야마시로국, 야마시로분지
6	4～5세기 쯔꾸시〈아마〉	11	오노	오노향, 오노신사, 오노씨묘
		12	아와다	아와다향, 아와다산, 아와다신사

— 137 —

표 14에서 보는것처럼 야마시로국안의 조선계통 문벌들과 관련된 지명들은 국이름 1개, 정이름 2개, 촌(향)이름 8개, 신사이름 6개, 분지, 산, 령, 나루, 관 이름 각각 1개 기타 이름 2개 모두 24개이다. 이 지명수는 이즈미국의 지명수보다 많으나 기나이 지방에서 제일 적다.

우에서 본 지명들가운데서 오까노야향에는 백제 비유왕의 자손 문벌인 오까노야씨, 이시쯔꾸리향에는 석과을 만드는 기술집단인 이시쯔꾸리씨, 아와다향에는 나라시대 유명한 아와다씨가 살고있었다고 기록되여있다.

이시쯔꾸리향에 있는 이시쯔꾸리신사와 아와다향에 있는 아와다신사는 이 마을들에서 패권을 쥔 백제, 가야 계통 문벌인 이시쯔꾸리씨와 아와다씨들이 자기의 조상을 우두머리로 모시고 좌지우지 하고있었다는것은 두말할것도 없다.

그러므로 야마시로국의 조선계통 문벌들도 이 지역에서 마을과 고을을 이루고 살았으며 신사의 주인으로서 큰 세력을 이루고있었다고 볼수 있다. 이들은 이즈미국, 가와찌국, 셋쯔국, 야마또국의 조선계통 문벌들과 마찬가지로 강과 산기슭, 들판에 의거하여 논농사와 물고기잡이, 사냥 등을 하면서 창조적활동을 벌렸을것이다.

이 지역의 조선계통 문벌들과 관련한 지명중에서 특이한것은 신사와 관련된 지명이 제일 많은것이다. 이것은 야마시로국안의 조선계통 문벌들이 일정한 지역마다 거점을 꾸리고 종교활동을 많이 벌렸음을 간접적으로 보여준다.

이상에서 본바와 같이 수도를 제외한 기나이 5국(이즈미국, 가와찌국, 셋쯔국, 야마또국, 야마시로국)에는 야요이시대이래 조선계통 문벌들이 대대적으로 진출, 정착하여 마을과 고을을 이루고 살면서 선진문명을 보급하였으며 후세에까지 큰 세력을 가지고있었다.

제2장. 수도 헤이앙경의 조선계통 문벌들의 분포

수도 헤이앙경(平安京)은 교또부 동남부 교또분지(야마시로분지)에 위치하고있었다. 지금의 교또시에 위치했던 헤이앙경은 평안시대(헤이앙경에 수도를 옮긴 794년 10월부터 가마꾸라막부가 설치된 1185년 이전까지) 일본의 수도이며 그후 1869년(명치 2년)까지 《천황》이 있던 명목상의 도읍지였다.

8세기중엽이후 일본왕정은 통치제도가 점차 문란해지고 내란과 정변이 계속되는데다가 경제적궁핍까지 겹치게 되자 그 출로를 에미시(동북지방 원주민 아이누족)에 대한 정벌과 불교영향이 강하여 통치체제에 큰 지장을 주던 헤이세이경(평성경—나라현 나라시)을 떠나 다른곳으로 수도를 옮기는데서 찾았다. 이런 원인으로 하여 처음으로 옮겨간곳이 784년(연력 8년) 11월 야마시로국 나까오까경(교또부 나까오까교시)이였다. 그러나 785년 천도의 주창자이며 조궁대부(왕궁건설을 맡은 대부)였던 후지하라 다네쯔구가 암살되는 등 여러 사건이 련달아 일어나 나까오까경건설사업도 중지되게 되였다.

그후 793년 와께노 기요마로의 제의에 의하여 후지하라 오꾸라마로를 조궁대부로 하고 그 가시애비 하다노 시마마로의 방조밑에 나까오까경의 동북쪽 가까운 지역(현재 교또시)에 헤이앙경을 건설하였다. 794년 10월 수도건설을 끝내자 일본왕정은 수도를 여기로 옮기고 헤이앙(평안)경이라고 불렀다. 이때 건설된 헤이앙경의 도시구조를 보면 한마디로 바둑판의 눈금모양을 가진 조리제였는데 시내의 중앙남북도로인 주작대도로(오끼군과 가도노군 경계선)에 의해서 동쪽의 좌경과 서쪽의 우경으로 나뉘였다. 좌우(동서) 량경은 다시 9조 8방으로 나누고 각 방에는 3개의 도로가 종횡으로 경계를 짓고있었으며 북부 중앙에는 《천황》이 살고 정사를 보는 대궐이 자리잡고있었다. 총면적의 길이는 남북길이 약 4.95키로메터, 동서길이 약 4.2키로메터(각각 약 5.3키로메터, 4.6키로메터라는 설도 있다.)였다.

헤이앙경은 794년 《천도》이래 1,000여년간 존재한 고대일본의 수도로서 정치, 문화의 중심지로 되였다.

※ 가마꾸라막부, 에도막부 시대에도 헤이앙경은 《천황》이 있는곳으로 하여 명목상 수도로 되여있었다.

천여년의 력사를 가진 헤이앙경의 건설에서 조선계통 문벌들은 중요한 역할을 놀았고 그들이 초기에 거기서 우세를 차지하고있었다.

이곳에는 794년 《천도》이래 조선계통 문벌들이 옮겨와 큰 세력을 이루고있는데 그 대부분이 이전 기나이지방에서 살면서 6세기~7세기중엽 야마또왕정과 그 이전 소국시대에 패권을 쥐고있던 문벌들이였다.

제1절. 수도 좌경안의 조선계통 문벌들

수도 헤이앙경의 좌경은 우경보다 지대가 높고 배수체계가 잘 되여있었기때문에 수도는 결국 이곳을 중심으로 꾸려졌고 지위가 높은 문벌들도 이곳에 집중되게 되였다. 좌경에 사는 문벌들이 우경에 사는 문벌들보다 가바네가 높은 문벌이 많은 리유가 바로 여기에 있었다.

《신찬성씨록》을 통해 좌경에 살던 문벌들의 형편을 보면 다음과 같다.(1, 2, 3, 11, 12, 13, 21, 22, 30권 참고)

(1) 외국인계통

— 조선계통으로 밝혀진 성씨들

○ 백제: ① 야마또 ② 구다라(이상 아소미) ③ 고다까(오미—사주) ④ 이와노=이하누 ⑤ 가구야마 ⑥ 다까쯔끼 ⑦ 쯔끼 ⑧ 하야시 ⑨ 히로다 ⑩ 갑자끼(이상 무라지) ⑪ 구다라(기미—꽁) ⑫ 오오까(미야쯔꼬) ⑬ 마사고다=마스다(후비또) ⑭ 아스까베 ⑮ 구다라우지 ⑯ 아꾸나 ⑰ 아사베(이상 X)
○ 고구려: ① 고마(아소미) ② 고호구스시(오미—신) ③ 미가사 ④ 도요하라 ⑤ 후다끼 ⑥ 이즈미 ⑦ 니히끼 ⑧ 오유까 (이상 무라지) ⑨ 히오끼 ⑩ 후다끼(이상 미야쯔꼬) ⑪ 고(후비또) ⑫ 가후쩨노 다미(오비또) ⑬ 오 ⑭ 고 ⑮ 고 ⑯ 고호고(이상 X)
○ 신라: 다찌바나(모리)
○ 임나: ① 미찌다(무라지) ② 오찌=오이쩌 ③ 시미즈(이상 오비또)

— 《아야(한)》계통

○《아야》계통 성씨들: ① 우즈마사 ② 훈=후미 ③ 다게후 ④ 기요무라(이상 수꾸네) ⑤ 야마시로 ⑥ 하다 ⑦ 하다 ⑧ 훈=후미 ⑨ 고즈=기즈 ⑩ 마사무베 ⑪ 오오까 ⑫ 야꼬(이상 이미끼) ⑬ 야마또 야꾸시(오미—사주) ⑭ 하다노 나까꾸라 ⑮ 이끼 ⑯ 쯔네요=도꼬요 ⑰ 모즈메 ⑱ 요시미즈(이상 무라지) ⑲ 하다 ⑳ 하다아야(이상 미야쯔꼬) ㉑ 사꾸라누(오비또) ㉒ 다니하 ㉓ 오하라 ㉔ 쯔꾸시 ㉕ 야꼬(이상 후비또) ㉖ 구와바라 ㉗ 시모 ㉘ 가미=가무 ㉙ 무사(이상 수구리) ㉚ 오이시(X)

○ 당나라계통 성씨들: ① 기요무네 ② 기요우미(이상 수꾸네) ③ 스세이 ④ 나가구니 ⑤ 사까야마 ⑥ 사까야마 ⑦ 스세이 ⑧ 기요가와 ⑨ 기요우미 ⑩ 니이오사(이상 이미끼)

(2) 고대일본 《신》계통

—쯔꾸시 《아마》우두머리계통 성씨들

○ 쯔하야무스비노 미꼬도(천신)의 자손성씨: ① 후지하라 ② 오나까도미(이상 아소미) ③ 나까도미노 사까비또(수꾸네) ④ 나까도미노 미야도꼬로 ⑤ 나까도미노 가따오까 ⑥ 나까도미노 시비 ⑦ 에구리 ⑧ 나까도미노 오야께 ⑨ 이까고 ⑩ 나까무라(이상 무라지)

○ 가미 니기하야히노 미꼬도(천신)의 자손성씨: ① 이소노가미 ② 호즈미(이상 아소미) ③ 아또 ④ 와까유에 ⑤ 즈이시네=쯔까시누 ⑥ 오하리다 ⑦ 유게 ⑧ 히(이상 수꾸네) ⑨ 호즈미(오미-신) ⑩ 소베 ⑪ 야따베 ⑫ 야즈메 ⑬ 모노노베노 가따누 ⑭ 가시하바라 ⑮ 사이 ⑯ 가도노=가즈누 ⑰ 도미 ⑱ 모또리=모히또 ⑲ 마가미다 소베 ⑳ 요사미 ㉑ 시바라끼 ㉒ 오사다=오마고또(이상 무라지) ㉓ 기누누히 ㉔ 가로베=가루베 ㉕ 이나베(이상 미야쯔꼬) ㉖ 오찌(아따히) ㉗ 시끼쯔(오비또) ㉘ 모노노베(×)

○ 다까미무스비노 미꼬도(천신)의 자손성씨: ① 오또모 ② 사헤끼 ③ 유게(이상 수꾸네) ④ 히마쯔리 ⑤ 고야마=오야마 ⑥ 오또모 ⑦ 에노모또(이상 무라지) ⑧ 가미마쯔(미야쯔꼬) ⑨ 구메(아따히)

○ 호아까리노 미꼬도(천손)의 자손성씨: ① 이후끼베 ② 사까히베 ③ 오하리(이상 수꾸네) ④ 오하리 ⑤ 유오모다께다 ⑥ 다께다 가와세 ⑦ 이시즈꾸리 ⑧ 히노꾸마노 도

네리 ⑨ 에무로   ⑩ 오사까(이상 무라지)   ⑪ 오히 오사까베(미야쯔꼬)   ⑫ 다지마노 아마(아따히)   ⑬ 다지히노 수후＝다지히노 수가후(×)

― 이즈모《아마》계통 성씨들

○ 아메노 호히노 미꼬도(천손)의 자손성씨: ① 이즈모 ② 이르마(이상 수꾸네) ③ 이즈모(×→오미)
○ 스사노오노 미꼬도의 자손성씨: ① 노미(무라지) ② 이와베(기미―공)

― 《아마》계통 성씨들

○ 가미무스비노 미꼬도(천신)의 자손성씨: ① 하시우또＝하시히또 ② 아가따 이누가히(이상 수꾸네) ③ 하다꾸미＝쯔마다꾸미 ④ 다메 ⑤ 오꾸라 오이소메 ⑥ 다께다 ⑦ 오끼(이상 무라지) ⑧ 오야께(미야쯔꼬) ⑨ 와까야마또베(×)
○ 후루무스비노 미꼬도(천신)의 자손성씨: 가모리＝가니모리(무라지)
○ 이스무스비노 미꼬도(천신)의 자손성씨: 우끼아나(무라지)
○ 아메 가베다찌노 미꼬도(천신)의 자손성씨: 미야베(미야쯔꼬)
○ 기네노 미꼬도(천손)의 자손성씨: 사헤끼(무라지)
○ 아메노 소꼬다찌노 미꼬도(천신)의 자손성씨: 이세(아소미)
○ 아마쯔히꼬네노 미꼬도(천손)의 자손문벌: ① 누가다베노 유게 ② 사이구사베(이상 무라지) ③ 안찌(미야쯔꼬) ④ 누가다베(×)
○ 아메노 오시호네노 미꼬도(지신)의 자손문벌: 유게(수꾸네)

(3) 《천황》계통

― 5세기이전 《천황》계통＝4~5세기 쯔꾸시《아마》우두머리

계통 성씨들

○ 《신무》의 자손성씨: ① 오호(아소미) ② 지히사꼬베(수꾸베)

○ 《안녕》의 자손성씨: 니히다베(수꾸베)

○ 《효소》의 자손성씨: ① 오가스까 ② 오노 ③ 야마또 아베(이상 아소미) ④ 와니베(수꾸베) ⑤ 이찌이 ⑥ 야마또 아베=야마또 와니베(이상 오미―신) ⑦ 요시다=기쩌다(무라지) ⑧ 하꾸리(X→오미―신) ⑨ 와니베 ⑩ 하세쯔가베(이상 X)

○ 《효령》의 자손성씨: ① 시모쯔미찌(아소미) ② 기비(수꾸베→아소미)

○ 《효원》의 자손성씨: ① 아베 ② 후세 ③ 시시히또 ④ 다까하시 ⑤ 고소베 ⑥ 이시까와 ⑦ 다노구찌=다구찌 ⑧ 사꾸라이 ⑨ 기 ⑩ 쯔누=기 ⑪ 사까모또 ⑫ 하야시 ⑬ 사사이베=사자끼베 ⑭ 야노구찌=야꾸찌 ⑮ 지모리 ⑯ 가쯔라기(이상 아소미) ⑰ 아베 ⑱ 다게다 ⑲ 이꾸에 ⑳ 가도노(이상 오미―신) ㉑ 아베 시히(무라지) ㉒ 사사끼야마(기미―공) ㉓ 누노시(오비또) ㉔ 나바리(X→오미) ㉕ 가시하데노 오또모베(X)

○ 《개화》의 자손성씨: ① 지모러(아소미) ② 하리다(무라지) ③ 가모(아가따누시) ④ 가로아비꼬=가루노 아비꼬(X)

○ 《숭신》의 자손성씨: ① 시모쯔게노=시모쯔게누 ② 가미쯔게노 ③ 이게다 ④ 스미노에 ⑤ 이게하라 ⑥ 가미쯔게노 사까모도(이상 아소미) ⑦ 구라모찌(기미―공) ⑧ 오아미 ⑨ 구와바라(이상 기미―공→오미―신) ⑩ 다르미(후비또) ⑪ 아끼오사(오비또) ⑫ 가와아히(X→기미―공) ⑬ 기미꼬베(X)

○ 《수인》의 자손성씨: ① 오쯔끼(오미―신) ② 이나기 니후(가미―공)

○ 《경행》의 자손성씨: ① 미쯔까히 ② 이누가미(이상 아소미) ③ 무게 ④ 모리(이상 기미―공)

○ 《중애》의 자손성씨: 하시우또=하시히또(수꾸네)
○ 《웅신》의 자손성씨: ① 오끼나가 ② 야마지 ③ 사까다 사까우또 ④ 하다(이상 마히또) ⑤ 사까다(수꾸네)
○ 종5위하 미가다오노의 자손성씨: 가후노(X)

— 6세기~7세기중엽 《천황》=야마또왕정의 《대왕》계통 성씨들

○ 《계체》의 자손성씨: 미구니(마히또)
○ 《민달》의 자손성씨: ① 오호찌=미찌 ② 모리야마 ③ 감나비 ④ 히다 ⑤ 아이따=아가따 ⑥ 오야께 ⑦ 오하라 ⑧ 시마베 ⑨ 도요구니 ⑩ 야마노우에=야마노에 ⑪ 요시노=요시누 ⑫ 구와다 ⑬ 이께가미=이께노헤 ⑭ 야마노우에=우나가미 ⑮ 기요하라 ⑯ 가구야마 ⑰ 미하라 ⑱ 만다(이상 마히또) ⑲ 다찌바나(아소미) ⑳ 이께노헤노 구라히또=이께노가미 구라히또(X)
○ 《용명》의 자손성씨: ① 도미 ② 니나후찌=미나후찌(이상 마히또)
○ 《서명》의 자손성씨: 미시마(마히또)
○ 《천지》의 자손성씨: ① 아후미(마히또) ② 하루하라 ③ 아후미(이상 이소미)
○ 《천무》의 자손성씨: ① 미소노 ② 가시하라 ③ 다까시나 ④ 히가미 ⑤ 오까(이상 마히또) ⑥ 미하라 ⑦ 나가하라(이상 아소미)

— 8~9세기 《천황》계통 성씨들

○ 《광인》의 자손성씨: 히로세(아소미)
○ 《환무》의 자손성씨: ① 요시미네 ② 나가오까 ③ 다이라(이상 아소미)
○ 《차아》의 자손성씨: 미나모또(아소미)

우에서 보는것처럼 좌경에 사는 외국인계통 문벌은 77성씨, 고대일본 《신》의 자손이라는 문벌은 85성씨, 고대일본 《천황》의 자손이라는 문벌은 109성씨 총 271성씨로서 기나이 5국의 각 지방에 분

포뇌여있던 문벌들보다 배이상이나 많았다. 이것은 헤이앙경이 수도이므로 794년 천도이후 문벌들이 집중하여 살았기때문이다.

성씨가 제일 많은 계통의 문벌부터 구체적으로 보면 《천황》계통 문벌가운데서 5세기이전 《천황》(4~5세기 쯔꾸시《아마》우두머리)계통 문벌이 70성씨이고 6세기~7세기중엽《천황》(야마또왕정의 《대왕》)계통 문벌이 34성씨이며 8세기이후 《천황》계통(원주민 계통)의 문벌은 5성씨였다. 이것은 이 지역의 《천황》계통 문벌들의 대부분이 백제, 가야 계통이며 5세기이전에 일본렬도에 진출한 문벌이 많았다는것을 보여준다.

다음 고대일본 《신》계통 문벌중에서 쯔꾸시《아마》(변한—가야, 마한—백제)계통 문벌은 62성씨, 이즈모《아마》(진한—신라)계통 문벌은 5성씨, 《아마》(조선)계통 문벌은 18성씨나 되는데 이들은 대체로 야요이시기에 일본렬도에 진출, 정착하였을것이다.

좌경안의 외국인계통 문벌중에는 조선계통으로 밝혀진 문벌 37성씨외 《아야》계통(가야, 백제를 위주로 하는 조선계통)문벌이 30성씨, 당나라계통 문벌 10성씨가 있었다. 조선계통으로 밝혀진 문벌가운데서 백제계통 문벌이 17성씨, 고구려계통 문벌이 16성씨, 신라계통 문벌이 1성씨, 임나계통 문벌이 3성씨로서 백제, 고구려계통 문벌이 제일 많았다.

결국 좌경안의 문벌 271성씨중에서 8세기이후 《천황》계통 5성씨, 당나라계통 문벌 10성씨를 제외한 257성씨들은 조선계통이였으며 대부분이 5세기이전 일본렬도에 진출, 정착한것으로 보인다.

이 지역의 문벌들은 그들이 칭한 가바네로 보아 6세기이후 왕정에서 패권을 쥐고있었다는것을 알수 있다. 좌경안의 문벌들이 칭한 가바네 정형을 종합하여 보면 7세기말이후의 가바네를 가진 문벌로는 마히또 32씨, 아소미 48씨, 수꾸네 31씨, 이미끼 16씨 총 127씨이고 6세기~7세기중엽의 가바네를 가진 문벌은 오미(신, 사주) 14씨, 무라지 65씨, 기미(공) 10씨, 아따히 3씨, 미야쯔꼬 13씨, 오비또와 후비또 각각 7씨, 수구리 4씨, 아가따누시, 아비꼬, 모리 각각 1씨 총 126씨나 된다.(가바네가 없는 씨—18성씨) 결국 이 지역의 문벌들의 절반은 6세기~7세기중엽의 가바네를, 나머지 절반은 7세기말이후의 가바네를 칭하고있었는데 이것은 이 지역의 문벌들이 6세기~7세기중엽 야마또왕정에서와 7세기말이후 일본왕정에서 패권을 쥐고있었다는것을 말해준다.

좌경안에 분포되여 살고있던 문벌들의 상태에서 볼수 있는 몇가지 특징적인 점들을 찾아보기로 한다.

좌경안의 문벌들의 상태에서 두드러진 면의 하나는 전체 문벌수가운데서도 고대일본 《신》계통 문벌과 《천황》계통 문벌이 많았다는것이다.

좌경안의 총 문벌수는 271성씨로서 우경안의 총 문벌수보다 5성씨 정도 많았고 수도를 제외한 기나이 5국에서 문벌수가 제일 많은 가와찌국보다도 77성씨나 많았다.

좌경안의 고대일본 《신》계통 문벌은 85성씨였는데 이것 역시 우경과 기나이 5국에서 이 계통 문벌이 제일 많은 가와찌국보다 훨씬 많은것이였다. 이 계통 문벌중에는 6세기~7세기중엽에 패권을 잡은 모노노베씨(2문벌), 오또모씨(2문벌), 나까도미씨(6씨), 사혜끼씨(2씨)들과 7세기말이후 패권을 잡은 후지하라씨가 보이고 옷재봉기술을 전한 기누누히씨들이 보인다.

좌경안의 《천황》계통 문벌은 109성씨였는데 이것은 기나이 5국에서 《천황》계통 문벌이 제일 많은 가와찌국의 50성씨에 비해 2배나 많은것이고 우경안의 《천황》계통 문벌 81성씨에 비해서도 수십성씨나 많은것이다.

좌경안의 《천황》계통 문벌중에서 6세기~7세기중엽 《천황》(야마또왕정의 《대왕》)계통 문벌들은 기나이지방의 이 계통 문벌수에서 다수를 차지하였다. 좌경안의 6세기~7세기중엽 《천황》계통 문벌은 모두 34성씨나 되는데 다른 지역을 보면 우경은 11성씨, 셋쯔국은 2성씨, 야마또국, 야마시로국은 각각 1성씨, 나머지 이즈미국과 가와찌국은 하나도 없다. 특히 8세기이후 《천황》계통(원주민계통)은 5성씨로서 오직 좌경안에만 있다.

좌경안의 《천황》계통 문벌가운데서 5세기이전 《천황》계통 문벌은 70성씨로서 우경안의 이 계통 문벌수와 같고 기나이 5국의 이 계통 문벌보다는 훨씬 많다. 이 지방의 5세기이전 《천황》계통 문벌 중에서 《효소》의 자손문벌(10성씨), 《숭신》의 자손문벌(13성씨)들은 기나이지방의 해당 《천황》문벌가운데서 제일 많고 《효원》의 자손문벌(25성씨) 역시 두번째로 많았다. 그중에서 《효소》의 자손문벌가운데는 야마또국의 국명을 떠고 패권을 쥔 야마또씨와 문자와 유교를 전한 와니씨는 각각 2성씨나 되고 《효령》의 자손문벌중 기비지방에서 패권을 쥐고있던 가야계통 기비씨가 2성씨나 된다.

※ 좌경안의 야마또씨도 그 조상이 5세기이전 《천황》(4~5세기 쯔꾸시 《아마》우두머리)계통인데 역시 백제, 가야 계통으로 볼수 있다.

좌경안에 분포되여 살고있는 문벌들의 상태에서 찾아볼수 있는 두드러진 점의 하나인 고구려, 임나 계통으로 밝혀진 문벌들이 제일 많았다는것이다.

좌경에는 고구려계통으로 밝혀진 문벌이 16성씨가 있었는데 이것은 우경안의 고구려계통 문벌보다 5성씨나 많고 기나이 5국에서 고구려계통 문벌이 제일 많은 야마또국(7씨)보다 2배이상이나 많은것이다.

좌경안의 고구려계통 문벌들은 왕 및 우두머리의 자손이라고 밝혀져있거나 적지 않게 고구려본국의 이름과 성씨, 관등과 5부를 칭하고있었다.

좌경안의 고마씨는 고구려본국의 이름을 씨이름으로 달고있었는데 호태왕의 7세손 연흥왕의 자손이라고 한다. 호태왕의 7세손으로서는 영양왕과 영류왕이 있었는데 연흥왕은 이 두 왕들중의 하나였을것이다. 가후찌노 다미씨는 가와찌국의 국명을 띤 복씨로서 안료(안류)왕의 자손이라고 하였는데 안류왕은 그 이름이 비슷한 6세기중엽 고구려본국의 안원왕으로 볼수도 있고 일본렬도내 고구려계통 소국왕으로 볼수도 있다. 고씨의 조상 겐라군끼왕(원라군저왕)과 히오끼시의 조상 남마왕의 자손 이꼬기미(의고임금)들은 일본렬도내의 소국왕으로 인정된다.

좌경안의 고구려계통 문벌 고호(후부) 구스시씨의 조상(오꾸도 꾸ㅡ억덕)은 대형벼슬을, 도요하라씨의 조상(오무시마로ㅡ왕충마 려)은 상부, 후다끼씨들의 조상들(노이ㅡ능위, 시호쯔ㅡ지발)은 각 각 전부, 이즈미씨의 조상(노쩌쟁ㅡ능치원)과 고호(후부) 고씨의 조상(고쎈깅ㅡ고천금)은 각각 후부들을 칭하고있다. 대형은 고구려 본국의 관등 3위에 해당한 벼슬이며 조상이름과 씨이름에 붙여진 상부, 전부, 후부들은 고구려의 5부제도에 해당한것으로서 이것은 그들이 9세기에 가서도 고구려의 벼슬과 5부제를 그대로 칭하고있 었다고 보아야 할것이다.

좌경안의 고구려 문벌들에서 주목되는것은 고씨가 많고 《왕》씨 도 있었다는것이다. 씨이름이 《고》로 된것이 4문벌, 조상이름이 《고》씨로 된것이 6인물이다. 고씨는 고구려시조 동명왕(고주몽)의 고씨에서 나온것으로서 고구려의 오랜 성씨였다. 고구려본국의 이 고씨를 9세기초 좌경안의 고구려계통 문벌들과 그 조상들이 칭한것 은 매우 의미심장하다.

좌경안에 미친 고구려의 시조 동명왕의 영향은 이 지역의 백제 계통 3문벌이 동명왕의 자손이라고 칭한례서도 찾아볼수 있다. 좌 경안의 백제계통 문벌들인 야마또씨는 도모왕의 18세손 무녕왕, 구 다라씨(2문벌)들은 도모왕의 24세손 문연(몬엥)왕, 30세손 혜왕의 자손으로 자칭하고있다.

그리고 이 지역의 고구려계통 문벌중에서 오(王ㅡ왕)씨는 그 조상이 왕중문 즉 왕씨로 되여있는데 이것은 고구려에 《왕》씨라는 성이 있었다는것을 보여준다.

※ 고려시조 왕건도 왕씨였는데 그는 대채로 고구려의 왕씨계통이였을것 이라고 본다.

좌경의 임나계통 문벌은 3성씨로서 셋쯔지방과 함께 기나이지 방에서 제일 많은데 모두 왕족출신이다. 3문벌중 오찌, 시미즈씨들 은 가라국왕자 쯔누가아라씨또의 자손으로 되여있는데 이 문벌은 5세기이전에 고시지방을 거쳐 기나이지방으로 진출한 문벌이다. 미

찌다씨는 가실왕의 자손으로 되여있는데 가실왕은 가야본국 왕
이다.*

* 《삼국사기》 권4 신라본기 진흥왕 12년(552년)조

좌경안의 문벌들의 상태에서 두드러지는 점의 하나는 도한 7세
기말이후 1~2류급의 가바네를 칭한 문벌들이 제일 많은것이다.
7세기말이후의 가바네를 가진 이 지역의 문벌은 마히또 32씨,
아소미 48씨, 수꾸네 31씨, 이미끼 16씨 총 127성씨로서 기나이지
방 각 지역의 해당 가바네를 칭한 문벌수에서 제일 많다. 특히 1등
급의 마히또를 칭한 문벌은 32성씨로서 성씨록에 반영된 마히또를
칭한 총 문벌수(48씨)의 근 70%를 차지한다. 이것은 좌경안의 문
벌들가운데서 7세기말이후 패권을 잡은 문벌들이 제일 많았다는것
을 보여준다.

마지막으로 좌경안에 분포되여 살고있던 조선계통 문벌들이 거
주지와 그들이 남긴 흔적에 대하여 보기로 하자.

이들이 남긴 흔적은 지금 좌경일대에서는 거의 찾아볼수 없지
만 수도이외의 기나이지방 여러곳에 적지 않게 남아있다고 볼수 있
다. 좌경안의 조선계통 문벌들의 대다수는 794년 천도이전에는 대
체로 기나이 각 지방에 살고있었다고 인정된다.

그러면 조선계통 문벌들은 주로 기나이 어느 지역에 집중되여
살았으며 그 당시 그들의 상태는 어떠하였겠는가. 기나이 각 지역에
남아있는 좌경안의 조선계통 문벌과 관련된 지명들은 이 문제에 일
정한 해답을 주고있다.

《일본지명대사전》을 통해 좌경안의 조선계통 문벌들과 관련된
지명들을 찾아보면 다음의 표 15와 같다.

※ 좌경에 사는 조선계통 문벌들중 백제계통 문벌 아스까씨와 고구려계
통 문벌 가후찌씨를 비롯한 29성씨들과 관련된 지명에 대해서는 이미
제1장의 해당 개소에서 보았으므로 표에서는 약하였다. 그러므로 이
29성씨들이 기나이 5국에 살고있었다는데 대하여 념두에 두어야 한다.

표 15 헤이양경 찰경안의 조선계통 문벌들과 관련된 기나이 각 지방의 지명들

권수	계통	번호	씨이름	지명
22	백제	1	구다라	구다라군, 구다라촌, 구다라강—2개, 구다라벌판—2개, 구다라절간—2개, 구다라궁
		2	다까쯔끼	다까쯔끼정
		3	히로다	히로다향, 히로다신사
		4	간자끼	간자끼촌, 간자끼강
		5	오오까	오오까향—2개
		6	아스까	아스까우물
		7	가구야마	가구야마촌, 가구야마신사
		8	하야시	하야시향—2개
	고구려	9	도요하라	도요하라촌
		10	미가사	미가사산
	신라	11	다찌바나	다찌바나촌, 다찌바나(지역)
	임나	12	오이찌	오이찌향
		13	시미즈	시미즈촌—2개
	〈아야〉	14	우즈마사	우즈마사촌, 우즈마사절간(꽝륭사)
		15	고즈(기즈)	고즈(지역)—2개, 기즈정, 기즈강
		16	다니하(담바)	담바도로
		17	시모	시모향—3개
		18	무사	무사(지역)
		19	오하리	오하리촌, 오하리강, 오하리산
11 12 13	쯔꾸시〈아마〉	20	에구리	에구리향
		21	나까무라	나까무라향—2개
		22	이소노가미	이소노가미향, 이소노가미도랑, 이소노가미신궁(신사), 이소노가미궁—2개
		23	호즈미	호즈미향
		24	아또	아또향, 아또(지역)
		25	오하리다	오하리다(지역—아스까지방의 옛 이름)
		26	소네	소네못
		27	가시와바라 (가시바라)	가시와바라(가시바라지역)—8개, 가시하라정, 가시하라벌판, 가시와바라왕릉
		28	오사다	오사다군(시끼노가미군의 옛 이름)
		29	에노모또	에노모또향—2개
		30	도미	도미향, 도미도로
		31	가도노	가도노군, 가도노향, 가도노강
		32	다께다	다께다촌—3개, 다께다벌판

권수	계통	번호	씨이름	지명
	이즈모〈아마〉	33	이즈모	이즈모촌(향)-2개, 이즈모신사
	〈아마〉	34	우끼아나	우끼아나촌, 우끼아나궁
		35	미야께	미야께촌(향)
2 3	4~5세기 쯔꾸시〈아마〉	36	요시다	요시다(지역), 요시다신사, 요시다산
		37	와니베	와니못-2개, 와니고개
		38	이시가와	이시가와군, 이시가와촌-2개, 이시가와강, 이시가와절간
		39	사꾸라이	사꾸라이촌, 사꾸라이정, 사꾸라이절간, 사꾸라이(지역)
		40	아베	아베촌(향)-2개, 아베별판, 아베섬, 아베절간
1	6~7세기 야마또〈대왕〉	41	미구니	미구니강, 미구니산
		42	감나비	감나비산-4개
		43	아이다	아이다향
		44	이께가미	이께가미향
		45	미시마	미시마군, 미시마촌

표 15에서 보는것처럼 헤이앙경 좌경안의 조선계통 문벌들과 관련된 기나이지방의 지명들을 종합하여 보면 군이름 5개, 정이름 4개, 촌(향)이름 43개, 강이름 8개, 벌판이름 5개, 산이름 8개, 못이름 2개, 도랑, 고개, 도로, 곳, 우물, 섬, 왕릉 이름 각각 1개, 절간이름 6개, 신사(신궁)이름 5개, 왕궁이름 4개, 기타지명 11개 총 108개이다.

우의 지명들가운데서 ① 구다라씨 ⑭ 우즈마사씨 ⑳ 에구리씨, ㉒ 이소노가미씨 ㉔ 아또씨 ㉙ 에노모또씨 ㊳ 이시가와씨 ㊴ 사꾸라이씨 ㊵ 아베씨 등과 관련된 지명들에는 각각 해당한 문벌들이 살고있었다고 한다. 그중 구다라군은 구다라씨가, 아베촌은 아베씨가, 이시가와촌은 이시가와씨가 살고있기때문에 씨이름을 띤 군, 촌 이름이 생겼다고 기록되여있으며 아또지방에는 아또씨와 함께 5세기이전 백제장공인들이 와서 살았다고 하였다. 이소노가미촌(나라현)에는 백제본국왕이 후국의 왜왕에게 하사하였다는 유명한 백제7지도가 보관된 이소노가미신궁이 있다. 여기에는 쯔꾸시〈아마〉

계통 문벌 이소노가미씨가 살고있었고 그들은 일정한 지역의 물도 랑도 팠다고 한다. 이것은 이소노가미씨가 백제계통으로서 백제본국왕을 신주로 모시고있었고 물도랑을 째면서 논농사도 하였다는 것을 알수 있다.

이외 야마시로국의 우즈마사촌과 가도노군에는 양잠, 방직, 관개공사를 잘하여 이 지역에서 제일 번성한 백제계통 문벌 하다씨가 판을 치고있었다.

그러므로 표 15의 지명을 통해 좌경안의 조선계통 문벌들도 794년 천도이전에 기나이지방에서 마을과 고을을 이루고 강류역과 산기슭, 벌판에 의거하여 논농사도 짓고 선진문명을 보급하였다는 것을 알수 있다. 물론 우에서 본 기나이지방의 지명들을 모두 좌경안의 조선계통 문벌들이 그곳에 남긴 흔적으로만 볼수 없는 측면도 있으나 그 대부분은 그들과 깊은 관련을 가진 지명이라고 인정된다.

이와 같이 헤이앙경 좌경의 조선계통 문벌들은 야요이시대이래 기나이지방에 들어와 마을과 고을을 이루고 큰 권력을 잡고있었으며 794년 천도이후에도 패권을 쥐고있었다.

제2절. 수도 우경안의 조선계통 문벌들

《신찬성씨록》을 통해 우경에 살던 문벌들의 형편을 보면 다음과 같다.(4, 5, 14, 15, 23, 24, 30권 참고)

(1) 외국인계통

— 조선계통으로 밝혀진 성씨들

○ 백제: ① 스가노=스가누 ② 미야노=미야하라 ③ 나까시나 (이상 아소미) ④ 쯔(아소미→수꾸네) ⑤ 미요시 ⑥ 후지이 ⑦ 가라다까(이상 수꾸네) ⑧ 하루노=하루누 ⑨ 후네 ⑩ 후하 ⑪ 히로쯔 ⑫ 아또끼 ⑬ 오까 ⑭ 기시노=기시누 ⑮ 히로다

⑯ 히로우미 ⑰ 아사다(이상 무라지) ⑱ 구다라(기미―왕) ⑲ 이쩨끼 ⑳ 데라(이상 기미―공) ㉑ 마노=나까누 ㉒ 아스까베 ㉓ 미이께 ㉔ 나까누 ㉕ 다까누(이상 미야쯔꼬) ㉖ 후나도 ㉗ 기요미쩨 ㉘ 오아가마 ㉙ 오하라(이상 후비도) ㉚ 소노베 ㉛ 다미=미다미(이상 오비도) ㉜ 사까다(수구리) ㉝ 가무=가미 ㉞ 후하(이상 가쩨) ㉟ 스기다니(X→미야쯔꼬) ㊱ 몬시우지 ㊲ 멘우지 ㊳ 하몽우지 ㊴ 구다라데비도 ㊵ 오사까베 ㊶ 함비 ㊷ 아야우또=아야히또 ㊸ 오시노 하시다뻬 ㊹ 가우지 ㊺ 하야시 하시다뻬 ㊻ 오시노 하야시 ㊼ 가라우지 ㊽ 구레우지 ㊾ 고우지 ㊿ 게무소우지(이상 X)

○ 고구려: ① 나까세 ② 나니와(이상 무라지) ③ 히오끼=헤끼(미야쯔꼬) ④ 고호(기미―왕) ⑤ 시마끼 ⑥ 시마 ⑦ 아사께 (이상 후비도) ⑧ 고마 ⑨ 다까다(이상 오비도) ⑩ 다까야 스시모찌(수구리) ⑪ 고호고(X)

○ 신라: ① 미야께(무라지) ② 우나하라(미야쯔꼬) ③ 도요하라(X→무라지)

○ 임나(가야): 미마나(기미―공)

― 《아야(한)》계통 성씨들

① 야마다 ② 다까무라 ③ 히하라 ④ 우찌즈꾸라 ⑤ 야마구찌 ⑥ 히하라 ⑦ 훈=후미 ⑧ 사따 ⑨ 다니 ⑩ 오호지=미찌 ⑪ 우네비 ⑫ 사꾸라이(이상 수꾸네) ⑬ 사까노헤(오수꾸네) ⑭ 하다 ⑮ 하다 ⑯ 하다 ⑰ 하다 ⑱ 우메나 ⑲ 오야마(이상 이미끼) ⑳ 시가노헤 ㉑ 나가누 ㉒ 쯔네요=도꾜요 ㉓ 히로하시 ㉔ 히라마쯔 ㉕ 마쯔노 ㉖ 우메나=우나데(이상 무라지) ㉗ 야마다 ㉘ 와까에 ㉙ 기누누히(이상 미야쯔꼬) ㉚ 이끼(미야쯔꼬→무라지) ㉛ 다노베=다나베(후비도) ㉜ 구르스 ㉝ 고호리(이상 오비도) ㉞ 히노꾸마 ㉟ 시모 ㊱ 가무=가미 ㊲ 니시고리 ㊳ 다까무쬬 ㊴ 시가노 아나호 ㊵ 다까무쬬(이상 수구리) ㊶ 하다히또 ㊷ 구라비또 ㊸ 하후리베 ㊹ 후데우지(이

상 X)

— 당나라계통 문벌들

① 기요야마(이미끼) ② 야시미즈 ③ 야나이즈＝야니기(이상 무라지)

(2) 고대일본〈신〉계통

— 쯔꾸시《아마》우두머리계통 성씨들

○ 가미 니기하야히노 미꼬도(천신)의 자손성씨: ① 나까도미노 스게 ② 나까도미노 구마고리 ③ 우누메(이상 아소미) ④ 갑나이베＝갑나기베 ⑤ 야즈메(이상 수꾸네) ⑥ 우찌다(오미—신) ⑦ 모또리＝모히또 ⑧ 오하리다 ⑨ 소베 ⑩ 가따누 ⑪ 하세노 오이소메＝하세노 오끼소메 ⑫ 다까하시 ⑬ 요사미(이상 무라지) ⑭ 와까사꾸라베 ⑮ 하라(이상 미야쯔꾜) ⑯ 모노노베 ⑰ 사까베노 모노노베 ⑱ 후따다노 모노노베(이상X)

○ 다까미무스비노 미꼬도(천신)의 자손성씨: ① 이미베 ② 오또모노 오다 ③ 다마노야(이상 수꾸네) ④ 다마스리＝다마쯔꾸리 ⑤ 고시 ⑥ 고시노 미부(이상 무라지) ⑦ 사헤끼노 히마쯔리(미야쯔꾜) ⑧ 이요베(X)

○ 쯔하야무스비노 미꼬도: ① 나까도미노 구리하라(무라지) ② 오까(오비또) ③ 유끼(아따히)

○ 호아까리노 미꼬도(천손)의 자손성씨: ① 다지히(수꾸네) ② 오하리 ③ 오호시아마(이상 무라지) ④ 오히 오사까베(미야쯔꾜) ⑤ 가와가미(오비또) ⑥ 아사꼬(아따히) ⑦ 고베 ⑧ 와까야마또베 ⑨ 이요베 ⑩ 무또베(이상 X)

○ 호노 스세리노 미꼬도(천손)의 자손성씨: ① 사까아히베(수꾸네) ② 아다노 미떼이누가히(X)

○ 시히네쯔히꼬의 자손성씨: ① 아오미(오비또) ② 야마또노 모또=야마또노 오호(×)

— 이즈모《아마》우두머리계통 성씨들

○ 아마노 호히노 미꼬도(천손)의 자손성씨: ① 하지=하나시(수꾸네) ② 스가하라 ③ 아끼시누 ④ 오에(이상 아소미) ⑤ 이즈모 ⑥ 가무또(이상 오미ㅡ신)

○ 스사노오노 미꼬도의 자손성씨: 무나가다(아소미)

— 《아마》계통 성씨들

○ 가미무스비노 미꼬도(천신)의 자손성씨: ① 다메 ② 미시마 ③ 누가다베 ④ 시게누(이상 수꾸네) ⑤ 아메노 가따리고또 ⑥ 야 ⑦ 도또리베 ⑧ 와까야마또베(이상 **무라지**) ⑨ 하다도베 = 하다노 가도베(미야쯔꼬) ⑩ 오야께 ⑪ 오야께(이상 오비또) ⑫ 구메 ⑬ 오무라(이상 아따히) ⑭ 누가다베 미까다마(×)

○ 아메노 모노시리노 미꼬도(천신)의 자손성씨: 가무오미=가무오무(무라지)

○ 아메노 이까즈찌노 미꼬도(천신)의 자손성씨: 사헤끼(미야쯔꼬)

○ 아마쯔히꼬네노 미꼬도(천손)의 자손성씨: ① 다게찌(무라지) ② 구와다(오비또)

○ 와다노가미 와다쯔미(도요다마히꼬)노 미꼬도의 자손성씨: ① 아즈미(수꾸네) ② 오후시아마(무라지) ③ 야끼→야따(미야쯔꼬) ④ 아마이누가히(×)

○ 아메노 가미다찌노 미꼬도의 자손성씨: 오가라(×)

(3) 고대《천황》계통

— 5세기이전 《천황》=4~5세기 쯔꾸시《아마》우두머리계통 성

— 156 —

씨들

○ 《신무》의 자손성씨: ① 시마다(오미-신) ② 만다(무라지) ③ 시끼(오비또) ④ 소노베 ⑤ 히 ⑥ 시라기(이상 ×)

○ 《안녕》의 자손성씨: 이쯔까히(수꾸네)

○ 《효소》의 자손성씨: ① 아와다 ② 야마노우에=야마노헤(이상 아소미) ③ 마노=마누 ④ 나까도미(이상 오미-신) ⑤ 아나(기미-꽁→오미-신) ⑥ 와니베 ⑦ 노나까=누나까(이상 ×)

○ 《효령》의 자손성씨: ① 가사(아소미) ② 가사 ③ 기비 ④ 우시까=우지까(이상 오미-신) ⑤ 이호하라=이호바라(기미-꽁) ⑥ 마가미베(×)

○ 《효원》의 자손성씨: ① 하다 ② 고세 ③ 고세노 가시꼐히다 ④ 기 ⑤ 헤구리 ⑥ 헤구리노 호무야 ⑦ 쯔호 ⑧ 다까무꾸 ⑨ 다나까 ⑩ 오하리다 ⑪ 가와베 ⑫ 기시다 ⑬ 구메 ⑭ 미가시끼 ⑮ 다마뗴 ⑯ 오사다 히로세(이상 아소미) ⑰ 고세노 히다 ⑱ 와까사꾸라베 ⑲ 아베=아헤 ⑳ 에가 ㉑ 아베 하시우또=아헤노 하시히또(이상 오미-신) ㉒ 이가(오미-신→수꾸네) ㉓ 미찌(기미-꽁) ㉔ 쯔에베=하세쯔까베(미야쯔꼬) ㉕ 가모리다=가니모리다(오비또) ㉖ 오또후또베=오또후따베(×)

○ 《개화》의 자손성씨: ① 지모리(오미-신) ② 오기사이찌베=오사이베(×)

○ 《숭신》의 자손성씨: ① 사미 ② 오노=오누 ③ 가미쯔께노=가미쯔게누(이상 아소미) ④ 다르미 ⑤ 사지누(기미-꽁) ⑥ 다노베=다노헤(후비또)

○ 《수인》의 자손성씨: ① 와께 ② 아호(이상 아소미) ③ 야마노베 ④ 하꾸히(이상 기미-꽁)

○ 《경행》의 자손성씨: ① 다까시노=다까시누(무라지) ② 사누끼 ③ 다께르베 ④ 와께 ⑤ 사까베(이상 기미-꽁) ⑥ 미다찌(후비또) ⑦ 사헤끼(아따히)

○ 《응신》의 자손성씨: ① 야마지 ② 오끼나가노 니후=오끼나

가노 니부(이상 마히또) ③ 히오끼=헤끼(아소미) ④ 오끼나가(무라지)

○ 정5위하 다까마도 아소미 히로세의 자손성씨: 다까마도(아소미)

― 6세기~7세기중엽 《천황》=야마또왕정의 《대왕》계통 성씨들

○ 《계체》의 자손성씨: ① 미구니 ② 사까다 ③ 사까히또 오가와(이상 마히또)
○ 《선화》의 자손성씨: ① 다지히 ② 이나(이상 마히또)
○ 《민달》의 자손성씨: ① 가스가 ② 다까누까 ③ 나리히(이상 마히또)
○ 《용명》의 자손성씨: 다이다=다기마(마히또)
○ 《천무》의 자손성씨: ① 도요노 ② 후무야=후미야(이상 마히또)

우에서 보는것처럼 성씨록에 반영된 헤이앙경 우경에 사는 문벌들은 총 266성씨이다. 그중에 제일 많은 문벌은 외국인계통 문벌이였다. 그것은 112성씨나 되였는데 좀더 구체적으로 보면 백제계통 문벌은 50성씨, 고구려계통 문벌은 11성씨, 신라계통 문벌은 3성씨, 임나계통 문벌은 1성씨, 《아야》계통 문벌은 44성씨, 당나라계통 문벌은 3성씨였다.

우경안의 고대일본 《신》계통 문벌은 73성씨인데 그가운데서 쯔꾸시《아마》우두머리계통 문벌이 43성씨, 이즈모《아마》 우두머리계통 문벌이 7성씨 기타 《아마》 우두머리계통 문벌이 23성씨였다. 이들은 대체로 야요이시기에 일본렬도에 진출, 정착하여 큰 세력을 이루고있다가 794년 《천도》때 우경으로 옮겨왔다고 볼수 있다.

우경안의 《천황》계통 문벌은 81성씨였는데 그중 5세기이전 《천황》(4~5세기 쯔꾸시《아마》우두머리)계통 문벌이 70성씨, 6세기~

7세기중엽 《천황》(야마또왕정의 《대왕》)계통 문벌이 11성씨였다.

이러한 사실은 우경안의 문벌들이 원주민계통 문벌 2성씨, 당나라계통 문벌 3성씨를 제외하고 대체로 조선계통이며 그 대부분이 5세기이전에 일본렬도에 진출, 정착하여 큰 세력을 이루고있었다는 것을 보여준다. 이들은 6세기이후 기나이지방에서 패권을 잡고있었다. 이것은 이 지방 문벌들의 가바네를 통해서도 엿볼수 있다.

우경안의 문벌들이 칭한 가바네로서는 마히도 13씨, 아소미 36씨, 수꾸네 30씨, 이미끼 7씨, 오미(신) 16씨, 무라지 45씨, 기미(군) 15씨, 아따히 5씨, 미야쯔꼬 20씨, 오비도 15씨, 후비도 10씨, 수구리 9씨, 가찌 2씨 총 225씨이다.(가바네가 없는 문벌—41씨)

가바네를 종합하여보면 7세기말이후의 가바네를 칭한 문벌은 86성씨이고 나머지는 6세기~7세기중엽의 가바네를 칭하고있다. 이 것은 좌경안의 문벌중에서 대체로 3분의 1은 7세기말이후 왕정에서, 3분의 2는 7세기중엽이전 왕정에서 패권을 쥔 문벌들이였다는 것을 보여준다.

우경안에 분포되여 살고있던 문벌들의 상태에서 다른 지역과 구별되는 면들을 보면 무엇보다도 외국인계통 문벌들중에서도 백제, 《아야》, 고구려 계통의 문벌들이 많았다는것이다.

우경안의 외국인계통 문벌은 112성씨로서 좌경안의 외국인계통 문벌(77성씨)보다 수십성씨나 많았을뿐아니라 기나이 5국의 하나인 야마시로국보다는 4배이상이나 많았다.

특히 백제계통을 칭한 문벌수가 많았다는것이 눈에 띄운다. 우경안의 백제계통 문벌은 50성씨로서 좌경안의 백제계통 문벌(17성씨)보다는 근 3배, 수도를 제외한 기나이 5국에서 제일 많은 가와찌국(22성씨)보다도 2배이상이나 많았고 야마또국의 백제계통 문벌(6씨)보다는 8배이상이나 많았다. 이것은 우경에 9세기초까지 공개적으로 백제계통이라고 칭하는 문벌들이 제일 많았다는것을 말해준다.

우경안의 백제계통 문벌들가운데서 주목되는것은 고구려 시조 동명왕과 백제본국 및 일본렬도내 백제소국 왕들의 자손이라고 하는 문벌들 그리고 백제관등을 칭한 문벌들이 많은것이다.

그 정형을 보면 스가노씨, 미야노씨, 나까시나씨, 쯔씨, 후지이씨, 가라다까씨, 후네씨들은 도모왕의 10세손 귀수왕, 후하씨와 아스까베씨들은 도모왕의 후예 비유왕, 구다라데비또씨는 도모왕의 자손 도꾸사왕(덕좌왕), 마노씨, 미요시씨, 하루노씨, 몬시우지씨, 멘우지씨, 하몽우지씨 등은 속고대왕(근초고왕), 히로쯔씨는 근귀수왕(근구수왕), 구다라씨는 의자왕, 아또끼씨는 로왕, 이찌끼씨, 오까씨는 메이왕(명왕), 오사까베씨는 슈왕(주왕), 함비씨는 사반왕(무녕왕의 본이름 《사마》는 함비씨의 조상 사반왕과 음이 비슷하므로 같은 인물로 본다.), 후나도씨는 국왕 손자 고리노 기미(허리공), 히로다씨는 신싱노 기미(신신임군), 가라우지씨는 쯔꾸노 기미(도구임금), 데라씨는 신리노 기미(진라임금), 미이께씨는 백제 부여땅 다꾸낑국왕 시히왕(사비왕), 히로우미씨는 가라왕 싱(신)의 후예 오슈께이(왕슈교), 아사다씨는 조선왕 회(유 또는 준)의 자손으로 된 왕족출신들이다. 우의 왕들중 귀수왕, 비유왕, 근초고왕, 사반왕, 의자왕들은 백제본국왕들로 볼수 있고 나머지는 대체로 일본렬도내 소국왕들로 짐작된다.

※ 백제 부여땅 다꾸낑국왕 시히왕은 백제본국 부여땅출신의 일본렬도내 백제소국왕으로 보인다.

가라왕 싱(신)은 일본렬도내 소국왕으로 인정되는데 두가지 경우가 있을수 있다. 하나는 앞에서 본것처럼 6세기중엽 가야본국의 멸망으로 가야소국왕이 가라왕 이름을 가지고있으면서 백제국 출신으로 가탁한것일수도 있고 다른 하나는 백제 역시 가라라고 불리웠으므로 가라왕으로 자칭할수도 있었을것이다.

아사다씨의 조상은 《군서류종본》에 회(淮)로 그자체 주석에는 유(維), 《필사본》에는 준(准)이라고 표기되였는데 고조선 마지막시기에 준왕이 있었으므로 준왕이 맞다고 본다. 고조선의 왕족출신이 기원전에 일본렬도에 진출하여 오래동안 큰 세력을 이루고있다가 《신찬성씨록》 편찬시 백제국에 가탁하였다고 볼수 있다.

우에서 보는것처럼 우경안의 백제계통 25성씨들이 왕족출신이라고 하고 그중에서 10성씨들이 고구려시조 동명왕의 자손이라고 자칭한것은 9세기초까지 이 지역에 미친 고구려의 영향력과 백제세력의 우세를 그대로 보여준다.

한편 다까누의 조상(여자신)은 좌평, 기시노씨의 조상(지모미헤원)은 달솔, 도요무라씨, 구레우지씨의 조상(고로부좌, 오기주)은 덕솔, 기요미찌씨의 조상(납비차지)은 은솔, 나가누씨, 고우지씨 등의 조상(답타사지, 고도조)들은 간솔을 칭하고있다. 이것은 좌경안의 백제계통 문벌들과 마찬가지로 우경안의 백제계통 문벌들도 백제본국의 여러 관등을 수백년이 지난후에도 그대로 자칭하고 있었음을 말해준다.

이외 백제계통 문벌이름을 통해서 찾아볼수 있는것은 백제본국의 이름을 그대로 단 구다라씨가 2문벌이나 되고 문필사업에 종사하였다고 보아지는 아또끼씨, 가와찌국과 아마또국에 본거지를 둔 오사까, 아스까베씨들이 있는것이다. 그리고 가야, 고구려 이름을 단 가야히또씨, 가라우지씨, 구레우지씨, 고씨들의 문벌들이 보인다.

※ 아또끼씨는 5세기이전에 백제에서 온 박사 아직기(아찌끼)로 본다. (《일본서기》 권10 응신기 15년 8월조 주석 참고)

우경안의 《아야》계통 문벌은 모두 44성씨로서 좌경(30성씨)은 물론 기나이 5국가운데서 이 계통 문벌이 제일 많은 가와찌국보다도 20성씨나 더 많다. 이 지역의 《아야》계통 문벌중에는 선진문명(양잠, 방직, 관개공사 등)을 전한 하다씨가 5문벌이나 되는데 이는 좌경과 함께 기나이지방에서 제일 많다. 그리고 문필활동에 종사한 왕인의 후예 구르스씨와 후미씨, 옷재봉과 천짜기를 전한 기누누히씨, 니시고리씨, 조선의 고을이름을 단 고호리씨, 백제계통이 명백한 백제공족대부 고경의 후예 오야마씨 등이 보인다.

우경안의 고구려계통 문벌은 11성씨로서 기나이지방에서 좌경 다음으로 많다. 이 지역의 고구려계통 문벌가운데서 나까세씨는 추

― 161 ―

모왕, 나니와씨는 호태왕, 고마씨는 안악상왕(안악산왕), 아사께씨는 대방국왕 강호시(한법사), 시마끼씨는 노기왕(능기왕)의 자손으로 된 왕족출신이다.

추모왕은 고구려 시조 동명왕이고 호태왕은 고구려의 삼국통일 실현에서 큰 공적을 남긴 광개토왕을 가리키는데 이것은 일본렬도에 건너간 고구려계통 문벌들이 9세기초까지도 동명왕과 호태왕의 자손이라는것을 자랑스럽게 여기고있었다는것을 보여준다. 안악상왕과 대방국왕은 그 이름으로 보아 고구려땅인 황해도지방출신의 왕족으로서 노기왕과 함께 일본렬도내 고구려왕으로 인정된다.

※ 안악상왕은 황해남도 안악 3호무덤의 주인공인 고구려 고국원왕과 직결시켜볼수 있는 여지가 있다. 즉 안악상왕의 안악은 왕의 이름으로 볼수 있고 이름이 어면 경우 본적지와 관련되여있다는것을 고려하면 안악 3호무덤의 주인공인 고국원왕으로 볼수 있다.

우경안의 고구려계통 문벌중에는 고호 고씨 즉 후부 고씨(그 조상도 후부 을묘임)와 고호(후부)씨처럼 후부가 씨이름에 반영된것 2개, 조상씨이름에 반영된것 1개가 보이고 본국이름을 딴 고마씨와 가와찌국과 오끼섬에서 왔다고 보여지는 나니와씨와 히오끼씨가 있다.

고대일본 《신》계통과 《천황》계통 문벌들이 많은것도 우경안의 상태에서 볼수 있는 두드러진 점의 하나이다.

우경안의 고대일본 《신》계통 문벌은 73성씨로서 좌경보다는 적지만 가와찌국의 고대일본 《신》계통 문벌들과 함께 기나이지방에서 두번째 자리를 차지한다. 그중 가미무스비노 미꼬도의 자손문벌(14성씨)과 아마노 호히노 미꼬도의 자손문벌(6씨)들은 기나이지방의 이 《신》계통 문벌수에서 제일 많다. 또한 호아까리노 미꼬도의 자손문벌(10성씨), 다까미무스비노 미꼬도의 자손문벌(8성씨), 가미니기하야히노 미꼬도의 자손문벌(18성씨)들도 기나이지방의 이 《신》계통 문벌중에서 두세번째로 많다. 이 지역의 고대일본 《신》계통 문벌중에는 6세기~7세기중엽에 패권을 쥔 모노노베씨(2씨), 오또모씨, 나까도미씨(3씨), 사헤끼씨(2씨)들과 북규슈지방출신 구메씨, 야마또지방출신 야마또씨, 이즈미지방출신 이즈미 씨들이 보인다.

우경안의 《천황》계통 문벌도 81성씨로서 기나이지방 각 지역의 《천황》계통 문벌수에서 좌경 다음인 두번째 자리를 차지한다. 이 지역의 《천황》계통 문벌중에서 《효원》의 자손문벌(26성씨)과 《경행》의 자손문벌(7씨), 《효령》의 자손문벌(6씨)들은 기나이 각 지방의 이 《천황》계통 문벌들수에서 제일 많고 《신무》의 자손문벌(6씨), 《효소》의 자손문벌(7씨), 《숭신》의 자손문벌(6씨)들도 각 지방의 해당 《천황》문벌수에서 두번째 자리를 차지한다. 그리고 6세기~7 세기중엽 《천황》계통 문벌은 11성씨로서 좌경 다음으로 많다. 우경안의 《천황》계통 문벌중에는 7세기중엽에 패권을 쥔 나까도미씨와 문자와 유교를 전한 와니베씨, 북규슈에 본거지를 둔 히씨, 구메씨, 기비지방에 본거지를 둔 기비씨, 야마또지방에 본거지를 둔 헤구리 씨 등이 있다.

우경안의 문벌들의 상태에서 볼수 있는 두드러지는 점의 다른 하나는 7세기말이후 가바네를 칭한 문벌들이 많은것이다.

7세기말이후의 가바네를 칭한 우경안의 문벌들은 마히또 13성씨, 아소미 36성씨, 수꾸네 30씨, 이미끼 7성씨 총 86성씨로서 좌경 다음으로 많다. 이것은 이 지역의 문벌들이 그만큼 7세기말이후 높은 지위에 있었음을 보여준다.

우경안의 조선계통 문벌들도 좌경안의 조선계통 문벌들과 마찬가지로 794년 천도이전에 기나이 각 지방에서 마을과 고을을 이루고 창조적활동을 벌려왔다. 그들이 기나이지방에 남긴 흔적을 《일본지명대사전》을 통해 찾아보면 다음의 표 16과 같다.

※ 우경안에 살고있는 조선계통 문벌들중 백제계통출신 문벌들인 히로다씨를 비롯한 28성씨들과 관련된 지명들은 이미 앞의 1장과 2장 1절의 해당 개소에서 보았으므로 표에는 올리지 않았다. 따라서 이 28성씨들도 기나이 5국의 각 지방에 살고있었다는데 대하여 념두에 두어야 한다.

표 16   헤이왕경 우경안의 조선계통 문벌들과 관련된 기나이지방의 지명들

권수	계통	번호	씨이름	지역
24	백제	1	아사다	아사다촌
		2	이찌끼	이찌끼고개(아스까고개)
		3	나까누(나까노)	나까노촌(향)—2개
	고구려	4	나까세	나까세촌, 나까세강, 나까세제방
		5	나니와	나니와(지역—오사까지방의 옛 이름), 나니와궁, 나니와나루, 나니와다리
		6	다까다	다까다정, 다까다고개
	신라	7	우나하라	우나하라못(하니야스못의 별칭)
23	〈아야〉	8	야마다	야마다촌(향)—3개
		9	사다	사다촌(향), 사다신사
		10	우네비	우네비정, 우네비못, 우네비산, 우녜비신사, 우네비왕릉-3개
		11	야나이즈	야나이즈향
		12	와까에	와까에군, 와까에촌
15	쯔꾸시〈아마〉	13	하세	하세(지역)
		14	가와가미	가와가미촌—2개
		15	사까베	사까베향
14	이즈모〈아마〉	16	한지	한지향—2개
		17	아끼시누	아끼시누촌, 아끼시누강, 아끼시누절간
		18	오에	오에촌—2개, 오에(지역), 오에산, 오에다리, 오에왕릉
	〈아마〉	19	미시마	미시마군
		20	다께지(다까이찌)	다까이찌군, 다까이찌촌
5 4	4~5세기 쯔꾸시〈아마〉	21	시마나	시마나(지역)
		22	시끼	시끼군—2개, 시끼향
		23	시라기	시라기촌
		24	노나까	노나까향
		25	가사	가사산, 가사고개
		26	헤구리	헤구리군, 헤구리촌
		27	다마데	다마데정, 다마데촌,
		28	다나까	다나까촌
		29	에가	에가촌, 에가강, 에가왕릉—4개
		30	사누끼	사누끼향, 사누끼신사

표 16에서 보는것처럼 우경안의 조선계통 문벌들과 관련된 지방들은 군 6개, 촌(향) 27개, 정 3개, 강 3개, 산 3개, 다리 2개, 고개 3개, 못 2개, 나루, 제방, 왕궁, 절간 각각 1개, 신사 3개, 왕릉 8개 기타 지명 4개 총 68개이다. 이것은 좌경의 조선계통 문벌들과 관련된 지명에 비해 절반밖에 되지 않지만 우경안의 28성씨들이 기나이 각 지방에 남긴 지명까지 합하면 비교적 많은것으로 된다. 특히 이 지역에는 왕릉과 관련된 지명이 많은데 이것은 해당한 성씨의 왕급인물이 많았다는것을 알수 있게 한다.

우에서 본 지명들중에 와까에군, 시끼군, 오에촌, 이끼시누촌 등에는 각각 와까에씨, 시끼씨, 오에씨, 이끼시누씨들이 살고있었다고 하며 다까이찌군에는 5세기이전에 《아야》씨가, 6세기초중엽에는 이마끼《아야》씨들이 들어와 큰 세력을 이루고있었다고 한다. 이러한 사실은 우경안의 조선계통 문벌들도 794년 천도이전에 기나이 각 지방에서 마을과 고을을 이루고 창조적인 활동을 벌렸으며 우두머리로 활동하였음을 보여준다.

이처럼 조선계통 문벌들은 야요이시대이래 수도를 중심으로 하는 기나이지방에 대대적으로 진출하여 마을과 고을을 이루고 살면서 선진문명을 보급하였으며 6세기~7세기중엽 야마또왕정에서 패권을 잡고있었을뿐아니라 그이후에도 큰 세력을 이루고있었다.

제 3 편

6세기~7세기중엽 야마또왕정의 국토 통합에서 주동적역할을 한 기나이 지방의 조선계통 문벌들

친애하는 지도자 **김정일동지**께서는 다음과 같이 지적하시였다.
《우리는 제국주의어용사가들과 대국주의사가들, 사대주의사가들이 내놓은 반동적리론들을 철저히 배격하고 우리 나라 력사를 주체적립장에서 옳게 해명하여야 합니다.》

기나이지방에 진출, 정착한 조선이주민들은 이 지역에서 야요이문화와 고분문화를 전하였을뿐아니라 6세기~7세기중엽 야마또왕정에서 패권을 쥐고 국토통합에서 주동적역할을 하였다.

6세기~7세기는 고대일본에서 통일국가의 형성기이다. 《신무동정》세력이 북규슈지방에서 《동정》하여 야마또지방을 차지한후 주변을 정벌하여 령토를 넓히고 지방통치기관을 설치하는,등 국토통합을 시작한것은 6세기초이후이며 645년 《대화정변》과 그다음해 《대화개신》 그리고 672년 《임신의 란》을 통해 지방의 할거세력과 소국들을 완전히 복속시켜 국토통합을 완성하였다.

일본학계에서는 고대일본의 통일국가형성시기를 그보다 훨씬 앞당겨 보고있으나 그것은 억측에 지나지 않는다.

고대일본의 통일국가형성시기와 관련된 일본학계의 견해는 여러가지이지만 근세이후 정설로 굳어진것은 4세기초경으로 보는 주장이다. 이 견해는 《광개토왕릉비》와 《일본서기》에 나오는 조일관계기사를 아전인수격으로 해석하면서 야마또왕정이 《남부조선》을 《지배한 시기》가 4세기중엽부터 수백년간이므로 그렇게 되자면 그

이전에 고대일본이 통일되여있어야 한다는 그릇된 선입견으로부터 출발하고있다. 원래 다른 나라에 대한 지배문제를 가지고 자기 나라 국토통합의 시점을 론하는 그자체가 비과학적이고 언어도단이다.

최근 일본학계에서도 종래의 주장을 부정하는 견해가 제기되고 있다. 《…5세기 후반기로부터 7세기말까지는 일본국가형성사의 여러 단계이다. 〈일본〉이라는 국호를 가진 우리 나라(일본—인용자) 첫 통일국가는 8세기초에야 완성되였다.》(《일본국가의 형성》, 1984년, 이와나미서점, 서론)는 주장은 그 실례로 된다.

6세기이후 국토통합을 시작한 야마또왕정은 대체로 회유와 정벌, 조공관계를 통한 렬도내 지방세력과 소국들에 대한 지배권확립, 령토확장과 지방통치기관인 미야께의 설치 등을 통해 마침내 7세기중말엽에 국토를 통합하고 중앙집권적통치체계를 세울수 있었다. 물론 이 과정에는 지배층내부에서의 권력다툼과 렬도내 소국들의 령토분쟁문제처리, 백제본국지원출병 등 여러가지 문제가 제기되였다. 그런데 여기서 주동적역할을 논것은 백제계통을 위주로 하는 조선계통 문벌들이였다.

이 편에서는 편의상 야마또왕정에 의한 국토통합에서 중요한 계기점을 이루었거나 중대한 문제로 나섰던 여러 사건과 사변들을 시기별 또는 내용별로 나누어 고찰하면서 이 과정에서 주동적역할을 한것이 조선계통 문벌들이였다는것을 론증하였다.

제1장. 국토통합의 첫 시기 주동적역할을 논 가야, 백제 세력

제1절. 《신무동정》

친애하는 지도자 김정일동지께서는 다음과 같이 지적하시였다. 《신화와 전설이 꾸며낸 말인것만은 사실이지만 그에 대하여 허

무주의적으로 대하지는 말아야 합니다.
　신화와 전설은 력사를 연구하는데서 중요한 사료로 됩니다.》
　《일본서기》를 비롯한 옛 기록에 의하면 고대일본 통일국가형성의 첫 시기 중요한 사건으로서 《신무동정》과 《4도장군파견》, 《구마소, 에미시 정벌》 등을 들수 있다. 《신무동정》에 대한 이야기는 국토통합을 단행하는 야마또왕정의 중심을 이룬 세력이 어디서 왔는가 하는 기본흐름에 대하여 대답을 주며 《4도장군파견》, 《구마소, 에미시 정벌》에 대한 이야기들은 렬도내 일정한 지역과 세력을 평정, 복속시키는 령토통합과정의 일단에 대하여 말해준다.
　《신무동정》설화는 고대일본 야마또통일국가의 형성, 발전사뿐 아니라 초기조일관계력사에서 중요한 자리를 차지한다. 그것은 이 이야기가 일본의 건국전설로서 고대일본에서 국토통합을 이룩한 기본세력이 누구이며 그 시기는 언제인가 하는것을 시사해주며 또 고대일본의 국토통합에서 조선계통 이주민들이 논 역할에 대해 말하여주기때문이다.
　우리 학계는 《신무동정》설화가 5세기말~6세기초에 규슈에 있던 백제, 가야 세력이 야마또지방으로 진출한 력사적사실을 반영한 것이라고 보고있다.(《초기조일관계연구》, 247~256페지)
　여기서는 학계의 성과에 기초하여 《신무동정》 이야기에 반영된 《동정》세력의 출발지와 거기에 참가한 문벌세력들의 출신계통을 자세히 론하는 방법으로 그 성격을 좀더 뚜렷이 밝히려고 한다.
　《신무동정》 이야기는 《일본서기》와 《고사기》 신무기조에 각각 실려있는데 전자가 후자에 비해 좀더 자세하기는 하지만 기본줄거리는 같다. 《일본서기》 권3 신무기에 나오는 《신무동정》 내용을 추려서 보면 다음과 같다.
　태세갑인(기원전 666년) 10월 수군을 거느리고 《천황》(신무)이 휴가를 떠나 동쪽 《정벌》에 나섰는데 처음으로 도착한곳이 하야스히나도와 쯔꾸시국 우사였다. 《신무동정》세력은 11월에 이곳을 떠나 쯔꾸시국 오까노 미나도를, 12월에 아기국(히로시마현)을 거쳐 을묘년(두번째 해) 3월에 기비국(오까야마현)에 도착하여 행궁을 짓고 3년동안 살면서 배를 수리하고 병기와 식량을 축적하여 일시에 천하를 평정하려고 하였다. 계속하여 《신무동정》세력은 무오년(다섯번째 해) 2월 수많은 배들을 타고 나니와(오사까부) 미사끼에 도착하였고 3월에 가와찌국(오사까부) 구사끼읍 아오구모의 시라가 다나루에 이르렀으며 4월에는 이꼬마산을 넘어 우찌쯔국(야마또국—나라현)에 들어가려고 나가스네비꼬 군대와 구사에고개에서 크게 싸웠으나 패하였다. 《신무동정》세력은 남동쪽으로 우회하여 우찌쯔국을 칠것을 계획하고 이 방향에 있는 나꾸사읍과 구마노 가미읍, 아라사끼나루를 거쳐 많은 곡절을 겪으면서 끝내 이곳으로 들어가는데 성공하였다. 우찌쯔에 들어간 《신무동정》세력은 우따와 요시노, 시끼 등지에서 반항하는자들을 쳐없애고 항복하거나 복종하는자들을 규합하여나갔으며 마침내 그해 12월 이곳에서 니기하야히노 미꼬도를 임금으로 섬기고있는 나가스네비꼬를 쳐서 승리를 이룩하고 이 지역을 차지하였다.

《신무동정》이야기에 대한 일본학자들의 견해는 여러가지인데 크게 두가지로 나누어볼수 있다. 첫째 견해는 이 이야기가 사실이 아니라 6세기이후 조작해낸 이야기라는것이며 둘째 견해는 이 설화가 그대로는 믿을수 없지만 《천황》으로 될 규슈의 일정한 세력의 우두머리가 어느 한 시기(대체로 1세기~3세기)에 야마또지방(나라현)으로 옮겨가 그 지방을 통치한 력사적사실을 반영한 이야기라는것이다. 1960년이후 많은 학자들이 두번째 설을 인정하고있다.*

* 《일본국가의 기원》, 이와나미서점, 1960년, 71~91페지

둘째 견해는 우리 학계의 견해와 일치하는 면이 있다고 볼수 있다.

《신무동정》이야기가 규슈의 일정한 세력이 기나이지방으로 진출, 정복하던 력사적사실을 반영한것이라고 인정되는 조건에서 이 《동정》의 성격을 구체적으로 해명하는것이 중요하다. 《신무동정》이야기는 한마디로 말하여 가야, 백제적 색채를 많이 띤것이다. 그것은 《동정》을 담당한 규슈세력(《신무동정》세력)집단과 《동정》을 당

한 기나이지방세력(《니기하야히노 미꼬도》세력)집단내에 가야, 백제 세력이 우세하였다는 사실이 그것을 잘 말해준다.

《신무동정》세력집단에 가야, 백제 세력이 우세하였다는것은 우선 이들이 대부분 쯔꾸시《아마》계통 출신, 다시말하여 가야, 백제 계통 출신 세력이라는것이다. 《신무동정》세력의 구성을 보면 우두머리인 《신무》와 그 형들인 이쯔세노 미꼬도, 이나히노 미꼬도, 측근자들인 아마노 다네꼬노 미꼬도, 히노오미노 미꼬도, 오꾸메, 우즈히꼬, 우사쯔히꼬, 우사쯔히메 등인데 대부분 아마계통이고 원주민 세력은 일부에 지나지 않았다.

《신무》는 5세기이전 《천황》으로서 쯔꾸시 《아마》계통 우두머리로 볼수 있고 《신무》의 형들인 이쯔세노 미꼬도, 이나히노 미꼬도는 《신무》와 같은 계통이라고 말할수 있다.

아마노 다네꼬노 미꼬도는 동정시 우사지방에서 《신무》가 안내해준 우사쯔히메를 안해로 삼은 《신무》의 가장 가까운 측근자이다. 그는 고대일본책인 《석기》에 아마노 고야네노 미꼬도의 손자 아마노 오시꾸모노 미꼬도의 아들로 되여있는데 아마노 고야네노 미꼬도는 앞에서 본것처럼 북규슈 《아마》계통의 우두머리이다. 아마노 고야네노 미꼬도의 증손인 아마노 다네꼬노 미꼬도는 《신무》와 같이 북규슈지방에서 왔으므로 북규슈 《아마》계통이 틀림없다.

※ 아마노 다네꼬노 미꼬도는 《일본서기》 해당 기사에 나까도미씨의 먼 조상이라고 하였다. 한편 《일본서기》 권1 신대 상 7단 본문조에 의하면 나까도미씨의 먼 조상은 아마노 고야네노 미꼬도라고 하였는데 이것은 결국 나까도미씨가 북규슈 《아마》계통 우두머리인 아마노 고야네노 미꼬도와 그 증손인 아마노 다네꼬노 미꼬도의 자손이라는것을 말해준다.

야마또지방을 우회하여 칠 때 우따지역에로의 길을 개척하는데 큰 공헌을 한 인물들은 히노오미노 미꼬도와 오구메들이다. 이 공로로 히노오미노 미꼬도는 길을 잘 안내했다는 내용을 담은 《미쩨노 오미》(道臣)라는 성씨를 받게 되였다. 동정후 미쩨노 오미는 쯔까사읍(나라현 가시하라시 도또리정)에, 오구메는 우네비산 서쪽 기슭 오구메읍(나라현 가시하라시 구메정)부근에 살게 되였는데 이곳은 다 아야씨가 판을 치고있던 다까이찌군내에 있다.

히노 오미노 미꼬도는 북규슈 《아마》계통 우두머리인 다까미무스비노 미꼬도의 9세손으로 된 북규슈 《아마》계통이다. 오구메씨는 《일본서기》권2 신대 하 제9단 일서(4)에 자기의 먼 조상인 아메노구시쯔노 오구메가 니니기노 미꼬도를 호위하여 아마에서 내려왔다고 되여있으므로 역시 북규슈 《아마》계통 출신으로 볼수 있다.

우즈히꼬는 시히네쯔히꼬(시히네쯔히꼬노 미꼬도)라고도 하는데 이 인물은 앞에서 본바와 같이 쯔꾸시《아마》계통이다.

쯔꾸시국 우사(오이따현)에 살고있는 우사쯔히꼬와 우사쯔히메는 원주민세력으로 보인다. 우사쯔히꼬는 그 후예가 우사국의 우두머리로 된 이 지방의 세력자로서 《신무》일행이 이곳에 도착하자 우사강변에 큰 집을 짓고 그들을 맞이하였다고 하는데 이것은 우사쯔히메가 《신무》세력과 밀접한 관계속에 있었거나 그들에게 곧 정복, 복속당한것으로 볼수 있는 일정한 근거를 준다. 그리고 우사쯔히꼬의 원주민세력도 우사쯔히메가 아마노 다네꼬노 오미의 안해로 된것으로 보아 《아마》계통과 서로 타협, 련합하여 동정에 참가한것으로 보인다.

따라서 《신무동정》세력은 북규슈 《아마》계통 출신을 위주로 하고 이에 원주민세력이 배합된 련합세력이였다고 말할수 있다. 그런데 일반적으로 북규슈 《아마》라고 하면 변한—가야, 마한—백제 계통으로 폭넓게 리해할수 있지만 《신무동정》시기가 대체로 5세기말~6세기초쯤이므로 이 시기의 북규슈 《아마》계통이란 가야, 백제 계통으로 한정하여 볼수 있을것이다.

《신무동정》세력집단내에서 가야, 백제 세력이 우세하였다는것은 또한 《동정》의 출발지가 백제이주민들이 많이 진출하여 살고있을뿐아니라 조선반도 특히 가야, 백제 본국의 직접적인 영향밑에 있던 북규슈라는데서도 찾아볼수 있다.

《신무동정》세력의 기나이지방에로의 출발지는 북규슈였다.

원래 《일본서기》의 본문기사에 의하면 《신무동정》의 출발지인 휴가는 북규슈가 아니라 규슈동남부(현재 미야사끼현 휴가시)로 되여있는데 이것은 많은 모순을 가지고있다.

그것은 우선 당시 주객관적조건으로 볼 때 《신무동정》세력이 어디까지나 규슈지방에서 제일 우세하고 선진적인 집단이라야 하겠는데 야요이시대이래 규슈지방의 동남부는 북부보다 우세하지 못하였고 그 영향밑에 있었기때문이다.

그것은 또한 《신무동정》세력의 첫 동정로정을 놓고보더라도 휴가(미야사끼현 동부)→하야스히나도(효요해협→오이따현 동북부와 에히메현 서부사이 해협)→쯔꾸시국 우사(오이따현 동북부)→쯔꾸시국의 오까노미나도(후꾸오까현 북부)→아기국(히로시마현 남부)으로 되여있는데 그것은 방향상 모순되기때문에 규슈의 동남부에서 출발한 《신무동정》세력이 기나이지방으로 진출하기 위해서는 하야스히나도를 거친후 서북방향 우사와 오까노미나도에 갈것이 아니라 동쪽방향인 세또나이해연안 아기국으로 갔어야 방향상 맞는다. 그러나 본문기사내용에서는 《신무동정》세력이 우사를 거쳐 오까노 미나도(후꾸오까현 북부지방)까지 올라갔다가 다시 되돌아 내려와서 세또나이해연안인 아기국으로 간것으로 되여있다.

그리고 같은 동정로정을 전하는 《고사기》에서는 기나이지방을 정벌하러 떠난 《신무동정》세력이 쯔꾸시 오까노미나도에서 1년간 살다가 떠났다고 기록하고있는데 이것은 《동정》의 목적과 심히 어긋난다. 따라서 《신무동정》세력이 규슈의 동남부지방에서 출발하였다는 《일본서기》의 휴가의 위치는 재검토되여야 한다고 본다.

《신무동정》세력의 출발지를 밝히는데서 기본문제로 나서는것은 이 세력이 동정하기전인 5세기이전에 규슈지방에서 어느곳이 당시 정치, 문화의 중심지였는가를 밝히는것이다. 이러한곳으로는 내외 학계가 인정하는바와 같이 북규슈일대밖에 없었다. 일본의 야요이시대와 고분시대 문명은 조선반도에서 전달되였는데 그것은 많은 경우 북규슈지방을 거쳐 규슈 남부와 세또나이해연안으로 퍼져갔던것이다. 따라서 북규슈는 야요이시대이래 규슈지방에서 제일 선진지대였으며 여기에 사는 집단이 제일 우세하였다고 볼수 있다. 이러한 당시의 형편과 《신무동정》세력이 기나이지방을 《정벌》하여 승리하는 우세한 집단이였다는 사실을 다같이 고려한다면 그들이 북규슈지방에 있었다고 보는것이 타당하다고 본다.

《신무》의 조상인 니니기노 미꼬도가 《아마》에서 내려왔다(《천강하였다》)는 구체적장소는 이 문제해결의 좋은 실머리를 안겨준다. 앞에서 본것처럼 《일본서기》 신대편에 의하면 니니기노 미꼬도와 그를 호위한 《아마》집단이 《아마》인 조선(구체적으로는 가야)에서 강림한(일본렬도로 진출한) 장소는 쯔꾸시의 휴가 다까찌호 구시후루봉우리라고 하였는데 이곳은 《신무동정》세력이 출발한 휴가와 같은곳으로 볼수 있다. 즉 북규슈 《아마》계통 우두머리인 니니기노 미꼬도집단이 《강림》하여 살던 장소와 그 자손들인 《신무동정》세력집단이 《동정》전에 자리잡고 살던 장소는 같은 지역으로서 구체적으로 쯔꾸시의 휴가 다까찌호 구시후루봉우리일대라고 말할수 있다.

그러면 그곳은 구체적으로 어디였겠는가. 고대시기 쯔꾸시는 규슈지방전체를 가리킨적도 있으나 주로는 북부지방, 그중에서도 후세 그 이름이 남아있는 찌꾸젱, 지꾸고 지방을 가리키기도 하였다. 《신무동정》이야기인 경우에 북규슈지방만을 가리키는 제한된 범위에서 썼다는것을 알수 있다.

그런데 《쯔꾸시설화》에서 니니기노 미꼬도는 《아마》인 조선반도 가야에서 《강림》한것만큼 그 장소는 조선반도의 제일 가까운 북규슈지역이여야 한다.

《고사기》에는 《천손》(《아마》계통 자손들)이 《강림》한곳이 가라구니(조선반도 가야국)와 직통으로 향하였다고 하였는데 이것은 북규슈, 좀 더 구체적으로 말하면 조선반도와 제일 가까운 지역을 가리키고있다는것을 보여준다. 북규슈지방에서 조선반도와 제일 가까운 지역은 후꾸오까현 북부인 찌꾸젱지방과 사가현 히젱지방이다. 그중에서 조선반도로부터 쯔시마, 이끼섬을 거쳐 직통으로 련결되는 이도시마반도일대와 마쯔우라반도일대는 조선의 문명을 제일 먼저 받아들이였던 북규슈지방의 중심지들이다. 이 두곳중에서도 이도시마반도일대는 《삼국지》 왜인전에 보이는 《왜》국 30개 나라가 운데서도 이도국이 있던곳으로서 일찌기 야요이, 고분 문화가 제일 먼저 발생한 지역의 하나인데 이곳을 《아마》계통 세력의 《강림지》, 《신무동정》세력의 《동정》의 출발지로 보는것이 합리적이다.

일본의 《최신식고등일본지도》(진붕샤 1985년)에 의하면 이도시마반도일대에는 《다까스》라는 산(416메터)과 《휴가》라는 큰 고개가 있고 아울러 《가야산》이 표시되여있다. 그리고 이도시마반도일대에 있는 다까스신사는 조선식산성으로 알려진 이도성경내에 있다고 한다.

또한 최근 일본학계에서는 이 《다까스산》주변에 《휴가산》과 《구시후루산》이 있다고 하면서 이곳을 《천손강림지》로 보는 견해가 제기되였다.(《고대는 빛나고있었다》 I, 아사히신붕샤, 1984년판, 65～66페지)

이도시마반도일대는 여러모로 보아 니니기노 미꼬도를 비롯한 《아마》계통세력의 《강림지》로, 《신무동정》세력의 출발지로 볼수 있다. 이곳과 이 주변은 5세기이전 《왜》의 중심지, 문명의 출발지로서 바로 이 지방의 《왜》가 대체로 《삼국사기》와 《광개토왕릉비》 등에 신라에 쳐들어온 가야, 백제 계통의 《왜》였을것이다.

※ 최근 이도시마반도에 가야계통소국이 존재하였고 이 가야계통소국의 왜가 《광개토왕릉비》에 나오는 《왜》라는 우리 학계의 견해가 제기된바 있다.(《초기조일관계사》 상, 135페지)

《신무동정》세력의 출발지인 휴가를 이도시마부근으로 보면 앞에서 본 첫 동정로정상의 모순점은 자연히 풀린다. 《휴가》를 이곳으로 보고 첫 동정로정을 고쳐보면 휴가(이도시마군)→쯔꾸시국 오까노 미나도→쯔꾸시국 우사→하야스히나도→아기국(후꾸오까현 북부)→오이따현 동북부→세또나이해연안인데 이것은 《신무동정》세력이 첫 동정과정에 머물렀던곳들을 다 포함하면서도 방향에서도 맞아떨어진다.

그러면 어떻게 되여 《신무동정》세력의 첫 동정로정이 외곡되게 되였는가. 그것은 《일본서기》나 《고사기》 편찬자들이 편찬당시 주객관적 및 력사적 환경을 고려하지 않고 《신무》세력의 동정의 출발지를 《휴가》라는 지명이 남아있는 미야사끼현 휴가국으로 단정하였기때문이라고 본다. 만약 미야사끼현 휴가국의 《휴가》라는 이름이 《신무동정》세력의 출발지와 그 어떤 관련이 있다면 문명이 북규슈로부터 동쪽과 남쪽으로 옮겨간 당시의 력사적흐름대로 북규슈의 휴가라는 지명이 남부인 미야사끼현으로 옮겨간것이라고 보아야 옳을것이다. 앞에서 본바와 같이 조선계통 문벌이름을 비롯한 조선과 관련된 지명들이 일본렬도에 널리 퍼져나갔는데 휴가라는 지명도 그러한 실례의 하나로 될것이다.

《신무동정》세력의 출발지가 북규슈 특히 조선반도와 제일 가까이 면한 이도시마일대라면 동정세력은 가야, 백제 세력이 우세한 집단으로 될수밖에 없다. 그것은 앞에서 강조된것처럼 이 지대가 야요이, 고분 시대이래 가야, 백제 계통 이주민들이 대량적으로 진출하여 소국을 형성하고 가야, 백제 본국과의 밀접한 련계밑에 선진문화를 보급하던곳이기때문이다.

북규슈지방에 있던 가야, 백제 계통 이주민들과 원주민들은 당시 기록에는 통털어 《왜》라고 씌여있는데 이들은 조선반도의 가야 본국과 백제본국의 직접적인 영향밑에 있었다. 그것은 《광개토왕릉비》에 나오는 《왜》와 《삼국사기》 신라본기에 수십차례 신라에 쳐들어오는 《왜》가 대체로 가야, 백제 본국의 영향하에 움직이던 북규슈, 구체적으로는 조선반도와 제일 가까운 이도시마반도일대의 《왜》였다는데서 짐작할수 있다. 그것은 또한 일본의 야요이, 고분 문화가 북규슈에서 먼저 시작된것도 주로 가야, 백제 본국의 영향밑에 북규슈지방에서 제일 큰 세력을 이루고있던 가야, 백제 이주민들의 역할과 관련되여있다는데서 찾아볼수 있다. 이 시기 북규슈일대의 유적, 유물에 가야, 백제적 색채가 강한것은 우연한 일이 아니다.

《신무동정》세력이 이처럼 가야, 백제 이주민들이 우세를 차지하고있었고 가야, 백제 본국의 영향밑에 있던 북규슈를 출발하였다는것은 이 세력집단이 가야, 백제적 색채가 농후한 집단이였다는것을 보여주는 증거로 된다.

《신무동정》세력에서 가야, 백제 세력이 우세한 집단이였다는것은 세또나이해연안을 거쳐 동정하던 도중에 기비국에 3년간(《고사기》에는 8년) 머무른데서도 찾아볼수 있다.

《신무동정》세력이 다까시마궁을 짓고 3년간 살면서 《동정》할 준비를 갖춘 기비국은 《일본서기》 해당 주석에 의하면 현재 오까야마현 오까야마시 고지마지역이라고 하는데 이 비정은 비슷하다고 볼수 있다. 그런데 이 지역은 당시 소자시를 중심으로 하는 가야소국(임나)의 판도안에 있었다.(《초기조일관계사》 상, 193~265페지)

따라서 《신무동정》세력이 이곳에 3년간(또는 8년간) 머물러있었다는것은 동정세력집단내에 가야세력이 매우 많았다는것을 보여준다. 즉《동정》을 떠난 《신무동정》세력이 빗쮸지방의 가라계통소국과 그 서부 빙고지방(히로시마현)에 있던 백제소국에 들리게 된것은 이곳에 《동정》집단을 이루고있는 주민들과 같은 주민들이 많았기때문일것이다.

《신무동정》세력에서 가야, 백제 세력이 우세한 집단이였다는것은 후시기 야마또통일왕정내에서 가야, 백제 세력이 우세한데서도 엿볼수 있다. 《신무동정》세력은 《동정》을 끝낸 6세기초이후 국토통합을 진행한 야마또왕정의 중심세력으로 되였다. 그런데 앞에서 본것처럼 국토통합을 이룩한 6세기~7세기중엽의 야마또왕정에서 패권을 쥔 세력들은 대체로 가야, 백제 계통 세력이였다. 야마또통일왕정내에서 가야, 백제 계통 세력이 우세하였다는것은 기나이지방을 정복한 《신무동정》세력내에서 가야, 백제 계통 세력이 우세하였기때문이라고 보는것이 타당하다.

다음으로 《신무동정》세력에 의하여 정복당하는 기나이지방의 니기하야히노 미꾜도세력에도 가야, 백제 계통 세력이 우세하였다는데 대해 간단히 보기로 하자.

니기하야히노 미꾜도를 우두머리로 하는 세력이 거주하고있던 기나이지방의 구체적장소는 가와찌로부터 야마또지방일대에 걸친 비교적 넓은 지대였다.

그러면 이 지방의 세력은 어떠한 집단이였겠는가. 2편에서 구체적으로 본것처럼 가와찌, 이즈미, 야마또 지방에는 5세기이전 백제, 가야를 위주로 한 조선계통 문벌들이 큰 세력을 이루고있었다.

기사를 통해보면 가와찌-야마또지방의 우두머리였던 니기하야히노 미꼬도는 앞에서 본것처럼 북규슈《아마》-백제, 가야 계통 우두머리였고 그 세력은《신찬성씨록》에 의하더라도 가와찌-이즈미지방에 39성씨, 야마또지방에 8성씨나 있었다. 그밖에 이 지방에는 백제를 비롯한 조선계통으로 밝혀진 문벌들과 아찌노 오미, 유쯔끼노 오미를 우두머리로 하는《아야》, 하다 계통 문벌들, 고대일본 아마《신》계통 문벌들, 5세기이전《천황》-4~5세기 쯔꾸시《아마》계통 문벌 등 여러 조선계통 문벌들이 있었던것이다.

이들은 가야, 백제를 위주로 하는 조선계통 이주민으로서 5세기이전에 마을과 고을, 소국들을 이루고 패권을 쥐고있었다.

니기하야히노 미꼬도는 5세기말 가와찌-야마또지방의 이러한 여러 조선계통 문벌들을 대표하는 우두머리였다고 말할수 있다.

부하인 나가스네비꼬는 아마계통출신이 아니였으므로 원주민계통으로 볼수 있다. 따라서《신무동정》세력에게 정복당한 가와찌-야마또지방의 집단은《아마》계통인 백제, 가야 계통 세력과 원주민계통으로 구성되여있었다고 말할수 있다. 그런데 나가스네비꼬는 니기하야히노 미꼬도를 우두머리로 받들고있었고 니기하야히노 미꼬도는 나가스네비꼬의 누이에게 장가들어 아이까지 낳았다고 한다. 이것은 가와찌-야마또지방 세력의《아마》계통, 가야, 백제 출신세력과 원주민들은 서로 타협, 련합하고있었으며 거기서《아마》계통, 가야, 백제 출신세력이 우두머리노릇을 하였다고 볼수 있다.

이러한 사실은 다른 기록과도 맞아떨어진다.《송서》이만전 왜국조에 의하면 찬-무 5대《왜》련합왕조가《신무동정》이 있기전 5세기에 일본령토, 구체적으로는 기나이지방에 있었다고 한다. 찬-무 5대《왜》련합왕조는 중국황제들에게 바친 상표문에서《사지절도독 왜, 신라, 임나, 가라, 진한, 모한 6국제군사 안동대장군 왜국왕》 또는 《사지절도독 왜, 백제, 신라, 임나, 가라, 진한, 모한 7국제군사 안동대장군 왜국왕》으로 자칭하였으며 이에 대하여 왜국왕들은 중국황제들로부터 받은 책봉문에서 《사지절도독 왜, 신라, 임나, 가라, 진한, 모한 6국제군사 안동대장군》칭호를 받았다고 한다.

따라서 5세기 《신무동정》세력이 오기전 기나이지방에는 왜의 원주민과 백제, 가라, 임나(가야), 신라 이주민 등으로 구성된 련합세력 즉 찬―무 5대 《왜》련합왕조가 있었다고 말할수 있다. 이 련합세력에서도 가라, 백제 계통이 우세하였을것이다. 이것은 앞에서 본것처럼 《신무동정》세력이 5세기말~6세기초에 가와찌―야마또지방을 칠 때 같은 계통의 구가야, 백제 세력이 있었다는 이야기와 맞아떨어진다.

이 시기 가와찌―야마또지방에는 신라계통세력도 있었다고 볼수 있다.

그러므로 본문기사의 니기하야히노 미꼬도를 우두머리로 하는 가와찌―야마또지방의 세력은 구가야, 백제 및 신라 이주민과 《왜》의 원주민들로 구성되였다고 볼수 있다. 그러나 가와찌―야마또지방의 니기하야히노 미꼬도세력은 같은 《야마》계통 즉 가야, 백제계통 문벌이 우두머리로 되고있었다. 그러므로 이 세력집단내에서는 이 시기 가야, 백제 세력이 우세를 차지하고있었다고 말할수 있다.

이처럼 《신무동정》을 담당한 동정세력과 정복당하는 세력은 가야, 백제 세력이 우세한 집단으로서 《신무동정》의 가야, 백제적 성격을 뚜렷이 보여준다. 결국 고대일본의 제1대 《천황》의 《동정》이야기는 조선반도의 가야와 백제 지역으로부터 북큐슈지방으로, 다시 북큐슈지방으로부터 기나이지방에로의 가야, 백제 이주민들의 끊임없는 대대적진출을 기본내용으로 하고있다고 볼수 있다.

제반 사실은 6세기초이후 국토통합을 단행한 야마또왕정의 중심세력인 《신무동정》세력이 백제, 가야 계통 문벌이였음을 보여준다.

　최근 일본학계에서는 《신무동정설화》가 그 구성에서 고구려의 시조 《동명왕전설》과 비슷하다는 견해들이 제기되고있는데* 그 주되는 내용은 두 나라 시조들이 다 자기의 본고장을 떠나 타지방으로 가서 나라를 세웠다는것, 타지방으로 갈 때 물을 건느면서(《동명왕전설》에서는 강, 《신무동정설화》에서는 바다) 물고기 또는 거부기의 도움을 받았다는것 그리고 무력의 방법으로 나라를 세웠다는것 등이다. 이것은 긍정할만한 견해이다.

　※《고대의 일본과 조선》, 이와나미서점, 1986년판, 55～56페지

　자기의 시조왕을 신성화하고 자기 나라를 세상에 높이 내세우려는 고구려사람들의 지향과 열망이 반영된 《동명왕전설》은 당시 고구려사람뿐아니라 동족의 나라인 백제사람들도 자기의 시조전설로 받아들이고 크게 동경하고 내세웠다. 특히 일본렬도에 건너간 고구려, 백제 사람들은 시조 동명왕＝추모왕을 자기들의 조상으로 여기면서 숭배하고있었으며 따라서 그들은 《동명왕전설》도 크게 내세웠을것이다.

　이러한 동명왕 숭배사상과 《동명왕전설》은 6세기후 백제를 위주로 하는 조선계통 문벌들이 패권을 쥐고있던 야마또왕정에서 《신무동정설화》가 만들어질 때 그에 일정한 영향을 미치게 되였을것이다. 《신무동정설화》에 《동명왕전설》이 일정하게 반영된것은 당연한 일이다.

제2절. 《4도평정》

　《4도평정》설화는 북규슈의 《신무동정》세력이 야마또지방을 차지한후 처음으로 주변을 크게 정복한 내용을 담고있다.

　※ 《4도평정》설화는 종래에 《4도장군파견》설화라고 하였다.(《초기조일관계사》 하, 169페지) 그런데 이 설화는 내용으로 보아 4도를 평정한 내

용까지 담고있으며 더우기 후자가 보다 주되는 측면을 이루고있다고 인정되기때문에 《4도평정》설화라 고 고쳐 부르려고 한다.

지난 시기 내외학계에서는 《4도평정》설화에 외곡과 어설픈 내용이 많다고 하면서 그것을 허황한 이야기로 간주하는 경향이 많았다. 따라서 《4도평정》이 야마또왕정의 국토통합에서 차지하는 지위와 더우기 거기서 논 조선이주민들의 역할에 대해 밝힐수 없었다고 인정되여왔다.

《4도평정》설화는 적지 않게 외곡되고 매우 어설프게 엮어져있지만 야마또왕정의 국토통합의 첫 시기에 진행된 주변지역에 대한 대규모적인 평정과 거기서 논 조선계통 문벌들의 역할에 대하여 일정하게 반영한 설화라고 볼수 있다.

이 설화는 《고사기》와 《일본서기》에 다 각각 간단히 실려있는데 후자가 비교적 내용이 더 많다. 《일본서기》 권5 숭신기 10년 7월, 9월조에 반영된 《4도평정》설화는 요약하여보면 다음과 같다.

기원전 83년(숭신 10년) 7월 10일 먼곳에 사는 사람들이 복종하지 않으므로 오히꼬노 미꼬도를 북륙(北陸—구누가노미찌)에, 다께누나 가와와께를 동해(東海—우미찌미찌)에, 기비쯔히꼬를 서도(西道—니시노미찌)에, 다니와노 지누시노 미꼬도를 단파(丹波—다니와=담바)에 각각 보내면서 복종하지 않는자들은 쳐부시도록 하였다. 그런데 오히꼬노 미꼬도는 북륙으로 가기전에 탄란이 일어나 그것을 진압하느라고 지체되여 그해 10월에야 길을 떠났다. 4도장군은 말을 안듣는 《웅이》(이민족)들을 평정한후 이듬해 4월에 그 상황을 보고하였다. 그리하여 이해에 이족(다른 종족)들이 다 귀화하여 나라안이 편안해졌던것이다.

결국 《4도평정》이야기는 주변에 존재한 여러 종족우두머리들이 복종하지 않았기때문에 군사를 보내여 평정하고 복속시켰다는것이다. 이 이야기는 야마또왕정이 진행한 처음으로 되는 주변지역 평정을 소개하고있는것만큼 그것은 결국 국토통합의 첫 사업을 반영한것으로 된다.

이때 4도장군이 파견되여 평정한 지역가운데서 북륙은 북쪽지방이라는 뜻으로서 후세 북륙도에 해당한다고 한다. 《고사기》에는 오비꼬노 미꼬도가 《고시도》(고시지방)로 파견되였다고 하는데 이것은 북륙도와 같은 지방을 의미한다. 북륙도=고시도는 오늘의 후꾸이현, 이시까와현, 도야마현, 니이가따현을 포괄하는 지역일대이다.

동해는 동쪽바다란 의미로서 후세 동해도에 해당한다. 《고사기》에는 이 지역을 《동방 12도》라고 하였다. 동해도는 오늘의 미에현, 아이찌현, 시즈오까현, 야마나시현, 가나가와현, 사이따마현, 지바현, 이바라기현 일대이다.

서도는 서쪽지방이란 뜻으로서 후세의 산양도를 가리킨다. 서도=산양도는 오늘의 효고현의 서부(옛날 하리마국), 오까야마현, 히로시마현, 야마구찌현 일대이다.

단파는 다니와지방으로서 옛날 당고국과 담바국을 가리키는 산음도 동부에 해당한다. 이곳은 오늘의 교또부 북부와 효고현 동북부에 해당한다.

따라서 이때 4도장군이 평정한 북륙, 동해, 서도, 단파 4지역은 야마또지방주변의 북부와 동부, 서부와 비교적 넓은 지역을 포괄하는 지역이다.

4도장군이 파견되여 우의 지역을 평정한 시기는 기원전이라고 하였는데 그것을 그대로 믿을 사람은 없다. 기사가 국토통합의 첫 시기의 사실을 담았으므로 그것은 6세기초중엽경으로 보는것이 타당하다.

기사에서는 이 지역의 복종하지 않는 주민들을 《융이》요 《이속》이요 하면서 마치 다른 종족처럼 쓰고있는데 그것은 《일본서기》나 《고사기》 등이 중국사서들의 필법을 본따 꾸민데 지나지 않는다. 당시 초기조일관계사의 견지에서 볼 때 대체로 야마또왕정이 4도장군을 파견한 지역에는 조선계통 이주민들과 원주민들 그리고 그 련합세력이 세운 소국들이 있었다고 보아진다.

그리고 4도지방을 평정할 때 큰 반항이 없이 쉽게 그리고 완전히 복속된것으로 되여있으나 평정사업이 그렇게 순조롭게 진행되지는 않았을것이다. 이 《평정》은 완강한 반항과 우여곡절을 거쳐 진행되였고 오랜 시일이 걸렸을것이다.

이처럼 《4도장군파견》이야기는 년대가 외곡되고 내용이 간략화되여있지만 야마또왕정이 국토통합 첫 시기에 주변지방을 정복, 평정한 사실을 반영하고있는것이다.

그런데 야마또왕정의 4도지방평정에서 주도적역할을 한 4도장군들과 이에 관여한 인물들을 보면 대체로 백제를 위주로 한 조선계통 문벌들이였다.

북륙에 파견된 오비꼬노 미꼬도는 《일본서기》 권4 효원기 7년 2월조에 《효원》의 맏아들로, 동해에 파견된 다께누나 가와와께는 《고사기》 효원기에 오비꼬노 미꼬도의 아들 즉 《효원》의 손자로 되여있다. 서도를 평정한 기비쯔히꼬는 《일본서기》 권4 효령기 2년 2월조에 그 이름이 히꼬이사세리비꼬노 미꼬도로 되여있는 《효령》의 아들이다. 단파지방을 평정한 다니와노 지누시노 미꼬도는 《일본서기》 해당 주석에 의하면 《개화》의 아들 히꼬이마스왕의 아들이라고 한다.

결국 4도장군들은 다 《효원천황》, 《효령천황》, 《개화천황》의 자손으로 되여있다. 《효원》, 《효령》, 《개화》들은 5세기이전의 조작된 《천황》들이지만 앞에서 본바와 같이 4～5세기 북규슈 《아마》계통 우두머리들로 인정된다. 따라서 4도장군들은 대체로 가야, 백제계통으로 볼수 있다.

원래 기비쯔히꼬는 이름 그대로 기비지방 또는 기비씨의 우두머리라고 볼수 있는데 기비지방에서 《신무동정》의 흐름따라 동정세력과 함께 동천하여 야마또왕정의 주요문벌로 되였다고 보인다. 기비씨가 가야씨였다는 사실(《일본에서 조선소국의 형성과 발전》, 231페지)을 놓고보아도 기비쯔히꼬는 분명 가야계통 우두머리가 틀림없다.

다니와노 지누시노 미꼬도는 씨이름 그대로 단파(다니와)지방의 우두머리로서 야마또왕정의 국토통합에 참가한것으로 보인다.

이처럼 오비꼬노 미꼬도, 다께누나 가와와께, 기비쯔히꼬, 다니와노　지누시노 미꼬도들은 가야, 백제　계통의 우두머리로서 야마또왕정의 국토통합의 첫 시기에 활약한 주요인물로　인정된다.

　　4도장군외에 정벌에 관여한 문벌들을 보면 히꼬구니부꾸를　들수 있는데 그는 오비꼬노 미꼬도와 함께 반란군을 정벌하는데 참가하였다고 한다. 히꼬구니부꾸는 《일본서기》의 해당 기사에 와니노 오미의 먼 조상이라고 지적되여있는데　이것은 그가　백제계통이였음을 보여준다.

　　야마또 도또비모모소히메노 미꼬도는 총명하고 지혜있는　인물로서 반란을 알아내는데 기여하였다고 한다. 그는 《일본서기》 권4 효령기 7년 2월조에 《효령》의 딸로 되여있으므로 역시 가야, 백제 계통으로 인정된다.

　　4도장군 파견시 반란자들은　다께하니야스비꼬와 그의 처 아다히메이다. 《고사기》에는 아다히메가 보이지 않는다. 아다히메는 오사까로부터, 다께하니야스비꼬는 야마시로로부터　야마또왕정을 습격하여왔지만 먼저 역습을 당하여 진압당하였다.

　　다께하니야스비꼬는 《효원》의 아들로서 가야,　백제　계통으로 볼수 있다. 4도장군들과 같은 계통인 그가 반란을 일으킨것은 야마또왕정에서 패권을 잡기 위해서였을것이다. 기사에는 이밖에 반란군진압시 와니, 와가라강 등 백제, 가야와 관련된 지명들이 보이는데 이것은 야마또지방과 그 주변에 백제, 가야 계통 이주민들이 많이 산것과 관련된다.

　　자료들은 국토통합에 파견된 4도장군과 여기에 참가한　주요인물들 그리고 이에 저항한 반란자들의 우두머리들이　거의다　가야, 백제 계통이였다는것을 시사해주고있다.

　　이처럼 《4도평정》이야기는 야마또왕정이 국토통합 첫　시기에 주변의 적지 않은 지역을 평정한 사실을　단편적으로나마 반영하고 있고 여기서 주도적역할을 한 인물이 백제, 가야 계통이였음을 보여준다.

제3절. 《구마소, 에미시 정벌》

《구마소, 에미시 정벌》이야기는 《일본서기》에 《4도평정》설화 다음가는 국토통합서술로 되여있다. 《구마소》는 규슈남부에 사는 주민들을, 에미시는 혼슈동북지방에 사는 주민들을 가리킨다. 따라서 《구마소, 에미시 정벌》은 야마또왕정이 나라의 서남부와 동북 지방에 대한 평정으로 된다.

지난 시기 내외학계에서는 《구마소, 에미시 정벌》이야기에 대해서도 거의 조작된것으로 보아왔다. 그러므로 《구마소, 에미시 정벌》역시 《4도평정》과 마찬가지로 그것이 야마또왕정의 국토통합에서 차지하는 지위와 특히 거기서 논 조선이주민들의 역할에 대해 론의될수 없었다.

※ 《초기조일관계연구》, 335~336페지, 《초기조일관계사》 하, 176페지, 《일본서기》 상 해당 주석자(597페지, 600페지)
　　일본의 고대사학자 쯔다 소기찌도 《경행천황》의 제1차 구마노정벌 이야기는 지리상 착오가 많고 지명설명을 위한것으로서 대부분 공허한것으로 간주하였다.

《구마소, 에미시 정벌》이야기가 많이 외곡되여있어 허황한 내용을 많이 가지고있는것은 사실이다. 그러나 이 이야기에는 6세기 이후 야마또왕정의 나라의 서남부와 동북부에 대한 평정과 복속 즉 국토통합과정과 관련된 내용이 담겨져있고 이 사업에서 조선계통 문벌들이 여전히 중요한 역할을 놀았다는 사실이 반영되여있다고 본다.

그러면 《구마소, 에미시 정벌》이야기를 놓고 구체적으로 따져보기로 한다.

《구마소, 에미시 정벌》이야기는 《일본서기》에 구체적으로 실려있고 《고사기》에는 《경행천황》의 제1차 구마소정벌이야기가 완전히 없는 등 빠진것이 적지 않다.

그러므로 《일본서기》를 통해 그 내용을 구체적으로 보되 먼저 《구마소정벌》이야기부터 보기로 하자.

구마소는 규슈남부 휴가 오스미, 사쯔마지방(오늘의 미야사끼현, 가꼬시마현)에 살던 여러 주민들이다.

※ 구마소의 《구마》는 용맹하다는 의미이고 《소》는 형용사라는 설도 있고 《구마》와 《소》는 복합의 지명이라는 견해도 있다.(《일본서기》 해당 주석) 《구마》에 해당하는 지명은 히고국 구마군(지금의 구마모또현 구마군)이, 《소》에 해당하는 지명은 오스미국 소어군(지금의 가꼬시마현 소어군) 등이 있는데 이것은 구마소종족이 살았기때문에 생긴것이라고 보인다.

《고사기》 상권 신대기 대8도국 성립조에 쯔구시섬이 쯔구시국, 도요국, 히국, 구마소국으로 이루어졌다는 기록이 있다. 쯔꾸시국은 앞에서 본것처럼 좁은 의미에서 찌꾸젱을 중심으로 한 북규슈지방(후꾸오까현)을, 도요국은 후세 그 이름이 남아있는 부젱, 붕고지방(오이따현)을, 히지방은 후세 그 이름이 남아있는 히젱, 히고지방(구마모또현, 사가현, 나가사끼현)을 가리키였으므로 구마소국은 그 남부를 차지하고있었다는것이 분명하다.

《일본서기》에 의하면 야마또왕정은 초시기 굴복하지 않는 구마소를 3번이나 정벌하였다고 한다. 이 정벌내용도 신비화되고 외곡되여있는데 그것을 요약해보면 다음과 같다.

제1차 《구마소정벌》

기원 82년(경행 12년) 《천황》일행이 7월 구마소가 배반하여 《조공》하지 않으므로 8월 쯔꾸시로 떠났다. 9월 스와국(오까야마현)의 사바에 이르러 먼저 오호노 오미의 조상 다께모르끼, 구니사끼노 오미의 조상 우나떼, 모노노베노의 조상 나쯔하나를 우사강(오이따현 우사군) 등지에 보내여 가무나쯔소히메라는 우두머리(녀인)의 도움으로 복종하지 않는 남은 무리들을 쳐죽이였다. 그리고 쯔꾸시지방 도요노구니 미쩨노구쩌국(부젱국) 나가헌(후꾸오까현 기다규슈시일대)에 가서 《행궁》을 짓고 살았는데 그곳을 미야꼬(수도)라고 하였다. 10월 오기다국(오이따현 오이따군)을 거쳐 하야미읍(오이따현 하야미읍)에 이르러 하이쯔히메의 도움으로 그곳의 두 쯔지구모의 우두머리들을, 나호리헌(오이따현 나호리군) 네기노에 이르러서는 그곳의 세 쯔지구모 우두머리들을 습격하여 죽이였다. 11월 휴가국(미야사끼현)에 이르러 《행궁》을 짓고 살았는데 다까야궁이라고 하였다.

12월 아쯔가야, 사가야 등 야소다께루를 우두머리로 하는 소국(구마소국)을 칠 계획을 짜고 구마소다께루의 딸들을 꾀여 구마소다께루를 취하게 한 다음 죽이였다.

기원 83년(경행 13년) 5월 소국(구마소국)을 평정하고 다시 다까야궁(휴가국)에 돌아가 6년간 살았다.

그후 《천황》일행은 기원 87년(경행 17년) 3월 고유헌(휴가국 고유군)에 이르고 88년 3월에는 쯔꾸시국을 순찰하기 위하여 히나모리(미야사끼현 고바야시부근)를, 4월에는 구마현(구마모또현 구마군)과 아시기따(구마모또현 아시기따군)의 고시마를, 5월에는 히국의 야쯔시로현(구마모또현 야쯔시로군)을, 6월에는 다까꾸헌(나가사끼현 기다다까꾸군)과 다마기나읍(구마모또현 다마나군), 아소국(구마모또현 아소국)을, 7월에는 쯔꾸시국 미께군(후꾸오까현 미께군)과 야메현(후꾸오까현 야메군)을, 8월에는 이꾸하나노무라(후꾸오까현 우끼하군)를 거쳐 89년 9월 휴가로부터 야마또로 돌아왔다.

제2차 《구마소정벌》

기원 97년(경행 27년) 8월에 구마소가 또 배반하여 주변을 침범하니 그해 10월에 나이가 16살인 야마또다께루노 미꼬도를 보내여 구마소를 치게 하였다. 이때 야마또다께루노 미꼬도와 동행한 인물들은 가쯔라기사람 미야또히꼬, 미노국의 활을 잘 쏘는 오또히꼬노 기미와 그 동료들인 이시우라노 요꼬다쩨, 오하리의 다고노 이나끼, 지지까노 이나끼들이다. 12월 야마또다께루일행은 구마소국에 이르렀는데 마침 이곳에서는 우두머리 도로시가야(가와가미노다께루라고도 함)가 자기 친척들을 모아놓고 연회를 차리고있었다. 야마또다께루노 미꼬도는 머리를 풀어헤치고 소녀로 가장하여 연회석상에 들어가 우두머리를 **죽**이는데 성공하였다. 그리고 오또히꼬 등을 보내여 모두 그 무리들을 죽이게 한다. 이윽고 해로를 따라 야마또로 돌아오면서 기비국에 이르러 아나노우미(히로시마현 후까야스군)에서 악한 《신》들을 죽이고 나니와에 이르러 또 악한 《신》들을 죽이였다.

98년 2월에는 야마또다께루노 미꼬도가 구마소를 평정하였다는 보고를 하였다.

제3차 《구마소정벌》

193년(중애 2년) 3월 구마소가 배반하여 《조공》하지 않으므로 구마소를 치게 하였다. 《중애천황》이 곧 도꾜로나루를 출발하여 아나또(야마구찌현 도요하군)에 이르고 6월에 도유라나루(야마구찌현 도요우라군)에 머물렀다.

199년 정월 쯔꾸시에 이르러 오까노 아가따누시(후꾸오까현 오까군)의 조상 와니와 이또노 아가따누시(후꾸오까현 이또시마군)의 조상 이또떼들의 마중을 받았고 나가현(후꾸오까현 하꾸다지방)에 가서 가시히궁에 살았다. 9월에 《구마소》를 칠 계획을 하였고 먼저 자기를 받들어모시면 싸움을 하지 않고 《구마소》는 물론 그보다 **훨**씬 나은 보배의 나라 신라까지 복종시킬수 있다는 《신》의 말을 듣지 않고 억지로 《구마소》를 쳤다가 이기지 못하고 돌아왔다.

우에서 보는것처럼 3차례의 《구마소정벌》은 구마소가 배반하여 《조공》하지 않고 주변을 침범하였기때문에 일어났고 첫 두번은 평정하여 굴복시키였으나 마지막 한번은 굴복시키지 못하였다고 한다. 이것은 야마또왕정의 이 지역에 대한 통합이 여러차례에 걸치는 평정과 복속의 복잡한 과정을 통해 진행되였음을 보여준다.

　기사에는 3차례의 《구마소정벌》이 기원 초시기에 단행된것으로 되여있으나 이것을 그대로 믿을수는 없다. 이 정벌은 야마또왕정의 국토통합의 한 고리였으므로 6세기이후에 있었던 일로 보아야 한다.

　기사에는 환상적이야기가 적지 않고 1차 정벌에서 절반이상은 규슈각지를 돌아다니는것으로 되여있으며 2차, 3차 정벌에서는 정벌지점들이 거의 없는 등 부정확한 내용들이 적지 않다.

　그러나 《구마소정벌》기사에는 6세기이후 야마또왕정이 국토통합을 하면서 규슈남부의 《구마소》를 여러번 정복하던 사실이 일정하게 반영되여있다고 볼수 있다.

　야마또왕정의 이러한 《구마소정벌》에서 주요한 역할을 논것은 백제, 가야 계통 문벌로 보인다.

　1~3차 《구마소정벌》 당시 정벌을 이끈 지휘자들은 모두 5세기이전 《천황》, 4~5세기 북규슈 《아마》계통 우두머리였다.

　1차 《구마소정벌》의 지휘자는 《경행천황》이고 2차 《구마소정벌》의 지휘자는 《경행천황》의 아들인 야마또다께루이며 3차 《구마소정벌》의 지휘자는 《중애천황》이다.

　※ 야마또다께루노 미꼬도는 《일본서기》 권7 경행기 2년 3월조에 《경행천황》의 둘째 아들 오우스의 다른 이름으로 되여있다. 원래 야마또다께루노 미꼬도의 이름자체에서도 그가 백제, 가야임을 찾아볼수 있다. 야마또다께루노 미꼬도란 야마또의 용맹스러운 우두머리라는 말인데 이때 《야마또》는 우두머리의 이름일수도 있고 그가 살던 고장 또는 씨-문벌의 이름일수도 있다. 앞에서 본것처럼 《야마또》는 백제를 위주로 하는 조선계통 문벌들의 씨이름이거나 지방 및 나라 이름에 쓰던 이름이다. 《후한서》, 《삼국지》 왜인전에 보이는 야마대(야마다이)국은 야마또와 비슷한 이름을 가지고 외국에 알려진 첫 나라로서 3세기에는 북규슈서부지방에 있었다. 이것은 야마대=야마또란 나라이름도 북규슈지방에서 시작되였다는것을 보여주며 이 지역이 백제계통 소국과 이 주민들이 패권을 잡고 우세를 차지하던 지역이였다는것과 《일본서기》

와 《신찬성씨록》에 야마또씨의 조상이 북규슈 《아마계통》 우두머리 시히녜쯔히꼬노 미꼬도(가미시리쯔히꼬노 미꼬도)로 되여있다는 등을 고려할 때 조선사람이 쓰던 이름으로 보아야 할것이다. 이처럼 야마또란 씨이름과 국명도 백제를 비롯한 조선계통 문벌들이 먼저 사용하고 쓰던것이였다.

《경행천황》과 《중애천황》들은 5세기이전의 이른바 《천황》들로서 앞에서 본것처럼 조작된 《천황》이지만 4~5세기 북규슈 《아마》 우두머리, 백제, 가야 계통으로 볼수 있다. 그런데 《구마소정벌》은 6세기이후의 일로 보아야 하므로 4~5세기 북규슈 《아마》계통 우두머리가 이끌었다는것과 모순된다. 그것은 조작과 외곡을 능사로 하던 《일본서기》의 편찬자들이 《구마소정벌》을 단행한 6세기이후 야마또왕정의 우두머리들을 5세기이전의 《천황》이나 그 아들로 꾸며놓은데서 생긴것으로 보인다.

이처럼 1~3차 《구마소정벌》의 지휘자들은 백제, 가야 계통인것이다.

제1차 《구마소정벌》시 동원된 인물들을 보면 다께모로끼는 오호노 오미의 조상이라고 하였는데 오호노 오미는 《일본서기》 권4 수정기 즉위전기 11월조와 《고사기》 중권 신무기조, 《신찬성씨록》 2권에 《신무》의 5세손 가무야미미노 미꼬도의 자손으로 되여있다. 오호씨가 백제, 가야 계통 문벌이였으므로 그 조상인 다께모로끼도 마찬가지였을것이다. 《고사기》 중권 신무기에는 오호씨의 조상은 북규슈에 본거지를 둔 문벌이였다고 한다. 이것은 이 문벌의 조상이 《신무》의 자손으로서 북규슈지방에서 왔다는 내용과 일치한다.

우나데는 그 후예가 구니사끼노 오미라고 한다. 구니사끼씨는 오이따현 구니히가시반도에 본거지를 둔 문벌이다. 《화명초》에 봉고국 구니사끼향이름이 보이는것은 구니사끼씨가 살던데서 유래된것이다. 이 문벌은 원주민계통으로 보인다.

나쯔하나는 그 후예가 모노노베노 기미인데 모노노베씨는 《신찬성씨록》 11, 19, 20, 30권과 《일본서기》 권3 신무기 즉위전기 무오년 12월조에 북규슈 《아마》계통 우두머리인 니기하야히노 미꼬도의 자손으로, 《신찬성씨록》 8, 9권에 5세기이전 《천황》인 《효소》의 자손으로 된 가야, 백제 계통이다. 그러므로 그 조상인 나쯔하나는 가야, 백제 계통으로 볼수 있다.

2차 《구마소정벌》시 동원된 문벌들의 계통을 보면 가쯔라기사람 미야또히꼬는 야마또국 가쯔라기지방에 사는 가쯔라기씨로 볼수 있다. 그가 가쯔라기씨라면 이 문벌은 소가씨와 같은 계통으로서 《신찬성씨록》 17, 19권에 북규슈 《아마》계통 우두머리인 다까미무스비노 미꼬도의 자손으로, 같은 책 3권에는 《효원》의 자손으로 된 백제, 가야 계통이다. 가쯔라기씨는 야마또지방의 나라분지 서남부에서 크게 번성한 위력한 호족이다. 나라분지 서남부지역은 옛날 《일본지명대사전》에 가쯔라군, 《화명초》에 가쯔라기가미군과 가쯔라기시모군, 《국조본기》에 가쯔라기국이라고 되였다고 하는데 이것은 가쯔라기씨가 이 지역에서 큰 세력을 이루고있었음을 알수 있게 한다.

현재 이 지역에는 그 흔적으로서 기다가쯔라기군과 가쯔라기산이 있다.

원래 가쯔라기란 말은 《일본서기》 권3 신무기 즉위전기 기미년 2월조에 의하면 《신무동정》세력이 야마또지방의 다까오하리읍의 토착세력을 칡그물로 습격하여 죽였기때문에 이 지역의 이름을 고쳐 칡 즉 가쯔라(기)로 불렀다고 한다. 이것은 가쯔라기란 말이 가야, 백제 계통 문벌이 주류인 《신무동정》세력이 지은것으로서 가야, 백제와 관련되여있다는것을 보여준다.

가쯔라기씨는 백제, 가야 계통 문벌이며 가쯔라기고장사람으로 칭한 미야또히꼬도 같은 계통으로 볼수 있다.

이시우라노 요꼬다찌는 이세국(미에현) 이시우라지방에 살던 문벌이다. 《속일본기》 천평 12년 11월조에 구요나군 이시우라궁이 보이는데 이곳은 현재 미에현 구와나시부근이다.

《신찬성씨록》 27권에 이시우라씨는 셋쯔국에 사는 아지왕의 후예인 《아야》계통으로 되여있다. 그러므로 이시우라노 요꼬다찌는 가야를 위주로 한 조선계통으로 인정된다.

오하리노 다고노 이나기의 이나기는 7세기말이후에는 최하급의 가바네로 되였지만 본래 촌락의 우두머리를 의미하는 지방관직이였다. 그러므로 오하리노 다고노 이나기는 오하리지방의 촌락우두머리였다고 볼수 있다.

오하리씨는 《신찬성씨록》 13, 15, 16, 17, 19권에 북규슈 《아마》계통 우두머리인 호아까리노 미꼬도의 자손문벌로, 같은 책 9권에는 《신무》의 자손으로 된 백제, 가야 계통이며 기나이 각 지방에 퍼져 살았다. 이고장의 이름을 단 다고라는 인물도 같은 계통으로 볼수 있다.

지지까노 이나기는 이나기라는 관직으로 보아 어느 한 지방의 촌락우두머리로 볼수 있는데 원주민계통으로 보인다.

미노국의 활을 잘 쏘는 오또히꼬노 기미는 《고사기》 중권 경행기에 《경행》의 아들 오우스노 미꼬도가 낳은 자식으로 되여있다. 따라서 오또히꼬노 기미는 미노국에 사는 백제, 가야 계통 문벌로 보인다.

3차 《구마소정벌》에 동원된 인물은 《중애》밖에 보이지 않는다.

이처럼 1, 2차 《구마소정벌》에 동원된 우두머리 11명중 9명을 백제, 가야 계통으로 볼수 있다. 이것은 야마또왕정이 국토통합의 일환으로 진행한 《구마소정벌》에서 백제, 가야 계통 문벌들이 큰 역할을 놀았다는것을 보여준다.

3차례에 걸치는 《구마소정벌》때 정복당하는 규슈지방의 호족세력들속에도 원주민계통과 함께 가야, 백제 계통 세력이 적지 않았다고 보인다.

1, 2차 《구마소정벌》시 구마소의 우두머리들로서 아쯔가야, 사아야, 도로시가야, 구마소다께루의 딸들인 이찌후가야, 이찌가야 등이 있었다고 하는데 이들은 이름의 마지막부분 《가야》(아야)에서 보는것처럼 가야계통으로 인정된다.

3차 《구마소정벌》때에 쯔꾸시에 이른 《중애》일행을 마중나온 이또데는 이또노 아가따누시로서 이또지방의 우두머리였음을 알수 있다. 이또지방은 《삼국지》 왜전에 보이는 이또국, 《화명초》에 나오는 이또군으로서 오늘의 후꾸오까현 이또시마군을 가리킨다. 《지꾸젱풍토기》 이또군에 의하면 이또대는 고마(고려)국의 오려산에서 《강림》하여온 천일창의 후손이라고 한다. 고마는 일반적으로 고구려를 가리키지만 5세기이전에는 주로 백제를 가리키였고 천일창이 신라왕자라는것은 주지의 사실이다. 북규슈지방은 앞에서 본것처럼 백제, 가야 계통 문벌들이 우세를 차지하였고 이또시마군에도 백제 세력이 있었다.

따라서 이또데를 백제 또는 신라 계통으로 볼수 있는데 전자가 더 가깝다고 보인다.

이처럼 야마또왕정의 국토통합의 대상으로 된 구마소국과 규슈지방에도 백제, 가야 계통 문벌들이 적지 않았다.

6세기초이후 야마또왕정이 단행한 세차례의 《구마소정벌》은 규슈지방에 대한 정복과 복속으로서 국토통합의 일환으로 진행되였으며 이 사업에서 백제, 가야 계통 문벌이 주요한 역할을 놀았다.

다음으로 《에미시정벌》에 대하여 보기로 하자.

에미시는 《일본서기》 등에 일본의 동북지방에 살면서 야마또왕정의 국토통합에 저항해나선 이종족으로 서술되여있다. 에미시는 대체로 원주민인 아이누족의 조상으로서 동북지방에 산 주민을 가리킨것으로 짐작된다.

야마또왕정은 국토통합의 첫 시기에 이 지방에 대하여 2차례의 정벌을 진행하였는데 그것을 보면 다음과 같다.

제1차 《에미시정벌》

기원 95년(경행 25년) 7월에 다께우찌노 수꾸네를 보내여 동방 (일본의 동북지방)의 여러 나라들의 형편을 알아보게 하였다.

기원 97년(경행 27년) 2월 다께우찌노 수꾸네가 돌아와 보고하기를 동쪽나라들가운데 다까미국이라는 나라가 있는데 그 나라 사람들은 남녀가 다 상투를 쫓고 문신을 하며 사람됨이 사나운데 모두 《에미시》라고 한다. 땅이 비옥하고 넓으니 쳐서 빼앗아야 한다고 말하였다.

110년(경행 40년) 6월 동쪽오랑캐들이 배반하여 변경을 소란스럽게 하였다. 7월 또 《에미시》가 다 배반하여 주변백성들을 침략하므로 야마또다께루노 미꼬도를 보내여 평정하게 하였다. 이때 기비노 다께히꼬, 오또모노 다께히노 무라지, 나나쯔까하기들이 뒤따랐다.

10월에 출발하여 이세신궁(미에현)에 들어가 절을 하고 야마또히메노 미꼬도로부터 구사나기노 쯔루기(이세신궁의 제사때 쓰는 검)를 받았다.

이해에 야마또다께루일행은 처음에 스루가(시즈오까현 중부)에 이르러 반항하는 그곳의 적들을 모두 불태워죽이고 계속하여 사까무(가나가와현), 가미쯔후사(지바현), 미쩨노꾸국(동북지방)을 거쳐 《에미시》국경에 도착하였다. 《에미시》의 우두머리인 시마쯔가미와 구니쯔가미들은 다까노 미나또에 둔치고 막아나서려다가 멀리서 왕선(야마또다께루노 미꼬도가 탄 배)을 보고 그 위세에 놀라 이길수 없다는것을 알고 화살을 버리고 항복하였다. 그래서 그 우두머리들을 포로하여 따르게 하였다. 야마또다께루노 미꼬도일행은 《에미시》를 손쉽게 평정하고 히다까미국으로부터 돌아와 서남쪽의 히다찌(이바라기현)를 거쳐 가히국(야마나시현)에 이르러 사까오리궁에 거처하였다. 시나노국(나가노현)과 고시국이 복종하지 않는다고 하여 다시 가히국에서 북쪽으로 무사시(도꾜도, 사이다마현), 가미쯔게노(굼마현)에로 에돌아 니시노가다우스히노사까에 도착하여 고시국에는 기비노 다께히꼬가, 시나노에는 야마또다께루가 파견되였지만 성과를 거두지 못하고 오하리(아이찌현)로 돌아왔다. 오하리에서 야마또다께루는 미야스히메를 얻어 얼마간 머무르고 이부끼산에 가서 오로찌(뱀)로 화한 《산신》과 싸우기도 하였다.

이세지방으로 돌아온 야마또다께루노 미꼬도는 포로한 《에미시》들을 이세신궁에 바치고 기비노 다께히꼬를 보내여 《천황》에게 《에미시》를 친 정형을 보고하게 하고 노브노에서 죽였다. 이때 그의 나이는 30살이였다.

제2차 《에미시정벌》

126년(경행 56년) 8월 미모로와께왕이 아버지 히꼬사시마왕의 뒤를 이어 동북지방을 다스리러 떠났다. 《천황》의 명령을 받고 그는 그곳에 가서 인차 좋은 정치를 하였다. 이때 《에미시》가 소란을 피우자 곧 군사를 풀어 쳤다. 그러자 《에미시》 우두머리들이 머리를 조아리며 항복하였다. 항복하는자는 살려주고 복종하지 않는자는 죽이였다. 이후 동쪽지방이 오래동안 조용하였다.

이처럼 두차례의 《에미시정벌》은 야마또왕정의 동북지방에 대한 평정과 통합과정을 내용으로 하고있다. 그 《정벌》이야기는 《구마소정벌》이야기 다음에 서술되여있으므로 6세기초중엽에 있었던것으로 볼수 있다.

그런데 이 두차례의 《에미시정벌》에서도 조선계통 문벌들이 주동적역할을 하였다.

1차 《에미시정벌》에 관계한 인물들가운데서 그 책임자인 야마또다께루노 미꼬도는 앞에서 백제계통 우두머리로 보았다.

1차 《에미시정벌》이전 동북지방의 형편을 알아보려고 떠났던 다께우찌노 수꾸네는 《일본서기》의 경행(71년—130년), 성무, 중애, 신공, 응신, 인덕(313년—399년) 여섯 왕대에 걸쳐 활약하고 300살이나 살았다고 하는데 이것은 조작된것이다. 일본학계에서도 다께우찌노 수꾸네를 7세기이후에 만들어진 가공적인물로 보고있다. 그런데 다께우찌노 수꾸네는 《일본서기》와 《고사기》에 야마또왕정의 국토통합시에 중요하게 활약한 인물로 되여있고 《효원천황》의 자손으로 되여있으며 그 자손문벌에 소가씨, 하다씨, 가쯔라기씨 등 백제, 가야 계통 문벌이 많다. 이것은 다께우찌노 수꾸네는 조작이 많은 인물이지만 국토통합의 일정한 시기에 활동한 우두머리로서 백제, 가야 계통이였음을 알수 있게 한다.

기비노 다께히꼬는 《일본서기》 권4 효령기 2년 2월조와 《신찬성씨록》 2, 5권에 《효령》의 아들 와까다꼐히꼬노 미꼬도의 아들로 되여있으므로 백제, 가야 계통으로 볼수 있다. 기비씨가 기비지방 (오까야마현)에 본거지를 두고 기나이지방의 여러 지역에 정착한 가야계통이라는데 대해 앞에서 강조한바 있다.

오또모노 다꼐히노 무라지는 오또모씨이다. 오또모씨는 야마또 왕정의 국토통합의 첫 시기부터 구메베, 유꼐히베, 사헤끼베 등의 군사를 이끌고 복무하였으며 모노노베씨와 함께 오무라지로서 야마또왕정의 군사력을 담당한 유력한 문벌이였다.

오또모씨(오또모씨는 전국적으로 분포되여 큰 지반을 이루었다.)는 기나이지방의 여러곳 특히 야마또국의 나라분지 동남부 《황실》과 소가씨의 본거지부근에서 큰 세력을 이루고있었다.

오또모씨의 계통을 따져보면 《신찬성씨록》 30권에 백제국출신으로, 같은 책 12, 14, 20권들에는 북규슈《아마》계통 우두머리인 다까미무스비노 미꼬도의 자손으로 되여있다. 그리고 오또모의 시조인 아마노 오시히노 미꼬도는 《일본서기》 권2 신대 하 제9단 일서 (4)와 《고사기》 상권 천손강림조, 《고어습유》 등에 니니기노 미꼬도를 받들고 《아마》에서 쯔꾸시(북규슈)에 《강림》하였다고 씌여있다. 따라서 오또모씨는 백제, 가야 계통 문벌들이라는것이 명백하다.

가시하데(식사를 보장하던 책임자)로 임명되여 야마또다꼐루노 미꼬도를 뒤따른 나나쯔가하기는 《고사기》 해당 조에 구메노 아따히의 조상으로 되여있다. 구메씨는 앞에서 백제, 가야 계통으로 보았다. 따라서 나나쯔가하기는 백제, 가야 계통 문벌로 볼수 있다.

2차 《에미시정벌》에 동원된 우두머리인 미모로와께노 미꼬도는 히꼬사시마왕의 아들로 되여있는데 히꼬사시마왕은 6세기이후 야마또왕정의 국토통합시 동북부지방에 파견되였다가 도중에 병을 만나 죽은자이다. 히꼬사시마왕은 《일본서기》 권7 경행기 55년 2월조와 《구사기》, 《국조본기》 등에 《숭신》의 아들 도요끼(이리히꼬)노 미꼬도의 손자로 된 5세기이전 《천황》계통, 4～5세기 쯔꾸시《아마》계통 우두머리이다. 따라서 히꼬사시마왕과 그 아들 미모로와께노 미꼬도는 백제, 가야 계통으로 볼수 있는것이다.

이처럼 두차례의 《에미시정벌》에 동원된 여섯 인물들은 모두 백제, 가야 계통으로 볼수 있다. 이것은 야마또왕정의 국토통합을 위한 《에미시정벌》에서도 여전히 백제, 가야 계통 문벌들이 중요한 역할을 놀았다는것을 보여준다.

이상에서 본바와 같이 5세기말~6세기초 북규슈에서 동천하여 야마또지방을 차지한 《신무동정》세력은 6세기초이후 국토통합을 시작하였는데 그 첫 시기 통합대상은 4도지방과 규슈남부의 《구마소》, 동북부지방의 《에미시》 등이였다. 이 시기 통합사업은 여러차례의 정벌과 회유를 통해 진행되였고 이 지역은 그후 오랜 기간을 통해 점차적으로 복속되여나갔다. 그리고 6세기후 국토통합을 시작한 야마또왕정의 주류를 이룬 북규슈의 《신무동정》세력에서 백제, 가야 계통 세력이 우세를 차지하였던것처럼 국토통합 첫 시기에 거기서 중요한 역할을 논것은 백제, 가야 계통 세력이였던것이다.

제2장. 국토통합이 본격화되던 시기에 주동적 역할을 한 조선계통 문벌들

제1절. 미야께의 설치

미야께는 야마또왕정이 6세기~7세기중엽 국토통합시기에 설치한 직할령, 지방통치기관을 말한다. 미야께는 《일본서기》 등에 둔창(屯倉), 관가(官家), 군가(軍家), 삼택(三宅) 등으로 표기되였는데 그 어원은 일반적인 관청건물에 대한 경칭이였다고 한다.

※ 처음에는 지방호족들이 자기 령지를 통치하는 개인건물도 미야께라고 하였다고 보인다.

야마또왕정은 6세기초이후 령토확장과 함께 일정한 지역이 복속됨에 따라 거기에 자기의 지방통치기관을 두고 그것을 점차 확대하여 지방통치체계를 확립하는 방법으로 국토통합을 추진시켜나갔다. 야마또왕정이 일정한 지역을 복속시키고 거기에 설치한 지방통치기관이 바로 《미야께》인것이다. 미야께가 설치, 확대되고 그 기능과 역할이 높아짐에 따라 지방에서 소국들과 지방호족들의 지위가 종전보다 점차 약화되고 중앙집권력이 강하게 침투되게 되였다. 국토통합이 완성단계에 들어선 7세기중엽에 미야께의 비중은 매우 높아졌다. 그러다가 그것은 7세기중엽 《대화개신》이후 국, 군, 향의 지방통치체계가 확립되면서 없어지게 되였다.

그러므로 미야께의 설치, 확대 과정은 6세기초이후 야마또왕정이 지방에 대한 중앙집권적통치체제의 확립과정으로서 국토통합의 중요한 고리를 이루고있었다고 볼수 있다.

지난 시기 미야께의 설치, 운영에 대한 내외학계의 연구사업은 적지 않게 진행되였으나 여기에서 중요한 역할을 한 문벌들의 계통에 대한 문제는 얼마 제기된것이 없다. 여기서는 미야께의 운영에 동원되였거나 관여하여 중요한 역할을 논 문벌들이 조선계통이라는 것을 밝혀보려고 한다.

미야께에 대한 기록은 《일본서기》에 제일 많이 나오는데 여기에 미야께란 이름을 가지고 반영된것만 해도 18건*이나 된다.(1건은 1년을 단위로 함) 《일본서기》에 반영된 미야께는 대부분이 6세기초중엽에 설치되였거나 운영된것으로 되여있는데 이것을 보더라도 야마또왕정의 국토통합이 이 시기에 시작되여 본격화되였다는것을 보여준다. 이가운데서 5세기이전으로 되여있는것은 6세기초이후에 있었던것을 외곡한것이다.

※ 《일본서기》 권7 경행기 57년(127년) 10월조, 권9 신공기 섭정전기 (200년) 10월조, 권11 인덕기 즉위전기(312년)조, 인덕기 13년(325년) 9월조, 권17 계체기 6년(512년) 12월조, 계체기 8년(514년) 정월조, 계체기 22년(528년) 12월조, 계체기 23년(529년) 4월조, 권18 안한기 원년 (534년) 4월조, 10월조, 12월조, 안한기 2년(535년) 5월조, 권18 선화

기 원년(536년) 5월조, 권19 흠명기 11년(550년) 11월조, 흠명기 16년 (555년) 7월조, 흠명기 17년(556년) 7월조, 10월조, 흠명기 23년(562년) 정월조, 권10 민달기 3년(574년) 10월조, 민달기 4년(575년) 2월조, 권25 대화원년(645년) 7월조, 8월조

우선 미야께의 설치에 동원되였거나 관여한 문벌들의 계통부터 보기로 하자.

미야께의 설치는 대체로 야마또왕정의 국토통합시 정벌과 회유 등의 방법으로 그 지방을 복속한후 직접 미야께라는 통치기관을 두거나 해당 지방의 지방호족이 여러가지 원인으로 자기 령지의 일부 또는 전체를 스스로 바치면(이때 자기 령지의 건물도 미야께라고 하였으므로 미야께를 바친다고 하였다.) 그것을 야마또왕정의 지방통치기관으로 만드는 방법으로 진행되였다고 볼수 있다.

그런데 535년 한해만도 전국에 26개의 미야께를 설치하였다는 것을 비롯하여 대부분의 미야께는 그 성립과정과 거기에 관여한 문벌들을 밝히지 않고있다. 그러나 이러한 대부분의 미야께는 국토통합을 단행한 야마또왕정의 패권을 쥔 문벌들이 동원되였다고 볼수 있다. 앞에서 본것처럼 6세기~7세기중엽 야마또왕정에서 패권을 쥔 문벌들은 백제, 가야를 위주로 한 조선계통 문벌들이였다는것을 고려하면 그들이 미야께설치에서 주동적역할을 놀았으리라는것은 의심할바 없다.

일부 미야께설치에 문벌들이 관여하였거나 동원되였다는 내용을 찾아보면《일본서기》권11 인덕기 13년 9월조에 의하면 4세기중엽 처음으로 만다미야께가 섰다고 한다.(《일본서기》에는 그 전해에 만다제방을 쌓았다고 한다.)《고사기》중권 인덕기에서는 같은 시기에 하다사람이 만다제방과 만다미야께를 세웠다고 기록되였다. 이곳은《화명초》에 가와찌국 가따노군 미야께향으로써 현재 오사까부 기다가즈라기군 가따노정부근이다.

4세기초중엽 하다사람들은 만다제방을 쌓음으로써 요도강의 범람을 막고 관개를 하여 논농사에 리용하였다고 볼수 있다. 하다사람들이 미야께를 세웠다는것은 5세기이전의 사실을 반영하였다면

자체로 만다지방의 령지에 미야께라는 통치건물을 세웠다는것이고 야마또왕정의 미야께를 의미한다면 6세기이후에 하다씨의 협력하에 설치하였다고 볼수 있다.

아무튼 만다지방의 미야께설치에서 하다씨가 중요한 역할을 한 것만은 틀림없다.

그런데 하다씨는 앞에서 본것처럼 백제를 위주로 하는 조선계통 문벌들이다. 따라서 만다지방의 백제계통의 하다씨는 이 지역에서 논농사를 지으면서 큰 세력을 이루고있었고 5세기이전 또는 6세기 이후 미야께설치에서 중요한 역할을 하였다.

527~528년 쯔꾸시국 미야쯔꼬(우두머리)인 이와이가 반란을 일으키자 야마또왕정은 모노노베노 아라까히노 오무라지를 보내 이를 진압하였는데 그(이와이)의 아들 쯔꾸시의 기미(왕) 구즈꼬가 죄가 두려워 가스야(후꾸오까현)의 미야께를 바쳤다고 한다. 즉 야마또왕정은 6세기초 이와이반란의 진압을 계기로 북규슈 일부 지방을 복속시켜 자기의 지방통치기관인 미야께를 설치하였다고 볼수 있다.

따라서 모노노베노 아라까히 오오미는 쯔꾸시지방을 복속시키는데서, 쯔꾸시지방의 왕인 구즈꼬는 자기의 령지의 일부 즉 미야께를 바침으로써 이들은 528년 이 지방의 미야께설치에 조건을 마련하여 기여를 하였다고 볼수 있다.

야마또왕정의 패권자인 모노노베노 아라까히 오무라지는 모노노베씨로서 앞에서 백제, 가야 계통이라는데 대하여 보았다.

쯔꾸시지방의 왕인 구즈꼬는 《일본서기》 해당 주석에 의하면 《효원》천황의 자손이라고 하였는데 그렇다면 4~5세기 쯔꾸시 《아마》우두머리계통, 백제, 가야 계통이다. 한편 쯔꾸시지방에 본거지를 두고 기나이지방에 진출, 정착한 쯔꾸시씨는 《신찬성씨록》 21권에는 《아야》계통으로, 16권에는 가미 니기하야히노 미꼬도의 후예로 된 백제, 가야 출신으로 되여있다. 아울러 쯔꾸시지방의 서부에 백제계통소국이, 동부에 가라계통소국이 있었다는것을 념두에 두면 쯔꾸시지방의 우두머리인 구즈꼬는 백제, 가야 계통으로 볼수 있다. 결국 528년 북규슈지방의 미야께설치에서 백제, 가야 계통 문벌이 중요한 역할을 하였다고 볼수 있다.

534년 미야께설치를 보면 4월에 이지미국(지바현) 미야쯔꼬인 와꾸꼬노 아따히가 바치라는 구슬을 제때에 바치지 않고 도망하여 후궁에 몰래 숨었다가 《황후》에게 죄를 범하여 속죄를 하려고 이지미의 미야께를 바쳤다고 하고 12월에는 이호끼베노 무라지 기꼬유가 자기 딸이 죄를 범하자 아기국(히로시마현) 이호끼베의 미야께를, 무사시국(도꾜도, 사이다마현)의 미야쯔꼬인 가사하라노 아따히 오미가 지방호족들의 싸움에서 이기자 요꼬누, 다쩨바나, 오호히, 구라스 네곳의 미야께를 바쳤다고 한다.*

* 《일본서기》 권18 안한기 원년 4월 12월조

이들이 바쳤다는 미야께는 자기 관할하의 령지에 대한 통치기관, 미야께를 바쳤다는것인데 이것은 곧 야마또왕정의 이 지방들에 대하여 자기의 지방통치기관 미야께를 설치하였다는것을 의미한다. 따라서 이 지방들의 우두머리들은 자기 관할하의 미야께를 바쳐 야마또왕정의 이 지방 미야께설치에 중요한 전제를 마련함으로써 일정한 기여를 하였다고 볼수 있다.

534년 야마또왕정의 미야께설치에 관련된 문벌들을 보면 이지미국의 미야쯔꼬 와꾸꼬노 아따히는 《고사기》에 아메노 호히노 미꼬도의 아들 다께히라또리노 미꼬도로 되여있는데 같은 인물로 보인다. 아메노 호히노 미꼬도는 이즈모《아마》계통의 《신》으로서 신라계통이였으므로 아메노 와꾸꼬노 아따히는 신라계통으로 볼수 있다.

이호끼베노 무라지 기꼬유는 이호끼베로서 이 문벌은 성씨록 19권에 아메노 호아까리노 미꼬도의 자손문벌로 되여있다. 아메노 호아까리노 미꼬도는 이미 본것처럼 북규슈 《아마》계통 우두머리로서 그 자손으로 칭한 이호끼베씨는 백제, 가야 계통으로 볼수 있다. 가사하라노 아따히 오미는 무사시국의 미야쯔꼬로서 원주민계통으로 보인다.

그러므로 534년 야마또왕정의 이지미국, 아기국, 무사시국에 대한 미야께설치중 이지미국과 아기국의 미야께설치에서 백제, 가야, 신라 계통 문벌들이 일정한 기여를 하였다고 말할수 있다.

555년 7월 기비 5군에 시라이노 미야께설치때 소가노 오오미 이나메와 호즈미노 이와유노 오미가 동원되였다고 한다.

소가노 오오미 이나메노 수꾸네는 소가씨인데 이 문벌은 야마또왕정의 재정, 대외 관계를 맡고 고구려를 비롯한 조선의 선진문화를 받아들이기 위해 적극 노력한 유력한 성씨였다. 소가씨가운데서도 특히 이나메문벌은 6세기~7세기중엽 4대(우마꼬, 에미시, 이루까)를 내려가면서 야마또왕정의 권력을 잡고있었다.

※ 이나메의 아버지는 《고마》라고 하였는데 이것은 그가 백제계통, 고구려계통임을 말해준다.

우리 학계는 이미 여러차례에 걸쳐 소가씨가 백제이주민계통이라는것을 밝혔으며 일본학계도 백제국 목(木)씨에서 나왔다고 인정하고있다.

소가씨는 《신찬성씨록》 9권과 그밖의 기록들에 《효원》의 후예로 되여있고 소가씨와 같은 조상의 문벌들인 하다씨, 가즈라기씨 등이 백제계통이라는 사실과 **결부해보아도** 백제이주민출신이라는것이 명백하다.

소가씨는 야마또분지 동남부 다까이찌군 소가지방에 본거지를 두고 여러 지역에 퍼져살았다.

호즈미노 이와유노 오미는 호즈미씨로서 이 문벌은 성씨록 11권에 북규슈 《아마》계통 우두머리인 니기하야히노 미꼬도의 자손으로 되여있고 모노노베씨와 같은 계통이라고 한다. 이것은 호즈미씨가 백제, 가야 계통의 문벌이라는것을 말해준다.

소가씨와 호즈미씨가 미야께를 설치한 기비 5군은 비젱, 빗쮸, 빙고, 미마사까군들(오늘의 오까야마현전체, 히로시마현 동부)인데 이곳은 조선계통 문벌들이 가장 많이 진출한곳의 하나이고 고구려, 백제, 신라, 임나(가야) 계통 소국들이 존재한곳이다.(《초기조일관계사》 상, 192～306페지, 《력사과학》 1990년 3호, 55～58페지) 따라서 555년 미야께설치때 당시 형편과 미야께이름 《시라이》 라는것을 미루어 이러한 조선계통 소국들에 미야께를 설치한것으로 볼수 있다. 《일본서기》에 반영된 임나(가야), 신라, 백제, 고구려에 설치한 미야께는 대체로 이곳 지방 조선계통 소국들에 설치한 미야께로 보면 통하는 이야기로 된다.

기비 5군은 조선이주민들의 중요한 거처지, 조선계통 소국들의 위력한 거점이였을뿐아니라 6세기이후 야마또왕정의 국토통합시 복속시키기 제일 어려웠던곳이였다.

이 지방은 조선계통 소국들의 령토분쟁과 고구려, 신라 소국들의 저항으로 말미암아 7세기중엽에야 야마또왕정에 복속되였는데 555년의 미야께설치는 이 지방을 복속시키는데서 중요한 계기점의 하나를 이루었다.

이처럼 기비지방에 대한 야마또왕정의 미야께설치에서 백제, 가야 계통 문벌들은 중요한 역할을 놀았던것이다.

555년 기비지방의 미야께설치때 중요한 역할을 한 소가노 오미 이나메는 그 다음해인 556년 7월과 10월에 야마또국(나라현) 다까이찌군과 비젱국의 고지마군에 각각 미야께를 설치할 때도 동원되여 큰 역할을 하였다. 특히 556년 10월 야마또국 다까이찌군에 설치하였다는 미야께는 구체적으로 이 지역에 사는 고구려이주민집단과 가야(실지는 백제)이주민집단에 두었다고 하는데 이것은 야마또왕정이 자리잡은 코앞에 고구려, 백제 이주민집단의 미야께가 있었다는것을 의미한다. 이러한 사실들은 일본렬도내 조선계통 소국과 집단에 대한 미야께설치에서도 백제, 가야 계통 문벌들이 중요한 역할을 놀았다는것을 보여준다.

다음으로 미야께의 운영에 동원되였거나 관여한 문벌들의 계통에 대하여 보자.

지방통치기구로서의 미야께에는 처음에 경영상의 사무소(통치기관)와 조세와 공물을 거두어 저장하는 창고가 있었는데 얼마후 일정한 토지와 그것을 경작하는 다베라는 예속민까지 두게 되였으며 미야께의 비중이 커짐에 따라 그 규모는 크게 늘어났다. 미야께는 야마또왕정에서 파견된 관리 또는 감독관의 지휘하에 운영되였다고 인정되는데 지방에서 바치는 조세와 공물을 받아 창고에 저장하거나 운반하며 미야께의 토지를 관리운영하였다. 미야께의 역할은 매 지방에 따라 그 규모와 지위가 점점 커지고 높아졌다.

《일본서기》에는 미야께의 규모와 운영에 대한 단편적인 내용만 천하고 여기에 관여한 문벌들도 얼마 반영되여있지 않다. 그러나 미야께의 운영에서도 앞의 미야께설치에서 강조한것처럼 당시 야마또왕정에서 패권을 쥔 백제, 가야 계통 문벌들이 여전히 중요한 역할을 놀았다고 말할수 있다.

일부 미야께운영에 문벌들이 관여하였거나 동원되였던 내용을 보면 534년 10월 자식이 없는 4명의 왕후, 왕비들에게 미야께의 토지와 다베들을 주는데서와 12월 미시마노 다까후노 미야께에 가후쪄노 아가따의 부곡민을 다베로 만드는데 관여한 오또모노 오무라지 가나무라는 오무라지라는 가바네를 가진 당시 야마또왕정의 1류급문벌이였다. 이 문벌은 오또모씨로서 나라분지 동남부에 큰 세력을 이룬 백제, 가야 계통이다.

536년 가와찌국의 만다군 미야께, 오하리국의 미야께, 니히노 미야께, 이가국의 미야께에서 북규슈에 곡식을 운반하는데 관여한 인물들은 아소노 기미, 소가노 오오미 이나메노 수꾸네, 오하리노 무라지, 모노노베노 오무라지 아라까히, 니히노미 무라지, 아헤노 오미, 이가노 오미 등인데 이들은 가바네로 보아 당시 야마또왕정의 패권을 쥔 문벌들이였다.

소가노 오오미 이나메노 수꾸네와 모노노베노 오무라지 아라까히는 가바네가 각각 오오미, 오무라지인 1류급문벌로서 백제, 가야 계통이다. 소가노 오오미 이나메 수꾸네는 미야께설치에서뿐아니라 운영에서도 중요한 역할을 놀았다.

야마또분지 동부에 본거지를 두고 기나이의 여러 지방에 큰 세력을 가진 모노노베씨는 도모노 미야쯔꼬로서 야마또왕정의 군사, 형벌 관계를 맡은 유력한 문벌이였다. 이 문벌은 587년 소가씨에게 타도될 때까지 왕정에서 패권을 잡고있었다. 오하리노 무라지는 오하리씨로서 백제, 가야 계통이다. 니히노미노 무라지는 《구사기》 천손본기에 모노노베 쯔꾸시 무라지기미의 자손으로 되여있는 백제, 가야 계통이다.

아헤노 오미는 아헤씨인데 아베씨라고도 한다. 아헤=아베씨는 《일본서기》 권4 효원기 7년조와 《신찬성씨록》 2, 4, 6, 9권에 《효원》의 자손문벌로 된 백제, 가야 계통 문벌이다. 이 문벌은 기나이지방의 가와찌국, 야마시로국, 좌경과 우경 등지에 살고있었다.

이가노 오미는 이가씨로서 성씨록 4권과 8권에 《효원》의 자손 문벌로 된 백제, 가야 계통 출신이다. 이가씨의 문벌은 셋쯔국과 우경에 살고있었다. 아소노 기미는 가바베가 기미(군) 즉 왕인것으로 보아 왕족출신이다. 아소씨는 원주민계통으로 보인다.

556년 7월 소가노 이나메가 비젱국의 고지마군에 미야께를 설치할 때 가쯔라기노 야마다노 아따히 미쯔꼬를 다쯔까히로 임명하였다고 한다. 다쯔까히는 《일본서기》 해당 주석에 의하면 야마또왕정이 이 지방의 미야께경영을 위하여 파견한 감독관으로 보고있는데 비슷한 말이다. 가쯔라기노 야마다노 아따히 미쯔꼬는 13년이후 시라이미야께의 다쯔까히로 되여있는것으로 보아 고지마지역뿐아니라 얼마후 기비지방의 미야께의 감독관이 되였다고 볼수 있다. 그는 이 지역에서 수십년간 야마또왕정의 미야께감독관으로서 미야께운영에 적지 않게 간섭, 통제를 하였다고 보아진다.

가쯔라기노 야마다노 아따히 미쯔꼬는 가쯔라기씨로서 이 문벌은 앞에서 야마또지방의 서남부 가쯔라기군에 크게 번성한 백제, 가야 계통으로 보았다.

574년 10월 소가노 우마꼬는 기비국에 파견되여 시라이미야께와 다베를 증가하게 한 조치를 취한후 다음해 2월에 야마또왕정에 돌아와 미야께 일을 보고하였다고 한다.

소가노 우마꼬는 소가노 이나메의 아들로서 백제계통이다. 소가노 우마꼬는 아버지 이나메와 함께 6세기중엽 야마또왕정의 미야께운영에서도 큰 역할을 하고있었다. 574년 10월 시라이미야께의 다베를 증가시킬 때 증가된 나베호적을 받아 임무를 수행하여 일정한 기여를 한 시라이 후비또 이쯔는 원래 569년에 시라이지방 다베의 호적을 잘 장악한 공로로 다쯔까히(감독관)로 임명되여 활동하여왔다. 그는 《일본서기》(권19 흠명기 30년 정월조, 4월조)에 백제왕족 왕진이의 후손으로 되여있다.

이처럼 미야께의 설치, 운영에 동원되였거나 관여한 대표적인 문벌들은 거의 모두가 백제, 가야를 위주로 한 조선계통이였다. 이것은 야마또왕정의 국토통합의 일환인 지방통치기구확립에서도 조선계통 문벌들이 중요한 역할을 하였다는것을 보여준다.

제2절. 《신라정벌》

《일본서기》에는 고대일본의 야마또왕정이 기원 2세기말부터 7세기중엽까지 신라를 19번이나 《정벌》하였거나 도중에서 그만둔것 그리고 《정벌》을 론의하였다는 기사들이 나온다. 한두번도 아니고 근 20여차의 《신라정벌》이야기는 조작이 많으나 일정한 내용을 담고 있다.

※ 1차―《일본서기》권9 신공기 섭정전기(200년) 10월조, 2차―신공기 5년(205년) 3월조, 3차―신공기 49년(249년) 3월조, 4차―신공기 62년(262년)조, 5차―권10 응신기 16년(285년) 8월조, 6차―권11 인덕기 53년(365년) 5월조, 7차―권14 웅략기 7년(463년) 시세조, 8차―웅략기 9년(465년) 3월조, 9차―웅략기 23년(478년) 8월조, 10차―권17 계체기 21년(527년) 11월조, 11차―권19 흠명기 원년(540년) 9월조, 12차―흠명기 15년(554년) 12월조, 13차―흠명기 23(562년) 7월조, 14차―숭준기 4년(591년) 11월조, 15차―권22 추고기 8년(600년) 시세조, 16차―추고기 10년(602년) 4월조, 17차―추고기 11년(603년) 7월조, 18차―추고기 31년(623년) 시세조, 19차―권25 백치2년(651년) 시세조

일본학자들은 이 《신라정벌》이야기는 대상인 신라를 남부조선의 신라로 간주하고 마치도 야마또왕정이 신라를 여러번 《정벌》하였으니 남부조선에 일본의 강한 군사적힘이 가해진것으로 볼수 있고 이것으로 미루어보아 4～6세기에 야마또왕정의 남부조선지배론인 《미마나미야께설》도 성립될수 있다고 주장하고있다.*

* 《임나일본부와 왜》, 나라샤, 1978년판, 123～184페지, 《일본서기》의
《신라정벌》기사의 해당 주석자

그러나 객관적립장에서 이 《신라정벌》관계기사를 잘 따져보면 야마또왕정의 힘이 가해진것은 남부조선이 아니라 조선밖의《신라》즉 일본렬도내 신라소국이였고 《신라정벌》은 6세기이후 야마또왕정이 진행한 국토통합의 중요한 일환이였으며 여기서도 백제, 가야를 위주로 하는 조선계통 문벌이 주동적역할을 놀았다는것을 알수 있다.

우리 학계에서는 조선이주민들이 일찍부터 일본렬도내에 진출하여 도처에 조선계통 소국들을 세웠으며 그러한 소국들가운데서 신라소국들은 셋쯔(오사까부), 하리마(효고현), 기비(오까야마현) 일대에 있었을것이라는것을 말한바 있고 야마또왕정에 의한 서북일본통합에 가장 지장을 주었던 신라소국(6세기～7세기중엽에 가장 두각을 나타내던 소국이다.)은 비젱국(오까야마현 동부) 오꾸군에, 신라소국의 위협을 받던 임나소국은 빗쮸국(오까야마현 서부) 소쟈시일대에, 백제소국은 빙고지방에 있었다는것을 밝혔으며 이에 기초하여 《일본서기》의 《신라정벌》기사가 기비지방의 신라, 임나 소국과의 관계를 반영하였다는데 대해 여러번 론증하였다.

야마또왕정이 6세기이후 령토통합에 착수하면서 조선계통 소국들과 활발한 접촉을 가졌던 시기 일본렬도내의 기본배길과 남부조선과의 통로가 세또나이해였다는것을 고려하면 이 제기는 타당하다고 생각한다.

이에 근거하여 신라와 가라, 백제 소국들의 분포를 보면 야마또왕정(나라현)에서 세또나이해연안을 따라가면서 북안으로 신라소

국, 가라소국, 백제소국의 순서로 놓여있었다고 볼수 있다. 이렇게 놓고보면 《일본서기》 권10 응신기 16년 8월조에 반영된 《신라정벌》에서 가라에 머무르고있던 소쯔히꼬가 신라때문에 야마또에 돌아가지 못한것도 근사하게 리해된다. 즉 빗쮸지방에 있던 임나(가라)소국에 가있던 소쯔히꼬가 그 동쪽 야마또와의 사이에 있는 비젱지방의 신라소국이 가로막아서 야마또로 갈수 없었다고 보면 이 《신라정벌》내용은 비슷이 맞아떨어지는 이야기로 된다.

일본렬도내의 이러한 신라소국, 임나소국, 백제소국은 제2신라, 제2가라, 제2백제로 될것이다. 일본렬도안의 제2의 신라, 가라, 백제가 소국들이므로 남부조선의 신라, 가라, 백제는 그 이름의 유래로 보나, 남부조선과 일본렬도사이의 정치문화적영향관계로 보나 이 소국들의 본국으로 볼수 있다.

이렇게 놓고보면 허위와 조작이 많은 《일본서기》의 《신라정벌》관계기사들은 조선반도의 신라와의 관계로 보면 하나도 통하지 않지만 일본렬도나, 신라소국과의 관계로 보면 론리가 통하는 점이 적지 않다는것을 찾아낼수 있다.

6세기이후 야마또왕정의 국토통합에서 제일 난국으로 제기된것이 바로 비젱지방 신라소국의 반항이였으며 이것은 야마또왕정으로 하여금 여러번 수만명의 군대를 동원하게 하였다. 이와 반면에 기비지방의 임나(가라)와 백제 소국은 비교적 야마또왕정과 좋은 관계를 가지고있었으며 신라소국과는 적대적이였다. 그것은 주로 야마또왕정에서 백제, 가야 계통 문벌들이 패권을 쥐고 우세하였던것과 관련되여있다.

결국 《일본서기》에 반영된 여러건의 《신라정벌》관계 기사들은 대체로 6세기이후 야마또왕정이 국토통합을 진행할 때 비젱지방의 신라소국을 《정벌》한 사실을 이그러진 형태로 반영한것이다.

이처럼 야마또왕정은 6세기이후 국토통합에서 제일 완강하게 저항해나서는 기비지방의 신라소국을 여러차례의 정벌을 통해 복속시켰는데 여기서 주동적역할을 논것은 가야, 백제를 위주로 하는 조선계통 문벌들이였다.

그러면 구체적으로 《신라정벌》에 참가한 문벌들의 계통을 순서대로 보자.

2차, 4차 《신라정벌》에 동원된 야마또왕정의 우두머리는 가즈라기노 소쯔히꼬로 되여있는데 이 인물은 다께우찌노 수꾸네와 함께 조작된 《인물》이다. 그것은 가즈라기노 소쯔히꼬가 이 기사뿐아니라 인덕기 41년(353년) 등 여러곳에 152년간 활동한것으로 되여있기때문이다. 그와 관련된 기사에 조작이 많지만 그는 어느 한 시기 즉 6세기이후 《신라정벌》에 활동한 《우두머리》로 볼 여지는 있다. 그렇다면 그는 가즈라기씨인데 이 문벌이 백제, 가야 계통이라는데 대해서는 의심할바 없다.

3차 《신라정벌》에 참가한 문벌로서는 아라다와께, 가가와께, 구떼이, 모꾸라곤시 사사나꼬들이다. 일본학계에서는 아라다와께와 가가와께들을 가즈라기 소쯔히꼬와 함께 전설적인물로 보고있다.*

* 《일본서기》 권9 신공기 49년 3월 해당 주석자

그들가운데서 아라다와께는 《신찬성씨록》 4권 오노 아소미조와 다노베 후비또조, 9권 시끼쯔 기미조와 도미 무라지조들에 5세기이전 《천황》인 《숭신》의 아들 도요끼이리히꼬노 미꼬도의 4세손으로 기록되여있는데 이것은 이 인물이 가공적인물이면서도 백제, 가야계통으로 되여있다는것을 보여준다.

구떼이는 《일본서기》 권9 신공왕후 46년 3월조에 백제사람으로 명백히 기록되여있고 그후 기록에 백제사신으로서 야마또왕정에 왕래한것으로 기록되여있다.

모꾸라곤시도 역시 《일본서기》의 해당 기사의 본문주석에 백제 장군이라고 되여있다. 모꾸라곤시는 목라근자(木羅斤資)로서 목라근자의 《목라》는 목협(木劦)이라고도 쓰는데 이는 백제의 유력한 문벌인 《목》씨라고 한다. 사사나꼬는 원주민계통으로 보인다.

제5차 《신라정벌》에 동원된 인물들은 헤구리노 쯔꾸노 수꾸네와 이꾸하노 도다노 수꾸네들인데 신라가 인차 항복하는바람에 싸움 한번 해보지 못했다 한다.

헤구리노 쯔꾸노 수꾸네는 헤구리씨인데 이 문벌은 야마또지방의 서북부에 위치한 유력한 호족이였다. 《화명초》에 야마또국 헤구리군 헤구리향(현재 나라현 이꼬마군 헤구리촌부근)이 보이는데 이것은 헤구리씨가 이 지역에 향, 군을 이룰 정도로 큰 세력을 차지하고있었다는것을 보여준다. 헤구리씨는 《신찬성씨록》 4권에 《효원》의 자손으로 되여있는 백제, 가야 계통이다. 우경에 사는 헤구리씨는 대체로 794년 헤이양경 천도시 야마또국의 헤구리지역에서 살다가 그 일부가 옮겨갔을것으로 보인다.

이꾸하노 도다노 수꾸네는 이꾸하씨로서 헤구리씨, 가쯔라기씨와 같은 계통의 문벌이라고 한다. 이 문벌은 성씨록 6권에 야마시로국에 사는 《효원》의 자손으로 되여있고 《고사기》 중권 효원기에도 그렇게 되여있다. 따라서 이꾸하씨는 백제, 가야 계통으로 볼수 있다. 이꾸하씨의 조상 다다히또노 수꾸네는 누구도 쏘아 뚫지 못한 쇠과녁과 쇠방패를 쏘아 뚫러서 사람들을 놀래웠다고 전하고있다. 이와 함께 이꾸하씨의 이꾸하(的)가 과녁이였다는것을 념두에 두면 이꾸하씨는 사격술이 능한 문벌이였음을 알수 있다.

제6차 《신라정벌》에 참가한 문벌들은 다까하세와 그 동생 다쩨이다. 이들은 가미쯔게노 가미의 조상인데 가미쯔게노 가미가 《신찬성씨록》 3권에 좌경에 사는 《숭신》의 자손으로 되여있으므로 백제, 가야 계통의 문벌로 볼수 있다.

제7차 《신라정벌》에 동원된 오또기미와 기비노 아마노 아따히 아까오, 가후쩨노 아야노 데비또 강인지리들은 백제까지 갔다가 신라가 아직 멀다는것을 알고 백제에서 바치는 새로운 기술자집단을 데리고 왔다고 한다. 이 《신라정벌》은 야마또왕정의 군대가 비젱지방의 신라소국을 치기 위하여 그보다 먼 빙고지방의 백제소국에 가서 신라소국이 멀어서 《정벌》을 그만두었다고 하므로 기사내용이 외곡되였거나 사실을 반영하였다면 일본렬도내 다른 신라, 백제 소국으로 보아야 한다.

아무튼 6세기초중엽의 어느 한 시기 《신라정벌》이 있었다고 보면 그 《신라정벌》에 동원된 문벌들도 백제, 가야 계통으로 볼수 있다.

우두머리인 오또기미는 기비노 가미쯔미찌노 오미 다사의 아들로서 기비씨이다. 기비씨는 앞에서 본것처럼 가라씨였는데 기비지방의 가미쯔미쯔지방의 출신이였다.

기비노 아마노 아따히 아까오는 오또기미와 같은 기비씨로서 가야계통 문벌로 볼수 있다. 이 문벌이 《아마》라고 칭한것은 당시 왜땅에 건너간 가야사람들이 《아마》로 불리웠음을 보여주는 흔적인 것이다.

가후찌는 아야노 데비또 강인지라는 가후찌지방의 아야계통의 기술자란 뜻이다. 아야계통은 가야, 백제 출신이므로 강인지리가 왜땅의 새로운 기술자로서 《신라정벌》에 참가하였다고 볼수 있다.

제8차 《신라정벌》에 참가한 문벌들은 기노오유미노 미꼬도, 소가노 가라꼬노 수꾸네, 오또모노 가다리노 무라지, 오까히노 수꾸네, 기노 오까자끼노 구메노 무라지, 기노 오히와노 수꾸네이다.

기노 오유미노 미꼬도와 기노 오까자끼노 구메노 무라지, 기노 오히와노 무라지는 모두 기씨이며 오까히노 수꾸네도 다른 기록에 기노 오유미노 수꾸네의 아들 또는 친척으로 되여있으므로 기씨이다. 기씨는 소가씨와 동족이며 《신찬성씨록》 2권과 《고사기》 중권 효원기에 《효원》의 자손으로 되여있으므로 백제, 가야 계통으로 볼수 있다.

이 문벌의 본거지는 기국(기이국-와까야마현)인데 야마또지방에도 그 갈래가 있었다고 볼수 있다. 야마또국 헤구리군에 기씨신사가 있었다는것은 기씨가 야마또지방의 서북부에 웅거하였다고 인정된다.

소가노 가라꼬노 수꾸네는 소가씨로서 오또모노 가다리노 무라지는 오또모씨로서 이들은 다 백제, 가야 계통의 문벌이였다.

제9차 《신라정벌》의 우두머리인 정신라장군(신라를 정벌하는 장군) 기비노 오미 오시로는 기비씨인것만큼 기비지방에 본거지를 둔 가야계통 문벌이였다고 볼수 있다.

527년에 있은 제10차 《신라정벌》때 6만명을 이끌고 신라를 치

려던 아후미노 게나노 오미는 아후미씨이다. 아후미씨는 《고사기》 중권 효원기에 하다노 야시로 수꾸네의 자손으로 된 백제계통 문벌이다.

제11차 《신라정벌》(540년)은 정벌론의를 하다가 그쳤는데 여기에 관여한 문벌로서는 오또모노 오무라지 가나무라, 고세노 오미 이나모찌, 모노노베노 오무라지 오꼬시들이다. 오또모노 오무라지 가나무라와 모노노베노 오무라지는 각각 오또모씨, 모노노베씨로서 백제, 가야 계통이다. 이들은 가바네가 오무라지인 1류급문벌이였으며 당시 야마또왕정에서 패권을 쥐고있었다. 때문에 그들은 당시 야마또왕정에서 중요한 과제로 나섰던 《신라정벌》론의에 참가하였던것이다. 고세노 오미 이나모찌 역시 가바네가 오미로서 이 시기 1류급문벌이였다.

고세씨는 《신찬성씨록》 4권과 7권에 우경과 야마또국에 사는 《효원》의 자손문벌로 된 백제, 가야 계통 문벌이다. 우경에 사는 고세씨는 원래 야마또국에 본거지를 둔 문벌로서 794년 천도때에 옮겨갔다고 볼수 있다.

야마또국의 고세씨는 나라현 다까이찌군 다까또리정 서북부에 거주하고있었다.

제12차 《신라정벌》(554년)에 참가한 문벌들을 보면 우찌노 오미, 모노노베노 마가무노 무라지, 쯔꾸시노 모노노베노 마가와사까들이다.

야마또군대를 이끈 우찌노 오미는 《일본서기》의 해당 주석에 의하면 그 전해 정월 야마또왕정에 구원병요청으로 왔던 백제사신 상부 덕솔 시나노 시슈로 보고있는데 그 전후한 시기 기사내용으로 보아 옳다고 본다. 상부 덕솔 시나노 시슈는 일본렬도내 백제소국의 사신으로서 야마또군사를 이끌고 야마또왕정의 《신라정벌》에 동원되였다고 볼수 있다. 이 《신라정벌》에서 백제가 차지하는 비중을 짐작할수 있다.

시나노 시슈가 상부 덕솔을 칭한것은 일본렬도내 백제귀족들이 백제본국의 본(상부)과 관등(덕솔)을 그대로 유지하고있었음을 말해준다.

　　모노노베노 마가무노 무라지와 쯔꾸시노 모노노베노 마가와사까는 각각 모노노베씨로서 백제, 가야 계통 문벌이다. 모노노베노 마가무노 무라지는 기사에 동방령(東方領)으로 되여있는데 동방은 백제의 지방통치단위 5방중 동쪽의 동방을 의미하며 령은 그 책임자이다. 모노노베노 마가무노 무라지는 관직명으로 보아 야마또왕정의 군사지휘관으로 보이는데 백제계통으로서 백제본국의 지방통치단위와 관직을 칭하고있었다. 쯔꾸시노 모노노베노 마가와사까의 쯔꾸시는 쯔꾸시지방출신이란 의미인데 이것은 그가 백제계통 문벌로서 쯔꾸시를 통해 왔다는것을 보여준다. 그는 감무례성 공격시 불화살을 잘 쏘아 기여를 하였다.

　　제12차 《신라정벌》에 백제왕 메이(명)와 그 아들 요소(여창)가 참가하였다가 메이는 죽고 요소는 간신히 살아나는것으로 되여있는데 그들을 일본렬도내 백제소국왕으로 보면 어느 정도 통하는 이야기로 된다.

　　제12차 《신라정벌》은 비록 실패하였으나 백제소국왕들과 백제계통 문벌들이 주동이 된 비교적 큰 규모의 싸움이였다.

　　제13차 《신라정벌》(562년)에 동원된 문벌들의 계통을 보면 총지휘자인 대장군 기노 오마로노 수꾸네는 기씨로서 앞에서 본것처럼 백제, 가야 계통이였다.

　　부장군 가와헤노 오미 니헤씨는 가와헤씨(가와에라고도 함)인데 소가씨와 동족이라고 하며 《신찬성씨록》 4권에는 《효원》의 자손 문벌로 되여있다. 따라서 가와헤씨는 백제계통 문벌이다.

　　백제에 련락을 가다가 문건을 떨어뜨려 비밀을 탄로시킨 고모쯔메베노 오비또 도미는 고모쯔메베씨로서 원주민계통으로 인정된다.

　　신라에 포로되여 마지막까지 절개를 지킨 쯔끼노 기시 아끼나는 쯔끼씨로서 성씨록 22권과 28권에 각각 좌경과 가와찌국에 사는 백제국 사람 노리사주의 자손으로 되여있다.

　　《일본서기》 해당 주석자도 쯔기노 기시가 백제로부터 온 문벌로 보고있다.

14차 《신라정벌》(591년)에 동원된 문벌들의 계통을 보면 대장군들로 임명되였던 기노 오마로노 수꾸베와 고세노 사루노 오미, 오또모노 구히노 무라지, 가쯔라기노 오나라노 오미는 가바네가 수꾸베, 오미들로서 6세기말 야마또왕정에서 패권을 쥔 문벌들이였다. 이 문벌들가운데서 기노 오마로노 수꾸베는 13차 《신라정벌》에도 동원되였다. 이들 기씨, 고세씨, 오또모씨, 가쯔라기씨들은 각각 백제, 가야 계통 문벌들이였다.

14차 《신라정벌》때 신라에 파견된 기시노 가베와 임나에 파견된 기시노 이다비는 기시씨인데 이 씨는 《일본서기》 해당 주석에 의하면 조선계통 문벌들이 칭한 씨였다고 한다.

성씨록 8권에는 기시씨가 《효원》의 자손 즉 백제, 가야 계통으로 되여있다.

제15차 《신라정벌》(600년)에 동원된 문벌들의 계통을 보면 1만명의 군사를 이끌고 참가한 대장군 사까히베노 오미는 《일본서기》 해당 주석에 의하면 소가씨의 한 갈래라고 한다. 따라서 사까히베씨는 백제계통으로 볼수 있다. 부장군 호즈미노 오미는 호즈미씨로서 이미 백제, 가야 계통이라는데 대하여 보았다.

신라에 파견된 사신 나니와노 기시 미와와 임나에 파견된 사신 나니와노 기시 이다비는 각각 나니와씨와 기시씨로 구성된 복씨로 보인다. 이다비는 14차 《신라정벌》때에도 《임나》에 파견되였는데 그때는 기씨로만 보았다. 나니와씨는 나니와지방(와사까부)에 본거지를 둔 문벌로서 《신찬성씨록》 24권에 고구려의 호태왕의 자손으로 되여있다. 따라서 우의 사신들은 조선계통 그가운데서도 고구려계통으로 인정된다.

제16차(602년), 제17차(603년) 《신라정벌》의 책임자인 구메황자, 다기마황자는 《일본서기》 권21 용명기 원년 정월조에 《용명》의 아들로 되여있다. 《용명》은 7세기초 야마또왕정의 대왕으로서 백제계통인것이다.

따라서 제16차, 제17차 《신라정벌》의 우두머리들은 백제계통 문벌로 볼수 있다.

제18차 《신라정벌》(623년)에 동원된 문벌들로서는 대장군들인 다이도꾸(관위) 사까히베노 오미 오마로, 쇼도꾸(관위) 나까도미노 무라지 구니, 부장군들인 쇼도꾸 가와헤노 오미 네즈, 쇼도꾸 모노노베노 요사미노 무라지 오또, 쇼도꾸 하다노 오미 히로니와, 쇼도꾸 아후미노 아나무노 오미 이히후따, 헤구리노 오미 우시, 오또모노 무라지, 쇼도꾸 오야께노 오미 이꾸사인데 이들은 그들이 **청한** 가바네로 보아 7세기초 야마또왕정에서 패권을 쥔 문벌들이였다.

이 문벌들가운데서 사까히베노 오미 오마로의 사까히베씨, 가와헤노 오미 네즈의 가와헤씨, 모노노베노 요사미노 무라지 오또의 모노노베씨, 하다노 오미 히로니와의 하다씨, 아후미노 아나무노 오미 이히후따의 아후미씨, 헤구리노 오미 우시의 헤구리씨, 오또모노 무라지의 오또모씨는 앞에서 백제, 가야 계통 문벌이였다는데 대해서 보았다.

나까도미노 무라지 구니는 나까도미씨로서 《신찬성씨록》 11, 14, 16, 18, 19, 20, 30권 등에 북규슈《아마》계통 문벌인 쯔하야무스비노 미꼬도와 가미 니기하야히노 미꼬도의 자손으로, 30권에 《효소》의 자손으로 된 백제, 가야 계통이다. 이외에도 《일본서기》 기록들에 나까도미씨가 백제와 인연이 깊은것으로 기록된것은 이 문벌이 백제출신임을 확증하여준다. 이 문벌은 이즈미국, 가와찌국, 셋쯔국, 야마시로국 등 기나이 각 지방에 널려살았다. 나까도미씨는 야마또왕정의 신사, 제사를 주관한 위력한 문벌로서 7세기 중엽에 기본권력을 잡았다.

오야께노 오미 이꾸사의 오야께씨는 《신찬성씨록》9권과 《고사기》중권 효원기의 해당 주석에는 와니씨계통으로 된 백제계통이다.

651년에 있은 제19차 《신라정벌》론의에서 나오는 고세노 오오미도 고세씨로서 백제, 가야 계통이다. 이 문벌은 가바네가 오오미인것으로 보아 당시 야마또왕정의 1류급문벌이였다.

이처럼 6세기중엽부터 근 100여년간에 걸쳐 진행된 여러차례의

《신라정벌》에 동원되였거나 론의에 참가한 야마또왕정의 문벌들은 거의 모두가 백제, 가야를 위주로 한 조선계통이였다. 이것은 야마또왕정의 국토통합의 중요한 고리의 하나였던 《신라정벌》에서 백제, 가야 계통 문벌들이 중요한 역할을 놀았다는것을 말해준다.

제3절. 587년 무장정변

6세기중엽이후 야마또왕정은 일본렬도내 지방호족과 소국들에 대한 정벌과 회유, 미야께설치 등을 통해 국토통합을 본격화하였다. 이 과정에 야마또왕정내부에서는 권력을 독차지하기 위한 지배계급 문벌들간의 대립과 싸움도 많았다.

이것은 야마또왕정의 중앙집권과 국토통합을 일시 좌절시켰지만 일단 혼란이 수습되고 다시 중앙집권이 강화됨에 따라 국토통합사업도 진척되였다.

587년 무장정변은 야마또왕정에 의한 국토통합이 본격화되였던 시기에 있었던 지배계급 문벌들내부의 가장 큰 싸움이였으며 이것을 계기로 야마또왕정은 중앙집권체계를 재편성하고 일층 강화되였다.

여기서는 587년 무장정변과 관련된 우리 학계의 선행연구성과에 기초하여 이 정변이 일어나게 된 원인과 과정을 좀 더 구체적으로 밝히는 동시에 학계에서 아직 제기되지 않은 구세력문벌들의 계통과 일부 신세력문벌들의 계통을 밝히려고 한다.

※ 우리 학계는 이미 587년 무장정변과 관련하여 소가씨를 비롯한 신세력문벌들이 백제계통이라는데 대하여 밝힌바 있다.(《초기조일관계사》 하, 304～305페지)

6세기 80년대중엽에 이르러 당시 야마또왕정에서 패권을 쥔 모노노베씨와 소가씨간의 대립이 격화되였다.

이 대립은 더 높은 권력을 쥐기 위한 두 문벌사이의 정권쟁탈전이였는데 그것은 외형상 새로운 사조인 불교를 접수하는가 안하는가 하는 문제를 둘러싸고 표면화되였다.

6세기초중엽에 백제계통을 비롯한 조선계통 문벌들에 의하여 일본렬도에 전해진 불교는 점차 야마또왕정에까지 미쳤다.

6세기중엽(552년)에 이르러 야마또왕정에서는 새롭게 전파되는 불교를 접수할것인가 말것인가를 둘러싸고 론의가 분분하였는데 당시 주요문벌들인 소가노 오오미노 이나메는 접수할것을 주장하고 모노노베노 오무라지 오꼬시는 반대하였다. 이때 공교롭게 국내에 전염병이 돌아 불교때문에 이런 재앙이 생겼다는 여론이 환기되였기때문에 결국 야마또왕정안에서의 불교보급은 일시 중지되였다.

그러나 6세기말에 들어와서 일본렬도내 불교는 급속히 보급되였다.

※ 577년과 579년 야마또왕정에 중들과 그리고 불경책, 불상을 보낸 백제와 신라를 조선반도 본국 또는 렬도내소국으로 보는 견해도 있다.
(《초기조일관계사》하, 142～143페지)

이와 함께 야마또왕정내부의 문벌들속에서 이를 적극 받아들이려는 기운이 높아졌다.

야마또왕정의 패권자의 한사람인 소가노 우마꼬는 아비(이나메)의 대를 이어 절간과 탑을 세우고 불상을 안치하며 사방에서 고구려중 에삥(혜편)을 비롯한 중들을 구하는 등 적극적인 활동을 벌리였다.

이에 바빠맞은 반불교집단의 우두머리인 모노노베 모리야는 절간과 불상에 불을 지르고 탑을 넘어뜨리며 수행자들을 박해하던 나머지 국내에 전염병이 돌아 많은 사람들이 죽자 이를 구실로 불교를 완강히 반대해나섰다.

이리하여 불교를 접수할것인가 말것인가 하는 문제를 가지고 587년경에 소가씨를 한편으로 하고 모노노베씨를 다른편으로 하는 두 세력간의 대립이 격화되였으며 그것은 마침내 《천황》계승문제를 둘러싸고 큰 싸움으로 폭발하였다.

585년 《민달천황》이 죽고 대를 이은 《용명천황》이 또 얼마 안가서 죽게 되자 (587년 4월) 《천황》계승문제가 나서게 되였는데 소가씨세력은 이를 계기로 모노노베세력을 타도하는데로 넘어가게 되였다.

587년 6월 소가씨세력은 모노노베씨가 《천황》으로 내세우려는 아나호베황자를 습격하여 죽이고 계속하여 7월에는 많은 군사를 이끌고 반대파 우두머리인 모노노베노 모리야노 오무라지를 포위공격하였다. 이때 모노노베세력은 력량상 관계로 큰 저항도 해보지 못하고 타도되고말았다.

8월에 소가노 우마꼬 수꾸네는 《숭준천황》을 내세우고 오오미로 되여 정권을 잡게 되였다.

결국 587년 무장정변은 불교접수문제를 둘러싸고 벌어진 그 적극적인 지지자인 소가씨와 그 반대파인 모노노베씨간의 권력쟁탈전이였으며 이 싸움에서 소가씨가 승리하였던것이였다.

587년 무장정변에서 타도된 모노노베씨세력과 승리한 소가씨세력은 백제계통을 위주로 한 조선계통 문벌들이였다. 그것은 587년 무장정변에 참가한 대표적문벌들의 출신계통을 따져보면 잘 알수 있다.

《일본서기》 권21 용명기 2년(587년) 4월조와 숭준기 즉위전기 7월조에 의하면 587년 무장정변에 참가한 주요인물들은 다음과 같다.

타도된 구세력

① 모노노베노 모리야 무라지
② 나까도미노 가쯔미노 무라지
③ 오시사까베노 후비또 도께구소
④ 도또리베노 요로즈
⑤ 아나호베황자, 야까베황자

승리한 신진세력

① 소가노 우마꼬노 수꾸네

② 하지노 무라지 아시야노 무라지, 하지노 무라지 이와무라
③ 오또모노 히라부노 무라지, 오또모노 무라지 구히
④ 사헤끼노 무라지 니후떼
⑤ 이꾸하노 오미 마꾸히
⑥ 기노 오마로노 수꾸네
⑦ 고세노 오미 히라부
⑧ 가시하데노 오미 가따부
⑨ 가쯔라기노 오미 오나라
⑩ 아헤노 오미 히또
⑪ 헤구리노 오미 가무떼
⑫ 사까모또노 오미 아라떼
⑬ 가스가 오미
⑭ 도미노 오비또 아찌히
⑮ 하쯔세베황자, 다께다황자, 나니와황자, 가스가황자

이상에서 보는것처럼 587년 무장정변에 참가한 주요 문벌은 대체로 20씨로 볼수 있다.

먼저 587년 무장정변에서 타도된 구세력인 모노노베집단의 인물들의 계통을 보기로 하자.

① 모노노베씨 ② 나까도미씨들은 앞에서 본바와 같이 백제, 가야 계통이다.

③ 오시사까베(오사까베라고도 함)씨는 《사까노우에계도》에 인용된 《성씨록일문》에 의하면 《응신천황》때에 귀화한 《아야》씨중 오사까베 후비또의 시조라고 한다. 오사까베는 《신찬성씨록》 24권에 백제왕족출신으로 되여있다. 그러므로 오시사까베씨는 《아야》씨일족으로서 백제출신인것이다. 《화명초》에 반영된 야마또국 시끼노가미군 오시사까향(지금의 사꾸라이시 오시사까지역)은 오시사까베씨가 살던곳이다.

오시사까베씨는 가바베가 후비또인것으로 보아 문필활동을 전업으로 하는 문벌로 보인다.

도또리베씨는 《신찬성씨록》 14, 16, 19, 20권에 각각 가미무스비노 미꼬도의 자손문벌로 된 조선계통이다. 이 문벌은 이즈미국, 가와찌국, 야마시로국 등 기나이 각 지방에 거주하고있었다.

아나호베황자와 야까베황자들은 각각 《흠명천황》, 《선화천황》의 아들들이다. 《흠명천황》, 《선화천황》들은 6세기초중엽의 《천황》들로서 6세기~7세기중엽 야마또왕정의 《대왕》계통이므로 백제계통으로 볼수 있다. 따라서 이나호베황자와 야까베황자들도 백제계통인것이다.

이처럼 타도된 모노노베세력은 백제, 가야 계통 문벌들이였다. 다음으로 승리한 소가씨집단에 대하여 보기로 하자.

① 소가씨 ② 하지씨 ③ 오또모씨 ⑤ 이꾸하씨 ⑥ 기씨 ⑦ 고세씨 ⑨ 가쯔라기씨 ⑩ 아헤(아베)씨 ⑪ 헤구리씨들은 앞에서 본바와 같이 백제, 가야 계통이다.

④ 사헤끼씨는 군사전문의 문벌인데 오또모씨와 함께 유게히(궁수)들을 데리고 왕궁문을 지켰다. 이 문벌은 《신찬성씨록》 5권에 《경행》의 자손으로, 12권에 북규슈 《아마》계통 우두머리인 다까미무스비노 미꼬도의 자손으로, 14권에 아메노 이까즈찌노 가미의 자손으로 된 백제, 가야 계통이다.

⑧ 가시하데씨는 《신찬성씨록》 2권에 《효원》천황의 자손문벌로 된 백제, 가야 계통 문벌이다. 이 문벌은 이름그대로 《천황》의 식사를 보장하던 문벌이였다.

⑫ 사까모또씨는 《신찬성씨록》 2, 8, 10권에 이즈미국, 셋쯔국, 좌경에 사는 《효원》의 자손문벌로 되여있다. 《화명초》에 이즈미국 이즈미군에 사까모또향이 있었다고 하는데 이것은 사까모또씨가 살던곳으로서 《신찬성씨록》의 내용과 맞는다.

이즈미국에 있던 사까모또향은 현재 오사까부 이즈미시의 사까모또정이다. 이것은 사까모또씨가 이곳에서 크게 번성하였음을 말해준다.

⑬ 가스가씨는 와니씨의 일족(《일본서기》 가스가씨의 해당 주석)으로서 백제계통 문벌이다. 이 문벌은 야마또국 소후노가미군

가스가지방(지금 나라시부근)에 웅거하고있었다.

⑭ 도미씨는 《신찬성씨록》 10권에 이즈미국에 사는 《숭신》의 자손문벌로 된 백제, 가야 계통 문벌로 볼수 있다. 《속일본기》 화동 7년 11월조에 야마또국 소후노시모군 도미향이 보이는데 이것은 도미씨가 이즈미국뿐아니라 야마또국에도 살았다는것을 보여준다.

이처럼 587년 무장정변에서 승리한 소가씨세력은 백제, 가야 계통을 위주로 한 조선계통 문벌이였다.

결국 587년 야마또왕정의 무장정변은 구 백제, 가야 계통 문벌들과 신진 백제, 가야 계통 문벌들간의 정권쟁탈전이였고 불교문제를 가지고 벌어진 구세력과 신진세력간의 싸움이였다.

587년 무장정변을 통해 신진세력인 소가씨세력은 정권을 틀어쥐고 점차 중앙집권적통치체제를 강화할수 있었으며 이를 계기로 국토통합과 불교보급도 한층 다그쳐나갈수 있었다. 특히 이 시기 소가씨집단은 동방의 강국인 고구려와의 관계를 강화하고 그의 정치, 문화적 영향을 받기 위해 적극 노력하였다.

※ 6세기중엽이후에 왜에 대한 고구려의 정치, 문화적 영향이 급속히 강화되였다. 570년이후 고구려본국사신의 빈번한 래왕과 야마시로국에 《고마히관》의 설치, 아스까문화의 고구려적성격과 6세기말~7세기초에 고구려중 혜자가 야마또왕정의 집권자인 성덕태자의 정치고문, 학문상의 스승으로의 활약, 624년에 고구려중 혜관이 승정(중들을 통솔하는 벼슬)으로의 임명 등은 그 일단을 보여준다. 이것은 대체로 당시 야마또왕정에서 패권을 잡은 소가씨를 비롯한 백제계통 문벌들이 고구려의 정치, 문화적 영향을 받기 위해 적극 노력한 사실과 떼여놓고 생각할수 없다.

이처럼 야마또왕정이 국토통합을 본격적으로 다그치던 시기에 백제, 가야를 비롯한 조선계통 문벌들은 거기서 주동적역할을 놀았던것이다.

제3장. 7세기중엽 3대사변에서 우세를 차지한 조선계통 문벌들

제1절. 645년 《대화정변》

《대화정변》은 대화(일본년호)원년인 645년 고대일본의 야마또왕정에서 일어난 큰 정변을 말한다. 우리 학계는 이 정변이 야마또왕정에서 패권을 쥔 백제이주민들의 내부싸움이라는데 대하여 밝힌바 있다.(《초기조일관계사》 하, 268～269페지)

여기서는 종래에 덜 언급된 《대화정변》의 준비와 그 과정에 관여한 문벌들이 백제, 가야 계통이라는것을 구체적으로 론증하려고 한다.

《대화정변》은 그다음해에 있는 《대화개신》과 함께 정치, 군사적으로 볼 때 대귀족들의 지나친 권력을 반대하는 중소귀족들의 무장정변이였으며 사회경제적으로는 대토지소유자들의 지나친 토지확장을 반대하는 중소토지소유자들의 진출이였다. 이 정변을 계기로 고대일본은 통일국가체제를 완성하였다.

《대화정변》은 당시 일본사회발전의 필연적산물이였다. 불교를 받아들이는 문제를 둘러싸고 수십년간 싸움을 하다가 587년 모노노베씨를 타도하는데 성공한 소가씨세력은 그후 근 60년간 야마또왕정에서 패권을 잡고 온갖 전횡을 부리였다. 그들은 반대파문벌들을 제거하고 자기 심복들이나 자기와 가까운 문벌들로써 정치적지반을 닦아나갔으며 토지겸병을 일삼아 방대한 토지를 소유하게 되였다. 소가씨와 그와 결탁한 대호족들은 국가의 모든 권력과 재산을 틀어쥐고 사치하고 부화한 생활을 일삼음으로써 야마또국가의 통치체제를 문란시키고 나중에는 수습할수 없는 위기에 몰아넣는데 이르게 되였다.

이러한 정세속에서 628년 《추고천황》이 죽자 왕위계승문제를 가지고 소가씨와 그 반대파세력사이에 심각한 분쟁이 일어났다. 소가노 에미시 등은 당시 《천황》자리를 이을 후보자로 된 성덕태자의 아들 야마시로노 오에를 반대하고 다음해 《민달천황》의 손자인 다무라왕자를 《천황》(《서명천황》 629~641년)으로 내세웠다. 그후 자기들의 일이 뜻대로 되지 않게 되자 소가노 에미시의 아들 이루까는 643년(《황극천황》 2년) 야마시로노 오에의 집을 습격하여 그로 하여금 자살하게 하였다. 이 사건을 계기로 소가씨일족의 전횡에 대한 불만은 더욱 커졌으며 이에 따라 반소가씨세력이 형성, 강화되게 되였다.

소가노 이루까 등 소가씨일족의 전횡과 팽창에 일찍부터 불만을 품고있던 나까노 오에왕자는 나까또미노 가마다리(가마꼬라고도 함) 등과 함께 반소가씨집단을 형성하고 소가씨일족을 타도하기 위한 무장정변을 1년이상이나 비밀리에 준비하였다. 드디여 645년 6월 나까노 오에 등은 소가노 이루까일족을 타도하기 위한 무장정변을 일으켰다. 6월 3일 정변 날자와 장소를 확정한 나까노 오에는 12일 대극전(임금이 정사를 보는곳)에서 나까또미노 가마꼬노 무라지로 하여금 사헤끼노 무라지 고마로, 가쯔라기노 와까이누가히노 무라지 아미다를 시켜 소가노 이루까를 처단하게 하였다. 계속하여 나까노 오에는 자기의 군사적거점인 법흥사(아스까사)로 들어갔는데 이때 소가노 이루까를 미워한 여러 왕자들과 많은 공경대부, 오미, 무라지, 도모노 미야쯔꼬, 구니노 미야쯔꼬들이 뒤따라가 합류하였다. 한편 나까노 오에가 보낸 소가노 미루까의 시체를 받고 놀란 에미시와 그 부하들인 아야씨들은 방어준비를 하였으나 허사였다. 게다가 다까무꾸노 오미 구니오시를 비롯한 적지 않은 아야씨들이 승산이 없음을 알고 무장을 버리고 도망가는바람에 소가노 에미시의 세력은 심히 약화되였다. 다음날인 13일 기울어진 판국을 바로세울수 없다는것을 깨달은 에미시는 죽으면서 《천황기》 등 나라의 문서들과 진귀한 보물들을 모조리 불태워버렸다.

결국 소가노 이루까를 두목으로 한 구세력을 몰아내고 권력을 잡은 나까노 오에는 《황태자》로 되여 정권을 틀어쥐였으며 가루왕자를 《천황》(《효덕천황》)자리에 앉히였다. 그리고 아헤(아베)노 우찌마로 오미를 좌대신으로, 소가노 구라노 야마다노 이시까와노 마로를 우대신으로, 나까또미노 가마꼬노 무라지를 내신으로, 중 밍과 다까무꾸노 후비또 겐리를 국박사로, 정치의 최고고문으로 하는 새 정부를 구성하였다. 년호를 《대화》라고 정하였으며 그해 12월까지 개혁을 위한 준비사업을 하였다. 이에 기초하여 다음해 1월 《효덕천황》으로 하여금 4개 조항으로 된 《대화개신》의 조서를 발표하게 하였다. 그 내용을 요약하면 다음과 같다.

첫째로, 《황실》과 호족들이 가지고있던 모든 토지, 주민을 몰수하여 그것을 국가의 소유로 만들고 그대신 관리들에게 록봉을 준다.

둘째로, 수도와 기나이(경기)지방을 정하고 구니노 미꼬도모찌와 그밖의 지방관들을 임명하며 군사, 교통 제도를 정리한다.

셋째로, 호적과 계장(문서)을 만들고 그에 기초하여 토지의 분배(반전수수법)를 실시한다.

넷째로, 조(조세), 용(부역), 조(공물)의 새로운 세금제도를 실시한다.

이것은 당시 조성된 사회경제적요구를 반영한것으로서 대토지소유자들의 지나친 토지겸병을 막고 야마또통일국가의 물질적지반을 닦는데 주요한 계기를 열어놓았다.

《대화개신》에서 제기된 개혁내용들은 그후 반대파들의 반항과 복잡한 국내외정세를 극복하면서 점차로 시행되여나갔다.

※ 일본학계에서는 645년에 무장정변은 있었으나 경제적개혁사업은 없었다고 보는 견해도 있다. 말하자면 《일본서기》편찬자가 그후에 진행된 개혁을 이 시기에 있었던것처럼 꾸며놓았다는것이다. 그렇다고 하더라도 645년 무장정변은 고대일본의 통일국가수립과 경제적개혁사업을 할 수 있는 전제조건을 마련하였다는 의미에서 큰 정치, 군사적 사변이였다고 말할수 있다.

이처럼 《대화정변》은 야마또왕정에서 불교를 받아들인후에 있었던 가장 큰 정치, 군사적 사변으로서 중앙집권적통치체제강화와 통일국가수립에 중요한 계기를 열어놓았던것이다.

고대일본의 통일국가 형성, 발전에서 주요한 자리를 차지하는 《대화정변》에서 중요한 역할을 논것은 백제를 위주로 한 조선이주민계통 문벌들이였다. 그것은 《대화정변》에 참가한 대표적문벌세력들의 출신계통을 따져보면 잘 알수 있다.

《일본서기》 권24 황극기 4년 6월조와 효덕기 즉위전기조에 의하면 《대화정변》에 참가한 인물들은 대체로 다음과 같다.

구세력

① 소가노 오미 이루까와 그의 아버지 에미시
② 아야노 아따히
③ 다까무꾸노 오미 구니오시
④ 후루히또노 오에황자

신진세력

① 나까노 오에
② 나까또미노 가마꼬노 무라지
③ 구라노 야마다노 마로노 오미
④ 사헤끼노 무라지 고마로
⑤ 가쯔라기노 와까이누가히노 무라지 아미다
⑥ 고세노 도꼬다노 오미
⑦ 후네노 후비또 에사까
⑧ 아마노 이누가히노 무라지 가쯔마로
⑨ 아헤노 우쩨마로 오미
⑩ 다까무꾸노 후비또 겐리
⑪ 중 민(이마끼노 아야히또 니쩌몽)
⑫ 오또모노 나가도꼬노 무라지
⑬ 이누가미노 다께베노 기미

— 224 —

결국 《대화정변》에 참가한 문벌은 대체로 구세력인 소가노 이루까집단이 4문벌, 신진세력인 나까노 오에집단이 13문벌이였다.

그러면 《대화정변》과 관련이 있는 인물들의 계통을 따져보자.

먼저 구세력을 보면 ①소가노 오미 이루까와 그의 아버지 에미시는 소가씨로서 백제계통이다. 이미 앞에서 본것처럼 소가씨 가운데서도 이루까문벌은 그 증조할아버지(소가노 이나메)와 할아버지(소가노 우마꼬)때인 6세기중말엽 고대일본에 미야께를 설치하고 불교를 수입하고 보급하는데서와 587년 무장정변에서 결정적인 역할을 한것으로 하여 6세기말부터 645년 《대화개신》에 의하여 타도될 때까지 야마또왕정에서 기본패권을 잡고 정사를 좌지우지하였다.

특히 《대화정변》과정에서 볼수 있는바와 같이 소가노 이루까를 가리켜 《구라쯔꾸리노 오미(鞍作臣)》라고 하였는데 이것은 글자 그대로 해석하면 말안장을 만드는 일에 종사한 문벌들의 우두머리라는 뜻으로 새길수 있다. 《가와찌지》(가와찌지방의 지방지)에는 구라쯔꾸리에 대하여 《옛날부터 가와찌국(오사까국) 시부까와군 구라쯔꾸리촌에서 살았다. 백제장군인 다스나가 귀화해서 구라쯔꾸리라는 성을 받았다.》고 하였는데 이것은 구라쯔꾸리씨가 이름 그대로 말안장을 만드는 백제기술자집단이였다는것을 보여준다. 이것은 고대일본에 말타기와 마구들이 조선에서 전해졌다는 사실과 맞는 이야기이다. 소가노 이루까를 보고 《구라쯔꾸리노 오미》라고 한것은 바로 이루까계통의 소가씨가 말안장을 만드는 백제계통 기술자집단의 우두머리였다는것을 보여준다.

② 야야노 아따히는 야마또아야씨로서 당시 소가씨의 집을 지키고 그 휘하에서 움직이던 유력한 문벌이였다. 그런데 소가씨가 백제계통이므로 그가 의거한 야야씨도 야야씨의 여러 문벌가운데서 백제계통이였을것이다.

③ 다까무꾸노 오미 구니오시는 소가씨편에 서서 우두머리로 활약하다가 《대화정변》에서 운명이 기울어지자 배반하여 야야노 아따히들에게 무장해제를 권유하고 도망한자이다. 이 문벌은 다까무꾸

씨로서 《신찬성씨록》 24, 30권에 우경에 사는 아야계통으로 된 가야, 백제 계통이다.

④ 후루히도노 오에는 《대화정변》때 《천황》의 측근에 있던자로서 그후 남은 소가씨 등과 함께 나까노 오에정권을 뒤집어엎을 정변을 모의한것으로 보아 구세력으로 볼수 있다.(일명 후르히도황자 요시노태자라고도 하였다.) 《일본서기》 권23 서명기 2년조에 의하면 후르히도노 오에황자는 백제궁전에서 살다가 죽을 때는 백제식 장례를 하여 백제계통이 농후한 《서명천황》의 아들로 되여있고 그의 어머니는 소가씨 즉 백제계통이다.

결국 《대화정변》에 의하여 타도된 구세력은 대체로 백제를 위주로 하는 조선계통 문벌이였다는것을 알수 있다.

다음으로 《대화정변》때 구세력을 타도하는데 참가한 신진세력에 대하여 보기로 한다.

신진세력중에서 ② 나까도미씨 ④ 사헤계씨 ⑤ 가쯔라기씨 ⑥ 고세씨 ⑨ 아헤씨 ⑫ 오또모씨들은 앞에서 본것처럼 백제, 가야 계통 문벌이다. 이 문벌들중에서 나까도미씨는(가마꾜―가마다리라고도 함) 《대화정변》의 준비와 과정에서 주동적역할을 놀았으며 그후 그 공로로 후지하라는 씨를 받게 되고 7세기말이후 1류급문벌로 등용되였다. 가쯔라기씨와 고세씨, 오또모씨는 각각 야마또분지의 서남부와 동남부에 웅거한 유력한 문벌이였다.

⑦ 후네노 후비또 에사까는 소가노 에미시가 타도되면서 국가문서를 모조리 불사를 때 빠른 동작으로 그곳에 들어가 문서를 일정하게 건져내는데 기여를 하였다. 이 문벌은 성씨이름으로 보아 문필활동을 전문으로 하는 성씨였다. 《일본서기》 권20 민달기 원년(572년) 5월조에 의하면 야마또왕정에서 고구려로부터 보내온 《국서》를 해독하지 못하고있을 때 후네노 후비또의 조상 왕진이가 그것을 인차 번역하여 놀라게 하였다는 기록으로 보아도 이 문벌은 문필활동에서 능하였음을 알수 있다. 후네씨는 《성씨록》 셋즈지방에 사는 백제 귀수왕의 자손 다이아라왕의 후예로 되여있고 오사까부 하비노끼시 동북부에 후네씨묘지가 있는것으로 미루어 가와찌지방

― 226 ―

에서도 큰 세력을 이루고있었음을 알수 있다.

※ 후네노 후비또는 《일본서기》 권9 흠명기 14년(552년) 7월조에 세금을 장악통제하는 후네노 쯔까사로 임명된 백제왕족 왕진이의 후예로도 되여있다.

③ 구라노 야마다노 마로노 오미는 《대화정변》때 처음부터 나까노 오에와 공모한자로서 일명 소가노 구라노 야마다노 이시까와노 마로라고도 한다. 따라서 구라노 야마다씨는 소가씨계통의 한 갈래에 속하는 백제계통 문벌이다.

⑪ 중 밍은 7세기이전에는 이마끼노 아야히또 니찌몽이라고 하였는데 이때 《이마끼》는 일본땅에 새로 왔다는 말이고 《아야히또》는 아야사람-조선사람이라는것이며 《니찌몽》은 이름이다. 니찌몽은 608년 야마또가 수나라에 보낸 류학생 8명중의 한사람으로서 귀국후 야마또왕정에서 큰 역할을 놀았고 《대화정변》이후에는 정치의 최고고문으로까지 되였다.

⑩ 다까무꾸씨는 앞에서 본바와 같이 아야씨계통이다. 다까무꾸노 후비또 겐리는 중 밍과 함께 608년 수나라에 갔다온 류학생으로서 야마또왕정의 권력자로, 정치고문으로 된자이다.

《대화정변》의 우두머리인 ① 나까노 오에는 《일본서기》에 《서명천황》의 아들로 되여있으므로 백제계통으로 볼수 있다.

나까노 오에가 소가노 이루까를 처단한후 아야씨의 고장이며 백제사람들이 세운 법흥사(아스까사)에 들어간것은 그가 백제계통 사람이였기때문이다.

⑧ 아마노 이누가히씨는 그 이름표기에서 보는것처럼 《아마》— 조선계통이다.

⑬ 이누가미씨는 《신찬성씨록》 2권에 5세기이전 《천황》인 《경행》의 후예로 되여있으므로 백제, 가야 계통으로 볼수 있다.

이처럼 《대화정변》의 참가자들중 타도된 4문벌과 승리한 13문벌이 모두 조선계통, 주로는 백제계통 문벌이였다.

이러한 사실은 《대화정변》이 몰락해가는 조선계통 문벌(대토지소유자)들과 새로 자라난 조선계통 문벌(중소토지소유자)들사이의 권력싸움이였다는것을 보여준다. 《대화정변》과정에 후루히또 오에가 나까노 오에세력이 소가노 이루까를 쳐죽이는것을 보고 《가라히또(가야, 백제를 비롯한 조선이주민을 가리킴―인용자)가 구라쯔꾸리노 오미(소가노 이루까 백제이주민계통을 가리킴―인용자)를 죽였다.》라고 말한것은 이러한 사실을 정확히 반영한것이라고 볼수 있다.

《대화정변》이 당시 야마또왕정에서 패권을 쥔 백제를 위주로 한 조선이주민계통 문벌들에 의하여 단행된 권력다툼이였다는것은 고대일본 통일국가의 형성, 발전에서 논 백제이주민의 거대한 역할을 보여준것으로서 매우 흥미있는 일이다. 백제이주민들이 논 이러한 역할은 그후 사건들에서도 더욱 뚜렷이 찾아볼수 있다.

백제계통 문벌들이 일으킨 《대화정변》은 고구려의 적지 않은 영향을 받았다. 645년 나까도미를 비롯한 신진세력이 낡은 소가씨세력을 뒤집어엎고 전왕의 동생을 내세워 《천황》(효덕)으로 삼고 실권을 잡은 《대화정변》은 연개소문이 정변을 일으켜 부패타락한 낡은 세력을 타도하고 전왕의 조카를 내세워 국왕(영류왕)으로 삼아 정권을 잡은 고구려의 642년 무장정변과 류사한것으로서 그의 영향을 받은것으로 인정된다. 그리고 나까도미노 가마다리가 실권을 잡고 내신(內臣)이라고 칭한것도 막리지가 된 연개소문의 벼슬이 《내신》이였다는것과 같다.*

* 《조선전사》 3권, 과학백과사전종합출판사, 1991년판, 206～207페지

그러나 642년 연개소문이 일으킨 고구려의 무장정변은 고대일본의 645년 《대화정변》을 일으키는 원인으로 될수는 없었다. 그것은 앞에서 본것처럼 야마또왕정의 《대화정변》은 새것이 낡은것을 반대하는 고대일본사회발전의 필연적산물이였으며 여기서 주동적역할을 논것은 백제계통 문벌들이였기때문이다. 백제계통 문벌들이 야마또왕정에서 패권을 쥐고있었기때문에 고구려의 이러한 앞선 정치제도와 방법을 적극 받아들일수 있었던것이다. 물론 《대화정변》

에 참가한 고구려계통 문벌들에 대한 기록은 없으나 그들은 적지 않은 세력을 이루고있었으리라는것은 의심할바 없다.

일본학계에서 《대화정변》과 《대화개신》이 단행된것은 국정개혁을 위한 일본 사회발전의 필수적요구에 있었다고 하면서 성덕태자의 집권시에 실시된 신정치와 당나라류학생들의 귀국후 활동이 중요한 전제로, 계기로 되였다고 한다.*

❉ 《대화개신》, 이와나미서점, 1935년판, 6～15페지

성덕태자는 6세기말～7세기초 황태자로서 수십년간의 섭정기간에 우수한 고구려문화와 당시 시대적사조였던 불교를 적극 받아들이고 12품계 관위제정, 인재등용, 헌법발포 등 일정한 전제를 마련한것이 사실이다. 그런데 성덕태자는 바로 6세기말 《용명천황》의 아들이며 외편은 소가씨계통으로 되여있다.

※ 성덕태자의 본이름 우마야또(마구간문)는 말기르는 의미를 담고있는데 이것은 5세기 이전에 일본렬도에 온 아직기박사가 좋은 말을 가지고와서 말을 기르고 보급한 장소가 우마야사까라고 하는것(《일본서기》권2 응신기 15년 8월조)과 류사한 이름을 가지고있다. 이것은 기마술이 백제를 비롯한 조선에서 전해졌다는 사실과 결부해보면 성덕태자는 백제계통 문벌로서 이 문벌은 일본에 훌륭한 말과 기술을 전했다고 추측할수 있다.

12품계 관위제정은 성덕태자가 했다는 기록은 없으나 그가 당시 집권자이므로 그가 한것으로 보인다. 그런데 이 12품계 관위가 조선 특히 고구려의 관위와 제일 류사하다고 한다.(《일본고대국가의 연구》, 이와나미서점, 1966년판, 296～297페지)

그러므로 성덕태자는 백제계통 문벌로서 고구려의 우수한 문화를 적극 받아들이고 국정개혁사업도 일정하게 추진한 인물이였다고 볼수 있다.

6세기초중엽 당나라에 갔던 야마또왕정의 8명의 류학생들을 보더라도 그들은 모두 성덕태자가 보낸 인물로서 백제, 가야 계통이

였다.
　《일본서기》 권22 추고기 16년 9월조에는 608년 성덕태자가 당나라에 보낸 류학생 야마또노 아야노 아따히 후꾸잉, 나라노 오사 에묘, 다까무꾸노 아야히또 겐리, 이마끼아야히또 다이봉, 학문승 (학문을 배우는 중) 이마끼아야히또 니쩌몽, 미나부쩌노 아야히또 쇼앙, 시가노 아야히또 에옹, 이마끼아야히또 고사이 등이다.
　이들중 다까무꾸노 아야히또 겐리와 이마끼아야히또 니쩌몽은 앞에서 《대화정변》에 참가한 가야, 백제 계통으로 보았는데 이들은 이어 《대화개신》에서 고문의 역할을 하게 되였다.
　8명의 류학생들중 나라노 오사 에묘를 제외하고는 모두 야마또 《아야》씨, 이마끼《아야》씨로 되여있는데 야마또《아야》씨는 야마또지방의 《아야》씨란것이고 이마끼《아야》씨는 새로운 《아야》씨라는것이다. 그런데 《아야》씨는 강조한것처럼 가야, 백제를 위주로 하는 조선계통 문벌이다.
　나라노 오사 에묘는 가바네가 오사인것으로 보아 통역을 맡은 문벌로 볼수 있는데 《일본서기》의 이 문벌 해당 주석자는 하다씨라고 한다.
　그러므로 《대화정변》, 《대화개신》에 일정한 역할을 한 당나라 류학생들도 백제, 가야 계통으로 볼수 있다.
　결국 일본학자들이 말하는 《대화정변》과 《대화개신》의 중요한 전제, 계기를 마련한 성덕태자의 국정개혁사업과 당나라류학생들의 귀국후 활동도 조선계통 문벌들의 활동이였다는 결론을 내릴수 있다.

제2절. 663년 《백제지원출병》

　663년 《백제지원출병》에 대한 연구는 많이 진행되였는데 여기서 조일 두 나라 학자들의 견해는 상반되고있다. 이에 대한 우리 학계의 견해는 660년 백제의 멸망이 당시 야마또왕정에서 패권을 전 백제계통 문벌들의 흥망과 관련되는 중대한 문제이므로 고국을 회복하기 위하여 백제본국을 지원하였다는것이고 일본학자들의 견해는 백제가 야마또왕정의 《속국》이였기때문에 《대국》의 립장에서 백제를 지원하였다는것이다.

그러므로 오늘 《백제지원출병》의 진상을 옳게 밝히는것은 초기 조일관계사를 바로잡는데서 여전히 중요한 문제로 나선다.

여기서는 우리 학계의 성과에 토대하여 《백제지원출병》에 참가한 문벌들의 계통을 하나하나 밝혀 그들이 백제를 위주로 하는 조선계통이라는것을 론증함으로써 이 출병의 목적을 더 선명하게 하려고 한다.

645년 《대화정변》후 이 정변에서 주도적역할을 논 나까노 오에는 여러가지 사정으로 《천황》이 되지 못하였지만 《황태자》로 되여 나라의 실권을 틀어쥐고 모든 일을 좌지우지하였다. 그러나 그도 얼마 못가서 큰 권력자로, 대토지소유자로 자라남으로써 반대파(중소토지소유자)들의 반항을 면치 못하였다. 그런 속에서 660년을 전후하여 야마또국가의 대외관계도 매우 복잡해졌다. 이 시기 대외관계에서 가장 심각한 문제는 660년 7월 백제의 멸망과 관련하여 제기된 문제였다.

신라—당 련합에 의한 백제의 멸망은 당시 야마또왕정에 있어서 매우 놀라운 소식이 아닐수 없었다. 그것은 《대화정변》에서 본 것처럼 당시 야마또왕정에서 패권을 잡고있던 백제계통 문벌들에게 있어서 백제는 고국이였고 그로부터 장기간 많은 정치, 경제, 문화적 도움을 받고있었는데 백제가 망함으로써 이러한 밀접한 관계가 끊어지게 되였기때문이다.

그리하여 야마또왕정의 패권자들인 백제계통 문벌들은 국내외 정세가 복잡한 환경속에서도 저들의 고국인 백제를 어떻게 해서라도 회복하기 위하여 국내의 모든 힘을 돌려 《백제지원출병》을 단행하게 되였다. 《백제지원출병》, 이것은 백제계통 문벌들이 야마또왕정에서 자기들의 지반을 굳히기 위한 군사행동이였던것이다.

《백제지원출병》은 야마또왕정이 660년 10월에 백제의 유민들로부터 백제가 망하였다는 소식을 듣고 661년 8월 군대를 파견하는것 으로부터 시작하여 663년 8월까지 2～3년간에 걸쳐 진행되였다. 이 기간에 야마또왕정은 여러차례에 걸쳐 군대와 무기, 천, 량식 등 물자를 백제에 보내여 그를 지원하였다. 이때 파견된 야마또왕정의 군대들은 야마또에 와있던 백제왕자 풍장(부여풍이라고도 함)을 호위하여 백제로 가서 백제유민들과 함께 여러차례에 걸쳐 신라 및 당나라 군대와 싸웠다. 특히 663년 3～8월에는 수만명의 야마또군대가 동원되여 백제유민들과 함께 백촌강(금강하구)에서 치렬한 격전을 벌리였다. 그러나 력량상 차이 등으로 말미암아 야마또군대는 끝내 실패하게 되였다.

그런데 이 《백제지원출병》에 동원된 야마또군대의 조직자이며 지휘관들인 주요인물들도 대부분 백제를 위주로 한 조선계통 이주민출신이였다.

《백제지원출병》에 동원된 주요인물들을 《일본서기》 권27 천지기 즉위전기 2년조에서 찾아보면 다음과 같다.

① 나까노 오에
② 아즈미노 히라부노 무라지
③ 가와베노 모모에노 오미
④ 아헤(아베)노 히께다노 히라부노 오미
⑤ 모노노베노 무라지 구마
⑥ 모리노 기미 오이와
⑦ 사이노 무라지 아지마사
⑧ 하다노 미야쯔꼬 다구쯔(에찌노 다구쯔)
⑨ 가미쯔께노노 기미 와까꼬
⑩ 하시히또노 무라지 오후따
⑪ 고세노 가무사끼노 오미 오사
⑫ 미와노 기미 네마로
⑬ 오야께노 오미 가마쯔까
⑭ 이호하라노 기미 오미

※ 《일본서기》 주석자는 권27 천지기 즉위전기 8월조에 나오는 하다노 미야쯔꼬 다구쯔와 원년 12월조에 나오는 에찌노 다구쯔를 같은 인물로 보면서 원래 성은 에찌노 하다노 미야쯔꼬라고 하였다. 하다노 미야쯔꼬 다구쯔와 에찌노 다구쯔가 같은 인물이라는데 대해서는 수긍되지만 《에찌노 하다노 미야쯔꼬》를 성 즉 가바네로 보는것은 찬성할수 없다. 에찌노 하다는 복씨이며 미야쯔꼬만이 성(가바네)인것이다. 복씨인 에찌노 하다씨중 하다씨는 고대일본성씨에서 가장 큰 문벌의 하나였던것을 념두에 두면 하다씨가 원씨이고 에찌씨는 가지씨였다고 볼수 있다. 말하자면 하다씨중의 에찌씨인데 필법상 가지씨를 먼저 썼다고 볼수 있다.

그러면 《백제지원출병》에 동원된 주요인물들의 계통을 따져보자.

《백제지원출병》의 조직자이며 중심인물인 ① 나까노 오에는 이미 《대화정변》때 본바와 같이 백제계통 출신이였다. 나까노 오에가 국내외정세가 복잡한 속에서도 수년간 군사를 동원하여 백제를 지원한것은 바로 그가 백제출신 우두머리였던 사정과 관련된다.

③ 가와베(가와헤)씨, ④ 아베(아헤)씨, ⑤ 모노노베씨, ⑧ 하다씨, ⑪ 고세씨, ⑬ 오야께씨 등이 백제, 가야 계통이라는것은 앞에서 여러번 강조되였다.

⑥ 모리씨와 ⑩ 하시히또씨는 《천황》 및 《아마》신의 자손으로 된 문벌이다. ⑥ 모리씨는 《신찬성씨록》 3권, 9권에 좌경과 가와찌국에 사는 《경행천황》의 후손으로, 같은 책 19권에는 가와찌국에 사는 《아마》계통 우두머리인 후르무스비노 미꼬도의 후손으로 되여있으며 ⑩ 하시히또씨(하시우또씨)는 성씨록 2, 6권에 좌경과 야마시로국에 사는 《중애천황》의 후손으로, 같은 책 12권에 좌경에 사는 《아마》계통 우두머리인 가미무스비노 미꼬도의 후손으로 되여있다.

⑨ 가미쯔께노씨는 《일본서기》 권5 숭신기 48년 4월조와 그밖의 기록에 《숭신천황》의 자손으로, ⑭ 이호하라씨는 성씨록 5권에 우경에 사는 《효령천황》의 자손으로 기록되였다.

5세기이전 《천황》, 《아마》의 자손이라고 한 우의 문벌들은 대체로 백제, 가야 계통으로 볼수 있다.

① 사이씨는 성씨록 11권, 16권, 17권에 좌경과 야마시로국, 야마또국에 사는 북규슈 《아마》계통 《신》인 니기하야히노 미꼬도의 자손문벌로 되여있다.

② 아즈미씨는 성씨록 15권에 우경에 살고있는 와다(아마)노 가미와다쯔미도요다마히꼬노 미꼬도의 자손문벌로 된 《아마》계통 문벌이다.

이처럼 《백제지원출병》에 동원된 유력한 14문벌의 절대다수인 13문벌이 대체로 백제계통이고 나머지 문벌도 조선계통이였다. 다시말하여 《백제지원출병》을 조직한 나까노 오에를 비롯한 최고위급 인물도 이 출병에 앞장선 장수들도 거의 모두가 백제적색채가 짙은 조선계통인것이다.

이것은 당시 야마또왕정이 국내외정세가 복잡한 환경속에서도 반대파들의 반항을 물리치면서 백제지원에 동원되지 않으면 안되였다는 사정과 결부해보면 더욱 뚜렷해진다.

이렇게 놓고보면 《백제지원출병》의 목적이 명백해진다. 《백제지원출병》직전 야마또왕정에서 패권을 쥔 문벌들이 백제를 위주로 한 조선계통이였으므로 그들은 자기의 고국이며 당시 정치, 군사, 문화적 영향을 많이 받던 백제의 존망이 저들 문벌의 흥망성쇠와 관련된 매우 중대한 문제로 되였기때문에 백제를 지원하여 군대를 보냈던것이다.

결국 《백제지원출병》은 일본어용학자들이 말하는것처럼 야마또왕정에게 복속된 백제에 대한 지원 즉 《야마또왕정의 남부조선지배의 마지막여운》이 아니라 그와 정반대로 백제에 복속된 야마또국가의 지원 즉 야마또왕정에서 패권을 쥔 백제이주민출신들이 고국을 수복하고 떠받들려는 강렬한 마음의 표현이였다고 결론지을수 있다.

《백제지원출병》이 실패로 끝난 다음에 야마또왕정에서 출병을 조직한 백제이주민세력들은 대부분 그 책임을 지고 점차 몰락하였다. 그러나 그후 전처럼 강하지는 못하였지만 백제를 비롯한 조선계통의 다른 이주민들이 대두하여 다시 패권을 잡게 되였다.

제3절. 672년 《임신의 란》

  지난 시기 일본학계에서는 《임신의 란》에 대하여 많은 연구를 진행하였다. 이 연구는 《임신의 란》의 원인과 과정, 의의, 황위계승문제, 당시 국제관계 등 여러 면에서 전개되였다고 볼수 있다.
  그러나 《임신의 란》에 참가한 문벌들의 계통에 대한 문제는 덜 언급되였고 특히 여기에 참가한 조선계통 문벌들의 지위와 역할에 대해서는 거의 무시되였다. 우리 학계에서도 이에 대한 연구사업은 거의 없었다.
  그러므로 《임신의 란》에 참가한 문벌들에 대해서도 전면적으로 해부하며 또 그것을 통하여 《임신의 란》의 성격을 밝혀보려고 한다.
  《백제지원출병》의 실패는 당시 권력자인 나까노 오에를 우두머리로 하는 야마또왕정의 지반을 밑뿌리채 뒤흔들어놓았다. 막대한 군사력과 군수물자의 소비, 《백제지원출병》에서 오는 정치적타격과 반대파들의 반항 등은 나까노 오에왕정을 헤여날수 없는 궁지에 몰아넣었다.
  나까노 오에는 저들의 실패를 만회하고 반대파들의 반항을 무마하여 새로운 지반을 닦기 위하여 667년 오미(시가현)지방으로 수도를 옮긴후 그다음해 1월에 《천황》(《천지천황》)으로 즉위하였다. 그러나 그후에도 개별적문벌들의 파벌싸움과 토지겸병으로 나까노 오에왕정(오미로 천도한후 오미왕정이라고도 함)은 분렬되고 점차 무녀져 갔다.

  ※ 667년 오미에로의 천도는 야마또왕정이 새 지반을 닦기 위해 고구려와의 련계를 강화하려는데도 목적이 있었다.(《조선전사》 3권, 1991년판, 207페지)

이러한 가운데 671년 12월 《천지천황》이 죽자 《천황》자리를 둘러싸고 다음해 임신년에 내란이 벌어졌는데 이것이 바로 《임신의 란》이다. 싸움은 나까노 오에의 아들 오또모왕자와 아우 오시아마(오아마라고도 함)왕자사이에 벌어졌는데 여기에 많은 문벌들이 참가한것으로 하여 매우 큰 싸움으로 되였다.

원래 《천지천황》은 죽기 몇해전부터 앓아누워있으면서 《천황》자리에 오시아마왕자를 앉히려다가 그가 병이 많아 할수 없다고 거절하자 아들 오또모왕자를 왕태자로 삼았다.

때문에 오또모왕태자는 당시 수도였던 오미에 있으면서 《천지천황》을 보좌하게 되였고 671년 1월에는 당시 최고관직인 태정대신으로까지 승급하여 나라의 모든 권력을 틀어쥐게 되였다.

한편 병이 많아서 산속에 들어가 《공덕》을 닦겠다고 맹세한 오시아마왕자는 요시노(나라현)에 가서 중이 되였다. 그러나 막상 《천지천황》이 죽자 《천황》자리를 차지하려고 책동하게 되였다. 오또모왕태자는 자기보다 지략이 높은 삼촌 오시아마왕자가 《천황》자리를 빼앗을가봐 두려워 병력을 증강하고 곳곳에 감시병을 세우는 등 자기의 군사적지반을 다져나갔다. 이렇게 되자 신변의 위험을 느낀 오시아마왕자는 처음에는 비록 력량이 약하였지만 오또모왕태자를 맞받아싸울 결심을 하게 되였다.

오시아마왕자는 무엇보다먼저 자기의 군사, 경제적 지반이 마련되여 있는 동국지방(미노국—기후현, 오하리국—아이찌현)에 들어갈것을 결심하고 6월에는 무라구니노 무라지 오요리 등을 보내여 그곳의 군대를 일으켜 오미로 가는 길을 막게 하였으며 24일에는 오기다노 기미 에사까 등을 아스까의 옛 수도에 보내여 역참말을 얻어오게 하고 계속하여 오미에 남아있는 자기 아들들을 불러오게 하였다.

이런 준비에 기초하여 오시아마왕자는 요시노를 떠나 동국지방으로 들어갔는데 그 진군은 밤낮으로 행군하기도 하고 비를 맞고 한지에서 휴식해야 하는 등의 간고한 길이였다. 그들의 첫 로정은 간고하였으나 당시 오시아마왕자가 오또모왕태자보다 신망이 높고

지략이 높았던탓으로 하여 곳곳에서 많은 문벌세력들이 투항하거나 합류하였다. 오시아마왕자는 자기의 력량을 강화하기 위하여 찾아오는 문벌들과 그 군사들을 정비하는 한편 사람을 여러곳에 보내여 군사를 모집하여 늘구어나갔다.

그리하여 우세를 차지한 오시아마왕자는 7월초부터 오또모왕태자에 대한 총공격에로 넘어갔다. 기노 오미 아헤마로가 이끈 수만명의 군대는 이세지방(미에현)을 거쳐 야마또방면(나라현)으로, 무라구니노 무라지 오요리가 이끈 부대는 후와고개를 넘어 오미방면으로 각각 진격하게 되였다. 2일에는 후와―오미방면에서 싸움이 벌어졌는데 후와고개를 지키고있던 오시아마왕자군대에 위압되여 오또모왕태자의 아베왕부대는 싸움도 못해보고 흩어졌으며 다마꾸라읍을 습격하던 오또모왕태자의 다른 부대도 쫓겨났다. 이날 오또모왕태자의 장수 하다노 기미 야구니가 자기 족속들을 데리고 오시아마왕자에게 투항하였다.

4일에는 야마또지방인 나라산에서 오시아마왕자의 장수 후께히와 오또모왕태자의 장수 오노노 기미 하다야스 사이에 큰 싸움이 벌어졌는데 처음에 후께히는 패배당하였지만 인차 력량을 재수습하여 반격을 가하였다. 5일에는 오시아마왕자의 장수 오노 오미 호무찌가 다라노군영을 습격하려고 달려드는 오또모왕태자의 별장 다나베노 오스미부대를 격퇴하였고 7일과 9일, 13일에는 오시아마왕자의 장수 무라구니노 무라지 오요리가 오끼나까의 요꼬강과 도꼬산, 야스강가들에서 오또모왕태자의 군대를 련속 격파하였다.

17일에는 세다에서 다리를 사이에 두고 큰 싸움이 벌어졌는데 화살이 비오듯 쏟아지는 속에서도 오기다노 기미 와까미가 먼저 돌진하여 상대편을 와해시키자 뒤따라 오시아마왕자의 군대가 갑자기 들이치는 바람에 오또모왕태자의 군대는 거의 녹아나고 왕태자자신도 겨우 살아나 도망하였다. 23일에는 도망가는 오또모왕태자의 군사에 대한 총공격이 벌어졌는데 여기서 오또모왕태자는 산속에 숨었다가 자살하고 나머지는 잡혀죽거나 흩어졌다.

오시아마왕자가 결정적승리를 이룩하게 되자 주변의 많은 **구니**

노 미꼬도모쩌들과 문벌세력들이 그에게 복속하여왔다. 그리하여 오시아마왕자는 오미지방은 물론 야마또, 나니와 지방까지 평정할 수 있었다. 8월에는 살아남은 오또모왕태자의 세력을 처리하고 오시아마왕자의 문벌세력들에 대하여 평가하는 사업이 진행되였다.

이처럼 《임신의 란》은 6월에 싸움이 벌어지기 시작하여 7월에 본격적인 싸움이 진행되였으며 8월에는 종결되였다. 이 싸움에서 이긴 오시아마왕자는 《천황》(《천무천황》)으로 즉위하였고 싸움에서 공로있는자들로써 왕정이 꾸려졌다.

《임신의 란》에 참가한 인물들을 《일본서기》 권28 천무기 즉위전기, 원년조에 의해 찾아보면 다음과 같다.

타도된 구세력

① 오또모왕자
② 이나노 기미 이와스끼
③ 후미노 아따히 구스리
④ 오시사까노 아따히 오마로
⑤ 호즈미노 오미 모모다리와 그 동생 이호에
⑥ 모노노베 오비또 히무까, 모노노베 무라지 마로
⑦ 사헤끼노 무라지 오도꼬
⑧ 고세노 오미 히또
⑨ 소가노 오미 하따야스, 소가노 오미 아까에
⑩ 오노노 기미 하따야스
⑪ 다나헤(다노베)노 오스미
⑫ 하다노 기미 야구니, 하다노 도모다리
⑬ 하지노 무라지 지시마
⑭ 이누가히노 무라지 이기미
⑮ 다니노 아따히 시호데
⑯ 나까또미노 무라지 가네
⑰ 이끼노 후비또 가라구니

⑱ 구메노 오미 시호꼬
⑲ 구스노 오미 이와떼
⑳ 사까히베노 무라지 구스리
㉑ 이호이노 미야쯔꼬 구지라
㉒ 고소헤노 오미 오구찌

이밖에 오또모세력으로서는 여러 인물들이 나온다. 지송은 7월 13일 세다전투에서 오시아마왕정의 부하인 오요리 등의 공격을 물리치는 싸움에 앞장섰다가 죽은 인물로서 씨도 성도 알수 없다. 따라서 그 계통과 문벌을 밝힐수 없으므로 문벌수에 포함시키지 않는다.

그리고 다까사까왕과 와까사왕, 야마베왕, 이시가와왕들은 《천지천황》의 먼 친척들로서 오또모왕자와 같은 《천황》계통 문벌들이므로 오또모왕자의 문벌수에 넣는다.

승리한 신진세력

① 오시아마왕자
② 무라구니노 무라지 오요리
③ 와니베노 오미 기미떼
④ 무게(무게쯔)노 기미 히로
⑤ 오기다노 기미 에사까, 오가다노 기미 와까미
⑥ 기후미노 미야쯔꼬 오또모
⑦ 에노이노 무라지 오기미
⑧ 아가따이누가히 무라지 오또모
⑨ 오또모노 무라지 도모구니, 오또모노 무라지 마구다와 그의 아우 후께히, 오또모노 에노모또노 무라지 오구니, 오또모노 무라지 야스마로
⑩ 와까사꾸라베노 오미 이호세
⑪ 후미노 오비또 네마로, 후미노 아따히 지도꼬

⑫ 야마시로노 아따히 오바야시, 야마시로베노오다
⑬ 아또노 무라지 지도꾜, 아또노 무라지 아까후
⑭ 쯔끼노 오비또 아후미
⑮ 다미노 아따히 오히, 다미노 아따히 오시비
⑯ 아까소메노 미야쯔꼬 도꼬다리
⑰ 오꾸라노 아따히 히로스미
⑱ 사까노 우에노 아따히 구니마로, 사까노 우에노 아따히 구마께, 사까노 우에노 아따히 오끼나
⑲ 후루이찌노 구로마로
⑳ 다께다노 다이도꾸
㉑ 이까고노 오미 아헤
㉒ 미야께노 무라지 이와도꼬
㉓ 미와노 기미 고비또, 미와노 기미 다께찌마로
㉔ 다나까노 오미 다리마로
㉕ 다까다노 오비또 니히노미
㉖ 나니와노 기시 미쯔나
㉗ 고마다노 수구리 오시히또
㉘ 야마노헤노 기미 야스마로
㉙ 오하리다노 이떼
㉚ 하즈까시베노 시끼
㉛ 지히사꼬베노 무라지 사히찌
㉜ 베노 무라지 가베미
㉝ 누리베노 도모세
㉞ 하지노 무라지 우마떼
㉟ 하다노 미야쯔꼬 구마
㊱ 사미노 기미 스꾸나마로
㊲ 가모노 기미 에미시
㊳ 아야노 아따히
㊴ 다기마노 기미 히로시마
㊵ 기노 오미 아헤마로, 기노 오미 오또

— 240 —

㊶ 오(多)노 오미 호무찌
㊷ 이즈모노 오미 고마
㊸ 오끼소메노 무라지 우사기
㊹ 아라다오노 아따히 아끼마로
㊺ 이미베노 오비또 고비또
㊻ 사까모또노 오미 다까라
㊼ 나가오노 아따히 마스미
㊽ 구라가끼노 아따히 마로
㊾ 아후노 오미 시마
㊿ 사헤끼노 무라지 오메
㉛ 다니노 아따히 네마로
㉜ 구루꾸마왕과 그 아들 미노왕, 다께이혜왕

 이밖에도 ① 오시아마왕자세력으로서는 다께찌왕자, 오쯔왕자, 구사까베왕자, 오사까베왕자 등 인물들이 나오는데 이 인물들은 다 오시아마왕자의 아들들이다. 따라서 그 계통은 오시아마왕자와 같은 《천황》계통이라고 볼수 있으므로 오시아마왕자 문벌수에 포함시킨다.
 ⑨ 오또모노 에노모또는 오또모씨와 에노모또씨가 겹친 복씨이다. 오또모씨는 고대일본의 위력한 문벌이였고 또 복씨의 순위로 보아도 오또모씨가 원씨이고 에노모또씨가 가지씨라고 볼수 있으므로 전체로는 이 문벌을 오또모씨계통에 넣는다.
 이처럼 《임신의 란》에 참가한 주요 문벌은 대체로 70여씨로 볼수 있다.
 그러면 《임신의 란》에서 타도된 구세력인 오또모왕태자집단의 인물들로부터 그 계통을 보기로 하자.
 앞에서 본것처럼 ③ 후미씨, ④ 오시사까씨, ⑤ 호즈미씨, ⑥ 모노노베씨, ⑦ 사헤끼씨, ⑧ 고세씨, ⑨ 소가씨, ⑫ 하다씨, ⑯ 나까도미씨, ⑱ 구메씨, ⑳ 사까히베씨들은 백제, 가야 계통으로, ⑬ 하지씨는 신라계통으로 보았다. ② 이나(이나베)씨는 셋쯔국의 이나강류역에 사는 백제, 신라 계통 문벌이였다.
　⑮ 다니씨는《신찬성씨록》22, 25권에, ⑰ 이끼씨는 같은 책 21, 23권에 각각《아야》계통의 후손으로 되여있다. ⑰ 이끼노 후비또 가라구니의 가라구니는 출신국인 가라—가야국의 이름을 따서 표기하고 이끼씨는 가야국과 북규슈지방사이에 있는 이끼섬을 가리킨것일 것이다. 이 문벌은 가야국 출신으로서 일본렬도에로의 진출시 그 첫 대상지의 하나인 이끼섬에 본거지를 두었다고 볼수 있다. 이끼씨는 가바네가 후비또인것으로 보아 문필활동을 전문으로 하는 문벌일것이다. ⑭ 이누가히씨는 씨이름 그대로 개를 기르거나 관리하는 문벌로서 군사, 정찰 임무에 많이 동원되였다. 이 문벌은《신찬성씨록》12권과 18권에 좌경과 셋쯔국에 사는 가미무스비노 미꼬도의 자손문벌로 된 조선계통이다.
　구세력의 우두머리인 ① 오또모왕자는《천지천황》(나까노 오에)의 아들이며 그 이름 오또모는 백제계통 문벌 오또모씨가 칭한 이름과 같다. 다까사까왕 등도 오또모왕자와 같은 계통이므로 백제계통으로 볼수 있다. ⑩ 오노씨와 ⑪ 다나헤(다노배)씨는《신찬성씨록》4권에 우경에 사는《숭신천황》의 아들인 도요끼이리히꼬노 미꼬도의 후손으로 되여있다. ㉒ 고소헤씨는 고소베라고도 하는데《신찬성씨록》2권과《일본서기》해당 문벌에 대한 주석에 아베씨와 조상이 같다고 씌여있다. 아베씨는 앞에서 본바와 같이《경행천황》의 후손이다.《천황》의 자손문벌이라고 칭한 우의 문벌들은 백제계통으로 볼수 있다. 이밖에 ⑲ 구스씨, ㉑ 이호씨 등은 원주민계통으로 보인다.
　이처럼 타도된 오또모집단은 22문벌중 20문벌이 조선계통이였음을 보여준다.
　다음으로 오시아마왕자집단에 대하여 보기로 하자.
　③ 와니베씨, ⑨ 오또모씨, ⑪ 후미씨, ㉓ 미와씨, ㉞ 하지씨, ㉟ 하다씨, ㊳ 아야씨, ㊿ 사헤끼씨, ㉛ 다니씨 등은 앞에서 본바와 같이 백제를 위주로 한 조선계통 문벌이다.
　⑭ 쯔끼씨와 ⑮ 다미씨들은 명백히 백제국사람 노리사주(누리노

오미)의 자손으로 된 문벌이다. 쯔끼씨는 좌경에, 다미씨는 우경과 야마시로국에 거주하고있었다. 쯔끼(調)씨는 씨이름으로 보면 공물과 관련된 문벌이나 5세기이전에 양잠과 방직을 전문으로 하였다는 것으로 보아 양잠과 방직을 잘하는 기술집단이였다고 인정된다.

⑲ 후루이찌씨는 《신찬성씨록》 28권에 가와찌국에 사는 백제국 호왕의 후손이라고 하였다. 당시 가와찌국 후루이찌군은 후루이찌씨들이 살던곳으로서 이 문벌이 매우 번성하였음을 보여준다. 이곳에는 일본에서 두번째로 큰 다이셍 무덤을비롯한 백제, 가야 계통의 후루이찌무덤떼가 있다는것이 앞에서 언급되였다.

⑥ 기후미씨는 야마시로국 구세군(교또부)에 본거지를 둔 문벌로서 기부미씨라고도 한다. 이 문벌은 《신찬성씨록》 25권에 야마시로국에 사는 고구려국 구사기왕의 후손으로 되여있다.

㉕ 다까다씨와 ㉖ 나니와씨는 《신찬성씨록》 24권에 각각 우경에 사는 고구려사람 다고사주와 고구려 호태왕(광개토왕)의 후손으로 되여있다. 나니와씨는 같은 책 9권에 가와찌국에 사는 《효원천황》의 후손으로도 되여있는데 5세기이전 《천황》의 후손이라면 백제, 가야 계통이다. 한개 씨에 고구려와 백제 두 계통의 문벌들이 있었을수 있다. 더우기 고구려와 백제는 매우 밀접한 관계에 있었으므로 두 계통 이주민이 같은 씨를 칭할수 있었던것이다.

㉒ 미야께씨는 《신찬성씨록》 24권과 27권에 각각 좌경과 셋쯔국에 사는 신라왕자 아메노 히보꼬(천일창)의 후손이라고 되여있다. 또한 이 문벌은 같은 책 8권에는 셋쯔국에 사는 《효원천황》의 자손 문벌로, 28권에는 가와찌국에 사는 《아야》계통 씨로도 되여있다. 따라서 미야께씨에는 신라계통도 있었고 백제계통도 있었던것으로 보인다.

⑦ 에노이씨에 대하여 《일본서기》 해당 주석자는 모노노베씨계통이라고 하였다. 《일본서기》 권25 효덕기(대화원년) 4년 11월조에 모노노베노 에노이노 무라지 시비가 나오는데 이 인물들의 씨는 복씨로서 에노이씨가 모노노베씨의 가지씨라고 볼수 있다. 이것은 에노이씨를 모노노베씨계통으로 볼수 있다고 한 《일본서기》 주석자의

말이 옳다는것을 보여준다. 모노노베씨는 앞에서 본바와 같이 백제 계통 문벌이다. 한편 에노이씨는 《신찬성씨록》 20권에 이즈미국에 사는 니기하야히노 미꼬도의 후손으로 되여있다. 에노이씨는 여러 모로 보아 백제계통 문벌이라는것이 명백하다.

⑩ 와까사꾸라베씨의 발생유래에 대하여 《일본서기》 권12 리중기 3년 11월조에 다음과 같이 전한다. 《천황이 두 배를 이와레노 이찌시못에 띄우게 하고 황비와 각각 나누어타고 놀았다. 가시하데노 오미 아레시가 술을 (《천황》에게) 올렸는데 이때 사꾸라꽃이 술잔에 떨어졌다. 천황이 이상하게 여겨 곧 모노노베노 나가마이노 무라지를 불러 말하기를 〈이 꽃이 때아닌 때에 왔는데 어디의 꽃인가. 네가 스스로 구해보라〉고 하였다. 나가마이노 무라지는 홀로 꽃을 찾아다니다가 와끼노 가미노 무로산에서 얻어 바쳤다. 천황이 그 희귀함을 기뻐하며 곧 왕궁이름으로 삼아 이와레노 와까사꾸라궁이라고 하였다. …이날 나가마이노 무라지의 본래의 성을 고쳐 와까사꾸라베노 미야쯔꼬라고 하고 또 가시하데노 오미 아레시를 이름붙여 와까사꾸라베노 오미라고 하였다.》

결국 와까사꾸라베씨는 모노노베씨와 가시하데씨에서 나왔다고 볼수 있다. 그런데 모노노베씨와 가시하데씨는 백제, 가야 계통이다.

한편 와까사꾸라베씨도 아헤씨, 다까하시씨 등과 같은 조상에서 갈라진 문벌로서 《신찬성씨록》 4권에 역시 《효원》의 후손으로, 같은 책 20권에 북규슈 《아마》우두머리계통인 니기하야히노 미꼬도의 후손으로 되여있다. 따라서 와까사꾸라베씨는 여러모로 보아 백제출신 문벌이라고 인정된다.

⑫ 야마시로(베)씨는 《신찬성씨록》 16권에 야마시로국에 사는 아마쯔히꼬네노 미꼬도의 후손으로 되여있는 조선계통이다. ⑯ 아까소메씨는 씨이름 그대로 붉은 염색을 맡은 기술집단문벌이다. 후에 이 문벌은 도꾜요(《쯔네요》라고도 한다)라는 씨를 받았는데 도꾜요는 《신찬성씨록》 21, 23, 28권에 각각 좌경, 우경, 가와찌국에 사는 《아야》계통이라고 하였다. 이것은 아까소메씨가 후에 씨이름은

변하였지만 《아야》씨계통으로서 조선이주민계통이라는것을 말해 준다.

그런데 《신찬성씨록》 30권에 가와찌국에 사는 고구려국출신의 고마노 소메씨가 보이고 《일본서기》 권22 추고기 18년(610년) 3월 조에 고구려중 담징이 일본에 가서 채색, 종이, 먹을 전한것으로 되여있는것으로 미루어보면 아까소메씨는 고구려계통이였다고 인정된다.

⑰ 오꾸라(大藏)씨는 씨이름 그대로 큰 창고를 맡아보는 문벌로서 야마또아야씨의 한 갈래이다.(《일본서기》 권28 천무기 원년 6월 조 주석참고) 한편 ⑱ 사까노 우에씨와 ㊼ 나가오씨, ㊽ 구라가끼씨들도 《아야》씨의 일족들로서 역시 가야, 백제 계통 문벌로 볼수 있다.

신진세력의 우두머리인 오시아마왕자(후에 《천무천황》으로 됨)는 《천기천황》의 아우이므로 백제계통이다.

이밖에 오시아마왕자편의 《천황》계통 문벌들을 《신찬성씨록》을 통해 보면 다음과 같다.

④ 무게씨―《경행》(3권), ⑳ 다께다씨―《효원》(2권), ㉔ 다나까씨―《효원》(4권), ㉘ 야마노혜씨―《수인》(5, 8권), ㉙ 오하리다씨―《효원》(4권), ㉛ 지히사꼬베씨―《신무》(2권), ㉜ 네씨―《효소》(10권), ㊱ 사미씨―《숭신》(4권), ㊲ 가모베씨―《개화》(3권), 《숭신》(30권), ㊴ 다이마씨―《용명》(1권), ㊼ 기씨―《효원》(2, 4권), ㊶ 오씨―《신무》(2권)

⑤ 오기다씨는 원래 붕고국 오이따군(지금 오이따현 오이따군과 오이따시)에 본거지를 둔 문벌로서 어느한 시기에 그 일부 세력이 기나이지방으로 들어갔다. 이 문벌은 《고사기》 신무기에 《신무천황》의 후손으로 되여있다.

오시아마왕자편의 《아마신》계통의 문벌들을 《신찬성씨록》을 통해보면 ⑧ 아까따이누가히씨는 2권에 가미무스비노 미꼬도의 자손으로, ⑬ 아또씨와 ㉑ 이까고씨는 11, 16, 18, 20권들에 각각 기미니기하야히노 미꼬도와 쯔하야무스비노 미꼬도의 자손으로, ㉚ 하즈까시

― 245 ―

베씨는 16권에 가미무스비노 미꼬도의 자손으로, ㉒ 이즈모씨는 12, 14, 16, 19권 등에 아마노 호히노 미꼬도의 자손으로 각각 되여 있다.

㊸ 오끼소메(置始)씨는 오꾸라씨, 하세씨와 같은 갈래라고 볼수 있다. 《신찬성씨록》 12권에 오꾸라 오끼소메씨가 나오고 14권에 하세노 오끼소메씨가 나오는데 오끼소메씨는 오꾸라씨 또는 하세씨의 가지씨로서 한계통이라고 말할수 있다. 성씨록에 오꾸라 오끼소메씨는 아까따이누가히씨와 같은 조상인 가미무스비노 미꼬도의 후손으로 되여있고 하세노 오꾸라씨는 우네메씨와 같은 조상인 (가미)니기하야히노 미꼬도의 후손으로 되여있다. 그러므로 오끼소메씨는 《아마》-조선계통으로 볼수 있다.

《천황》, 아마계통 《신》의 자손으로 되여있는 우의 문벌들은 대체로 백제를 위주로 한 조선계통으로 볼수 있다.

㉗ 고마다(駒田)씨는 씨이름을 가지고도 그 계통을 짐작할수 있다. 《고마》는 고대일본 문헌에 많이 나오는데 5세기이전에는 백제를, 그후에는 고구려를 가리켰다. 그러므로 고마다씨는 백제 또는 고구려계통이라고 짐작된다.

나머지 ② 무라구니씨, ㉝ 누리베씨, ㊹ 아라다오씨, ㊺ 이미베씨, ㊾ 아후씨들은 원주민계통으로 보인다.

이처럼 오시아마왕자의 집단 51문벌도 5문벌을 제외하고는 대체로 조선계통이였다. 이것은 《임신의 란》에서 타도된 집단이나 승리한 집단인 73문벌들의 대부분이(7문벌을 제외하고) 조선이주민의 후예라는것을 보여준다.

이렇게 놓고볼 때 《임신의 란》은 일본왕정에서 패권을 쥐고있던 조선계통 문벌들의 마지막으로 되는 큰 세력싸움이였다고 말할수 있다.

이와 같이 7세기중엽 《대화정변》, 《백제지원출병》, 《임신의 란》에 참가하여 중요한 역할을 한 인물들은 대체로 백제를 비롯한 조선계통 문벌출신이였다.

《임신의 란》에 참가한 문벌들은 그 이전 《대화정변》, 《백제지원출병〉에 참가한 문벌들에 비하여 그 계통과 족보에서는 일련의 차이가 있었을것이다. 그것은 《대화정변》, 《백제지원출병》때까지만 해도 여기에 참가한 문벌들의 경우 그 계통과 족보상의 가탁 그리고 문헌기록상의 외곡이 그리 심하지 않았던것으로 보인다. 그러던 것이 고국 백제의 멸망과 그에 대한 지원출병의 실패이후 당시 일본왕정에서 패권을 쥐고있던 백제계통 문벌들은 다시 회복될수 없는 백제를 점차 잊어버리고 백제를 멸망시킨 신라를 적대시하게 되였으며 이것은 아울러 조선계통 이주민과 그 후예들의 원주민화, 토착화를 동반하게 되였다.

이것은 그후 일본렬도에서 반신라, 반조선적인 소동으로 번져갔으며 그 결과 8세기초 《일본서기》 등 옛 문헌들의 편찬시 문벌들의 가탁과 외곡이 심하게 나타나게 되였고 지어 백제, 고구려까지 야마또국가의 속국으로 만드는 등의 위조행위까지 벌어지게 되였던 것이다.

그러나 아무리 가탁과 오기, 위조가 적지 않았다 하더라도 따지고 보면 조선계통 문벌들이 많았던것이다. 그러므로 《백제지원출병》이후 일본왕정과 일본렬도내 조선계통 문벌들에 대해서는 조작과 가탁이 많았으므로 이 점을 참고하여 여유있게 보아야 한다.

초기조일관계의 진면모가 그처럼 외곡되고 가리워진것은 주로 당나라를 끌어들여 동족의 나라인 백제, 고구려를 멸망시킨 신라통치배들의 배족행위때문이다.

만약 신라통치배들이 외세를 끌어들여 백제, 고구려를 멸망시키지 않았더라면 밀접하였던 초기조일관계 즉 고대일본의 정치, 군사, 문화의 모든 령역에서는 조선이주민들의 창조적활동과 선도적인 역할은 계속되였을것이고 조일관계자료도 그렇게까지 외곡되지 않았을것이다.

이처럼 조선이주민들은 고대일본의 중심지 기나이지방에 많이 진출, 정착하여 큰 세력을 이루고있었고 커다란 정치, 문화적 영향을 주었으며 야마또왕정의 국토통합에서 주동적역할을 하였다는것을 보여준다.

력사적사실이 이러한만큼 야마또왕정이 한때 남부조선을 지배하였다는 《미마나 미야께》설은 도저히 성립될수 없는 망설이라는것이 명백하다.

참으로 고대일본의 중심지의 하나인 기나이지방은 조선이주민들에 의하여 개척되고 발전하였다.

**고대일본 기나이지방의 조선계통
문벌들에 관한 연구**

집필 김은택 편집 박득준 장정 김기봉 교정 전소녀

펴낸곳 **사회과학출판사**
인쇄소 **평양종합인쇄공장**

인쇄 1993년 3월 10일 발행 1993년 3월 15일

ㄱ—35111

海外우리語文學硏究叢書 94

고대일본 기나이지방의
조선계통 문벌들에 관한 연구

1996년 6월 10일 인쇄
1996년 6월 20일 발행

저 자 김은택
발 행 사회과학출판사
영 인 **한국문화사**
　　　133-112
　　　서울시 성동구 성수1가 2동 13-156
　　　전화 464-7708, 499-0846
　　　팩스 499-0846
　　　등록 2-1276호

값 8,000원

ISBN 89-7735-261-4